高等学校"十三五"规划教材

质量管理

方 勇 任继勤 蔡中华 ◎编著

ZHILIANG
GUANLI

化学工业出版社

·北京·

内 容 简 介

《质量管理》结合高校质量管理课程的教学内容和初级质量工程师的基本素质与能力要求，系统介绍了质量管理的理论和方法。主要内容包括质量管理概论、质量管理体系、质量经济分析、设计过程质量管理、统计过程控制、质量检验与抽样检验、质量改进、六西格玛管理等，涵括了质量管理基本理论，从产品和服务的经济分析，到设计、生产、检验，再到质量改进的完整生命周期过程，并补充介绍质量管理的最新发展。

《质量管理》体系完整，运用大量案例深入浅出介绍质量管理理论与方法，与新版的国家注册质量工程师的知识体系对接，内容符合新的规范与要求。

《质量管理》可作为高等院校管理类本科生及工商管理、工程管理专业研究生的教材，也可作为质量管理培训或注册质量工程师考试的参考用书。

图书在版编目（CIP）数据

质量管理/方勇，任继勤，蔡中华编著 . —北京：化学工业出版社，2020.8（2022.10重印）

高等学校"十三五"规划教材

ISBN 978-7-122-37027-3

Ⅰ.①质…　Ⅱ.①方…②任…③蔡…　Ⅲ.①质量管理-高等学校-教材　Ⅳ.①F273.2

中国版本图书馆 CIP 数据核字（2020）第 083288 号

责任编辑：唐旭华　尉迟梦迪　　　　　　　　装帧设计：刘丽华
责任校对：边　涛

出版发行：化学工业出版社（北京市东城区青年湖南街 13 号　邮政编码 100011）
印　　装：北京科印技术咨询服务有限公司数码印刷分部
787mm×1092mm　1/16　印张 12¼　字数 298 千字　　2022 年 10 月北京第 1 版第 3 次印刷

购书咨询：010-64518888　　　　　　　　　售后服务：010-64518899
网　　址：http://www.cip.com.cn
凡购买本书，如有缺损质量问题，本社销售中心负责调换。

前言

美国学者约翰·扬提出："在今日激烈的竞争环境中，忽视质量问题无异于自杀。"随着市场经济全球化发展趋势的增强，产品质量已成为国际市场竞争的焦点。当今世界经济竞争，很大程度上取决于一个国家的产品和服务质量。质量水平的高低可以说是一个国家经济、科技、教育和管理水平的综合反映。一个企业想做大做强，就必须在增强创新潜力的基础上，努力提高产品质量和服务水平。纵观国内外，每一个长盛不衰的知名企业，其产品或服务都是高质量的。所以，质量是企业的生命和灵魂，任何一个企业要生存，要发展，就必须要千方百计致力于提高产品质量，不断创新和超越，追求更高的目标。当前我国经济发展正在从数量型向质量型转变，国家的"中国制造2025"计划、"一带一路"倡议的实施都需要高水平的产品质量和管理水平，现如今质量问题已经成为我国经济发展的一个关键。

本书系统地阐述了质量管理的基本理论和实务，总结相关的实践经验和案例，并将理论与实践有机地整合在一起。全书从理论基础、经济分析、产品设计、过程控制、质量检验等产品生产的全过程，全面介绍质量的基本理论和方法。全书分为八章：第一章和第二章主要介绍质量管理和质量管理体系的相关理论，帮助读者建立一个理论框架，包括质量管理的主要术语和 ISO 9000 族质量管理体系；第三章和第四章主要介绍质量经济性与产品设计，帮助读者树立质量经济意识，掌握质量分析工具，包括质量经济性分析和质量功能展开、质量屋等具体方法；第五章至第七章主要是质量管理实务的工具和方法，包括统计过程控制、质量检验与抽样检验、质量改进，帮助读者在理论框架的指导下进行质量管理。第八章介绍了六西格玛管理。

笔者多年从事质量管理教学，参与了大量的质量管理工作，积累了较为丰富的教学与实践经验。本科阶段的教学目标为培养初级质量工程师的基本素质，多年的教学环节一直使用自编讲义。本书的出版得到了化学工业出版社的大力支持，特致以衷心的感谢！研究生吴素珍、马燕琪、邵振权和刘艳霞同学参与了本书的书稿整理和录入，付出了大量的时间，在此表示谢意。

限于笔者水平，书中难免存在不妥之处，敬请读者批评指正。

编著者

2020 年 7 月

V

第一章

质量管理概论

第一节
质量管理的产生与发展

  质量管理是一门研究和揭示质量产生、形成和实现过程的客观规律的科学，以质量为研究对象。质量管理和诸多学科关系密切，主要涉及经济学、管理学、系统学、系统工程、组织行为学、计算机科学等学科。可以说，质量管理是一门综合性学科。

  要领会质量管理对组织生存和发展的重要意义，首先要掌握若干量管理的基本概念，理解质量管理的基本原理，了解质量管理的发展历程和最新的发展。

一、质量管理的发展阶段

质量管理的发展，大致经历了三个阶段。

1. 质量检验阶段

  20 世纪初，人们对质量管理的理解还只限于质量的检验。质量检验所使用的手段是各种检测设备和仪表，方式是严格把关，进行百分之百的检验。其间，美国出现了以泰罗为代表的"科学管理运动"。"科学管理"提出了在人员中进行科学分工的要求，并将计划职能与执行职能分开，中间再加一个检验环节，以便监督、检查对计划、设计、产品标准等项目的贯彻执行。这就是说，计划设计、生产操作、检查监督各有专人负责，从而产生了一支专职检查队伍，构成了一个专职检查部门，这样，质量检验机构就被独立出来了。起初，人们非常强调工长在保证质量方面的作用，将质量管理的责任由操作者转移到工长，故称为"工长的质量管理"。后来，这一职能又由工长转移到专职检验员，由专职检验部门实施质量检验，称为"检验员的质量管理"。

  质量检验是在成品中挑出废品，以保证出厂产品质量。但这种事后检验把关，无法在生产过程中起到预防、控制的作用。而且百分之百的检验，增加了检验费用。在大批量生产的情况下，其弊端就突显出来了。

2. 统计质量控制阶段

  这一阶段的特征是数理统计方法与质量管理的结合。第一次世界大战后期，沃特·阿曼德·休哈特（Walter A. Shewhart，下文称为休哈特）将数理统计的原理运用到质量管理中来，并发明了控制图。他认为质量管理不仅要进行事后检验，而且应在发现有废品生产的先兆时就进行分析改进，从而预防废品的产生。控制图就是运用数理统计原理进行这种预防的工具。因此，控制图的出现，是质量管理从单纯事后检验进入检验加预防阶段的标志，也是形成一门独立学科的开始。第一本正式出版的质量管理科学的专著就是 1931 年休哈特的《产品制造质量的经济控制》。在休哈特创造控制图以后，道奇（H. F. Dodge）和罗米格（H. G. Romig）在 1929 年发表了《抽样检验方法》。他们都是最早将数理统计方法引入质量管理的专家，为质量管理科学做出了贡献。

第二次世界大战开始以后，统计质量管理得到了广泛的应用。美国军政部门组织一批专家和工程技术人员，于 1941～1942 年间先后制定并公布了 Z1.1《质量管理指南》、Z1.2《数据分析用控制图法》和 Z1.3《生产过程质量管理控制图法》，强制生产武器弹药的厂商推行，并收到了显著效果。从此，统计质量管理的方法得到很多厂商的应用，统计质量管理的效果也得到了广泛的承认。

第二次世界大战结束后，美国许多企业扩大了生产规模，除原来生产军火的工厂继续推行质量管理方法以外，许多民用工业企业也纷纷采用这一方法，美国以外的许多国家，也都陆续推行了统计质量管理，并取得了成效。

但是统计质量管理也存在着缺陷，它过分强调质量控制的统计方法，使人们误认为质量管理就是统计方法，是统计专家的事，这就暴露了统计质量控制的不足。这一阶段的质量管理实践，把质量的控制和管理局限在制造和检验部门，而实际上要使企业生产高质量的产品，必须要求全员参与质量管理、全过程质量管理、全企业质量管理，并且采用多种管理方法，这就成为全面质量管理（Total Quality Management，TQM）萌生的促进因素。

3. 全面质量管理阶段

20 世纪 50 年代以来，科学技术和工业生产的发展，对质量要求越来越高。要求人们运用"系统工程"的概念，把质量问题作为一个有机整体加以综合分析研究，实施全员、全过程、全企业的管理。20 世纪 60 年代在管理理论上出现了"行为科学"学派，主张调动人的积极性，注意人在管理中的作用。随着市场竞争，尤其是国际市场竞争的加剧，各国企业都很重视"产品责任"和"质量保证"问题，加强内部质量管理，确保生产的产品使用安全、可靠。

在上述背景下，仅仅依赖质量检验和运用统计方法已难以保证和提高产品质量，也不能满足社会进步要求。1961 年，美国通用电气公司质量经理阿曼德·菲根堡姆（Armand Vallin Feigenbaum，下文称为菲根堡姆）出版了《全面质量管理》一书，提出了全面质量管理的原理和方法。在该书中，菲根堡姆指出："全面质量管理是为了能够在最经济的水平上并考虑到充分满足用户要求的条件下进行市场研究、设计、生产和服务，把企业各部门的研制质量、维标质量和提高质量的活动构成一体的有效体系。"根据这一观点，显然质量管理绝不是质量管理职能部门的单独责任，而是全体员工广泛参与并各负其责的整个企业的活动。

所谓全面质量管理，是以质量为中心，以全员参与为基础，旨在通过让顾客和所有相关方受益而达到长期成功的一种管理途径。根据菲根堡姆的观点：全面质量管理从要求而言，质量既包括产品性能，还应包括数量、产品交货期、产品成本，甚至包括售后服务和附加产品质量，也即要在各个方面满足用户要求；就方法而言，它必须突破单独统计方法的应用，而要广泛采用管理工程学、系统工程、价值分析、运筹学以及计算机科学，甚至包括与操作工人操作状态以及用户消费心理、消费行为密切相关的生理学、心理学、行为科学等内容；就范围而言，它覆盖了企业的方方面面，涉及在产品形成、生产和使用中的市场调查、产品设计、产品生产、产品检验、产品使用、产品服务以及信息反馈等各个环节，还广泛涉及企业各部门的人才资源质量和工作质量，如企业质量方针的质量、企业质量管理体系的质量、质量管理人员的质量、产品设计质量、原材料质量、设备质量、生产过程质量、生产环境质量、计量仪器质量、技术人员和生产人员的质量以及市场信息的质量等。因此，企业的最高负责人成为质量的第一责任人，企业的一切活动围绕质量管理工作展开，质量成为企业生存和发展的生命线。

20世纪60年代以来，菲根堡姆的全面质量管理观念被世界各国广泛接受。

日本在全面推进质量管理过程中做出了创新探索，提出开展"质量管理小组"的活动，使质量管理工作扎根于员工之中，使其具有广泛的群众基础，并且提出了"质量改进七种工具"。日本著名质量管理专家石川馨提出"广义的质量"以及"因果图"，田口玄一提出"质量损失函数"，赤尾洋二提出"质量功能开展"等方法，这些都是对质量管理发展做出的卓越贡献，在世界各国得到了广泛的推广。

美国是全面质量管理理论的诞生地，但发人深省的是，全面质量管理真正在实际中取得成功的却是日本。日本在推行全面质量管理理论中的一个特点是将其密切结合日本的实际，走出了一条日本化的质量管理新路，他们强调从总经理、技术人员、管理人员到工人，全体人员都参与质量管理。企业对全体职工分层次进行质量管理知识的教育培训，广泛开展群众性质量管理小组，并创造了一些通俗易懂、便于群众参与的管理方法，包括由他们归纳、整理质量管理的老七种工具（常用七种工具）和新七种工具（补充七种工具），使全面质量管理充实了大量新的内容。质量管理的手段也不再局限于数理统计，而是全面地运用各种管理技术和方法。

发达国家组织运用全面质量管理使产品或服务的质量获得迅速提高，引起了世界各国的广泛关注。全面质量管理的观点逐渐在全球范围内获得广泛传播，各国都结合自己的实践有所创新发展。目前举世瞩目的ISO 9000族质量管理标准，美国波多里奇奖、欧洲质量奖、日本戴明奖等各种质量奖及卓越绩效模式、六西格玛管理模式等，都是以全面质量管理的理论和方法为基础的。

二、基本概念

质量的概念最初仅用于产品，以后逐渐扩展到服务、过程、体系和组织，以及以上几项的组合。

1. 质量

在生活、工作中人们普遍使用"质量"一词，然而人们在专业领域之外很少深入探究"质量"一词的含义。实际上，质量是一个内涵十分丰富的概念，可以从不同的视角进行审视、发掘、探究，进而深层次地去理解"质量"的含义。

质量即"一组固有特性满足要求的程度"。在理解质量的概念时，应注意以下几点要求：

（1）关于"固有特性"

"固有"就是指某事或某物中本来就有的，尤其是那种永久的特性。例如，螺栓的直径、机器的生产率或接通电话的时间等技术特征。

"特性"指"可区分的特征"。特性可以是固有的或赋予的，也可以是定性的或定量的。有各种类别的特性，如物的特性（如机械性能）、感官的特性（如气味、声音、颜色等）、行为的特性（如礼貌、谦虚）、时间的特性（如准时性、可靠性）、人体功效的特性（如生理的或与人身安全有关的特性）和功能的特性（如飞机的最高飞行速度）。

（2）关于"要求"

要求是指"明示的、通常隐含的或必须履行的需求或期望"。

① "明示的"可以理解成是规定的要求。通常指文件中规定的或顾客明确提出的要求。

② "通常隐含的"指组织、顾客和其他相关方的惯例或一般做法，所考虑的要求或期望是不言而喻的。例如，化妆品对顾客皮肤的保护性等。一般情况下，顾客或相关方的文件中不会对这类要求给出明确的规定，组织应根据自身产品的用途和特性进行识别，并做出规定。

③ "必须履行的"指法律法规要求的或有强制性标准要求的，如《中华人民共和国食品安全法》。组织在产品实现过程中必须执行这类标准。

④ 要求可以由不同的相关方提出，不同的相关方对同一产品的要求可能不同。组织在确定产品要求时，应兼顾顾客及相关方的要求。所以在质量的概念中用"满足要求的程度"代替了"满足顾客要求的程度"。

（3）质量的特性

质量的内涵是由一组固有特性组成，并且这些固有特性是以满足顾客及其他相关方所要求的能力加以表征。质量具有经济性、广义性、时效性和相对性。

① 质量的经济性。由于要求汇集了价值的表现，价廉物美实际上反映人们的价值取向，物有所值就是表明质量有经济性的表征。虽然顾客和组织关注质量的角度是不同的，但对经济性的考虑是一样的。高质量就意味着以最少的投入获得效益最大的产品。

② 质量的广义性。在质量管理体系所涉及的范围内，组织的相关方对组织的产品、过程体系都可能提出要求。而产品、过程和体系又都具有固有特性，因此，质量不仅指产品质量，也可以是过程和体系质量。

③ 质量的时效性。由于顾客和其他相关方对组织和产品、过程和体系的需求和期望是不断变化的，例如，原先被顾客认为质量好的产品会因为顾客要求的提高而不再受到顾客的欢迎。因此，组织应不断地调整对质量的要求。

④ 质量的相对性。顾客和其他相关方可能对同一产品的功能提出不同的需求，也可能对同一产品的同一功能提出不同的需求。需求不同，质量要求也就不同，只有满足要求的产品才会被认为是质量好的产品。

质量的优劣是满足要求程度的一种体现，致力于满足要求，就是要达到甚至超过顾客的满意。

直到 20 世纪末，质量仍被定义为"产品或服务满足规定或潜在需要的特性的总和"。随着对质量认识的提高，这一概念被重新定义为"一组固有特性满足要求的程度"。这反映了质量管理原则的要求，尤其反映了以顾客为关注点的要求。其内在核心是满足要求的程度，强调在固有特性与要求之间，要求是主导的、第一位的。

2. 质量管理

质量管理是指在质量方面指挥和控制组织的协调的活动。在质量方面的指挥和控制活动，通常包括制定质量方针和质量目标及质量策划、质量控制、质量保证和质量改进。

（1）质量方针和质量目标

质量方针是由组织的最高管理者正式发布的该组织总的质量宗旨和方向。质量方针是企业经营总方针的组成部分，是企业管理者对质量的指导思想和承诺。企业最高管理者应确定质量方针并形成文件。

质量方针是组织全体成员开展质量活动的准则，为质量目标的制定提供了框架和方向。

质量目标是组织在质量方面所追求的目的，依据组织的质量方针而制定。质量目标是对质量方针的展开，也是质量方针的体现。

（2）质量策划

质量策划是质量管理的一部分，致力于制定质量目标并规定必要的运行过程和相关资源以实现质量目标。质量策划的目的是保证最终的结果能满足顾客的需要。

质量策划包括质量管理体系策划、产品实现策划以及过程运行策划。质量计划是质量策划的结果之一，是质量策划活动所产生的一种书面文件。

（3）质量控制

质量控制是质量管理的一部分，致力于满足质量要求。

质量控制的工作内容包括专业技术和管理技术两个方面。质量控制是指为了满足质量要求而对产品质量形成全过程中上述两方面的各种因素进行控制。

质量控制的具体方式或方法取决于组织的产品性质，也取决于对产品质量要求的改变。同时，在实际中，应明确具体的控制对象，如工序质量控制、外协件质量控制等。

（4）质量保证

质量保证是质量管理的一部分，致力于提供质量要求会得到满足的信任。

质量保证是组织针对顾客和其他相关方要求对自身在产品质量形成全过程中某些环节的质量控制活动提供必要的证据，以取得信任。

质量保证必须在有两方的情况下才存在，由一方向另一方提供信任。由于两方的具体情况不同，质量保证分为外部质量保证和内部质量保证。外部保证向组织外部提供保证，以取得用户和第三方（质量监督管理部门、行业协会、消费者协会）的信任；内部保证是使组织的管理者确信组织内各职能部门和人员对质量控制的有效性。

质量控制与质量保证之间的关系可理解为质量控制是基础，是具体操作过程，如检验过程本身；质量保证是目的，最终取得组织内部和外部的信任。

（5）质量改进

质量改进是质量管理的一部分，它致力于增强在满足质量要求方面的能力。

就质量改进而言，要求可以是多个方面的，因此，质量改进的对象也可能会涉及组织的质量管理体系、过程和产品，可能会涉及组织的方方面面，如有效性、效率或可追溯性。其中有效性是指完成策划的活动和达到策划结果的程度；效率是指达到结果与所使用的资源之间的关系；可追溯性是指追溯所考虑对象的历史应用情况或所处场所的能力。

持续改进是增强满足要求的能力的循环活动。持续改进是对"没有最好，只有更好"最好的诠释。任何组织或任何组织内的任一业务，不管其如何完善，总存在进一步改进的余地，这就要求不断制定改进目标并寻找改进机会。持续改进体现了质量管理的核心理念："顾客满意，持续改进"。

3. 过程与产品

（1）过程

过程即一组将输入转化为输出的相互关联或相互作用的活动。一个过程的输入通常是其他过程的输出。组织为了增值通常对过程进行策划并使其在受控条件下进行。

任何一项活动都可以作为过程并进行管理，即系统地识别和管理组织所使用的过程，特别是这些过程之间的相互作用。将活动和相关的资源作为过程进行管理，可以更高效地得到期望的结果。产品实现过程是组织内部最基本的过程。此外，还有落实管理职责过程、资源管理过程以及测量、分析和改进过程。

产品实现过程的输入是顾客和其他相关方的需求和期望，以此作为设计和开发的依据，通过产品实现过程的各个环节，最终输出产品提供给顾客。图 1-1 所示为产品实现过程模型。

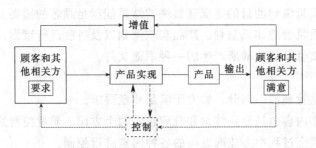

图 1-1　产品实现过程模型

管理职责过程要求组织的最高管理者做出满足顾客和其他相关方要求以及持续改进组织质量管理水平的承诺，相应地建立质量方针和质量目标，组织策划和提供为达到质量目标所需要的各种资源。

资源管理过程提供质量管理所需要的人力资源、设施及与实现产品质量要求相适应的工作环境，作为对产品实现的支持。

测量、分析和改进过程，一方面通过对组织内部实现过程进行测量和分析，保证产品质量和寻求改进机会；另一方面，搜集、整理和分析来自外部的、对产品和服务的反馈信息，以便为顾客提供更好的产品和服务。

（2）产品

产品即为过程的结果。服务、软件、硬件和流程性材料是四种通用的产品类别。

服务通常是无形的，并且要在供方和顾客接触面上至少需要完成一项活动的结果。软件由信息组成，通常是无形产品并可以以方法、论文、程序的形式存在。硬件通常是有形产品，其度量具有计数或计量的特性。流程性材料通常是有形产品，其度量具有连续的特性。硬件和流程性材料经常被称为货物。

第二节
质量管理基本原理

在现代质量管理的实践活动中，质量管理专家中的核心人物发挥了积极的作用，正是这些著名质量管理专家，如爱德华兹·戴明（W. Edwards. Deming，下文称为戴明）、约瑟夫·M. 朱兰（Joseph M. Juran，下文称为朱兰）、石川馨（Ishikawa Kaoru）等，使人们对质量及质量管理有了更进一步的认识，对质量管理的发展和进步产生了巨大影响。

一、休哈特的质量理念

休哈特是现代质量管理的奠基者，美国工程师、统计学家、管理咨询顾问，被人们尊称为"统计质量控制之父"。

1924 年 5 月，休哈特提出了世界上第一张控制图，1931 年出版了具有里程碑意义的《产品制造质量的经济控制》一书，全面阐述了质量控制的基本原理。休哈特认为，产品质量不是检验出来的，而是生产出来的，质量控制和重点应放在制造阶段，从而将质量管理从事后把关提前到事前控制。

休哈特提出控制图理论的基本思想有以下三点：

① 在一切制造过程中所呈现出的波动有两个分量。第一个分量是过程内部引起的稳定分量（即偶然波动），第二个分量是可查明原因的间断波动（异常波动）；

② 那些可查明原因的异常波动可用有效方法加以发现，并可被剔去。但偶然波动是不会消失的，除非改变基本过程；

③ 基于三倍标准差的控制图可以把偶然波动与异常波动区分开来。

PDCA（策划—实施—检查—处理）循环也是由休哈特提出的，随后被戴明采纳、宣传，获得普及，所以它也被称为"戴明环"。随着全面质量管理理念的深入，该循环在持续改善产品质量方面得到广泛使用，取得良好效果。

二、戴明的质量理念

戴明是美国著名的质量管理专家。第二次世界大战后，他应邀赴日本讲学和咨询，对统计质量管理在日本的普及和深化发挥了巨大的作用。后来他在美国传播在日本十分有效的质量管理。1980 年，在美国全国广播公司（NBC）的名为《如果日本能，为什么我们不能》节目播出后，戴明便成为美国在质量管理方面的著名人物。

戴明的主要观点是引起效率低下和不良质量的原因主要在公司的管理系统而不在员工。他总结出质量管理 14 条原则，认为一个公司要想使其产品达到规定的质量水平必须遵循这些原则。戴明的质量管理 14 条原则如下：

① 建立改进产品和服务的长期目标；

② 采用新观念；

③ 停止依靠检验来保证质量；

④ 结束仅依靠价格选择供应商的做法；

⑤ 持续地且永无止境地改进生产和服务系统；

⑥ 采用现代方法开展岗位培训；

⑦ 发挥主管的指导帮助作用；

⑧ 排除恐惧；

⑨ 消除不同部门之间的壁垒；

⑩ 取消面向一般员工的口号、标语和数字目标；

⑪ 避免单纯用量化定额和指标来评价员工；

⑫ 消除影响工作完美的障碍；

⑬ 开展强有力的教育和自我提高活动；

⑭ 使组织中的每个人都行动起来去实现转变。

三、朱兰的质量螺旋曲线

朱兰的质量螺旋曲线（图1-2）是质量管理学中的一个概念。该曲线是用来表达产品质量产生、形成、发展的客观规律的一条螺旋上升曲线，对质量管理有重要的指导作用。

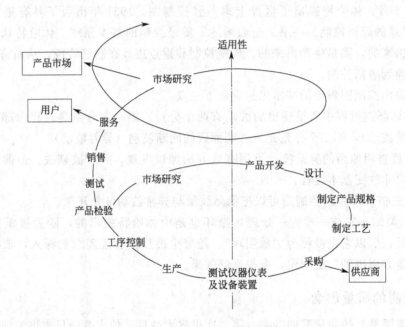

图 1-2 朱兰的质量螺旋曲线

朱兰的质量螺旋曲线主要内容归纳起来有以下几点。

① 产品的质量形成过程包括市场研究、产品开发、设计、制定产品规格、制定工艺、采购、测试仪器仪表及设备装置、生产、工序控制、产品检验、测试、销售和服务共13个环节。这是一个循序进行的工作过程，各个环节之间相互依存、相互联系、相互促进、不断循环，持续改进。

② 产品质量形成的过程是一个不断上升、不断提高的过程。为了满足人们需求的不断提高，产品质量要不断改进，不断提高。每一次循环到达服务环节之后，又以更高的水平进入下一次循环的起点——市场研究。

③ 要完成产品质量形成的全过程，就必须将上述各个环节的质量管理活动落实到各个部门以及有关的人员，要对产品质量进行全过程的管理。由此产生产品质量全过程管理的概念。

④ 质量管理是一个社会系统工程，不仅涉及企业内各部门及员工，还涉及企业外的供应商、零售商、批发商以及用户等单位及个人。

⑤ 质量管理是以人为主体的管理。朱兰的质量螺旋曲线所揭示的各个环节的品质活动，都要依靠人去完成。人的因素在产品质量形成过程中起着十分重要的作用，质量管理应该提倡以人为主体的管理。此外，要使"循环"顺着质量螺旋曲线上升，必须依靠人力的推动，

其中领导是关键，要依靠企业领导者做好计划、组织、领导、控制、协调等工作，形成强大的合力去推动质量循环不断前进、不断上升、不断提高。

除具有代表性的质量螺旋曲线外，朱兰还提出了质量管理的三元论，即质量计划、质量控制和质量改进，其核心是不断改进质量。

四、桑德霍姆的质量循环

瑞典质量管理学家雷纳特·桑德霍姆（Lennart Sandholm，下文称为桑德霍姆）用另一种表述方式阐述产品质量的形成规律，提出质量循环图模式，如图1-3所示。

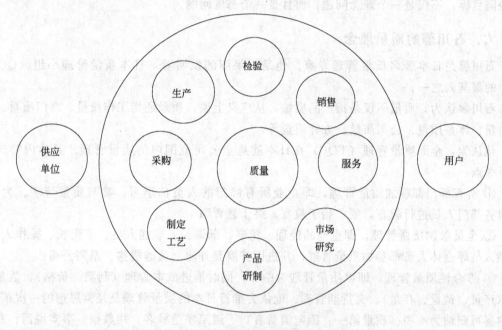

图 1-3 桑德霍姆的质量循环

桑德霍姆的质量循环和朱兰的质量螺旋曲线都是用来说明产品质量形成过程的。可以把质量循环看成是螺旋曲线的俯视图，只是它从13个环节中选择8个主要环节来进行构图，也称为八大质量职能。"质量循环"的内涵在于：质量水平的提高有赖于组织内部各个过程的密切配合。

五、克劳斯比的零缺陷理论

零缺陷理论，由被誉为全球质量管理大师、"零缺陷"之父的美国质量管理学家菲利浦·克劳斯比（Philip B. Crosby，下文称为克劳斯比）于1962年首次提出，并在美国推行零缺陷运动。后传至日本，在日本制造业中全面推广，使日本的制造业产品质量迅速提高，并且达到了世界级水平，继而扩大到其他领域。

零缺陷理论的思想主张企业发挥人的主观能动性来进行经营管理，生产者、工作者要努力使自己的产品、业务没有缺点，并向着高质量标准的目标而奋斗。零缺陷强调预防系统控制和过程控制，第一次就把事情做正确并符合承诺给顾客的要求。开展零缺陷运动可以提高全员对产品质量和业务质量的责任感，从而保证产品质量和工作质量。

克劳斯比总结出质量管理的四条定理，其中定理一强调"质量是符合标准"，定理三指出"工作标准必须是'零缺陷'的"。他指明：狭义的产品质量只要符合标准即可，并不一定要追求零故障、零波动、零缺陷。事实上这种要求既无必要也无可能。产品精度要视情况而定，否则会产生不经济的生产状态。而过程的工作质量却要求是零缺陷的。实际上，零缺陷理念与朱兰的两元定义在质量的构成认识上是不谋而合的。因此，在理解零缺陷时，必须注意产品质量与工作质量在概念上的区别：缺陷属于过程工作质量的范畴；而产品质量不仅是由质量特性体现的，而且也是通过过程工作质量形成的。所以克劳斯比的零缺陷理论为六西格玛管理指明了"工作方向"：六西格玛管理的对象是过程的"工作质量"。因此，对过程要设计、调整、优化，"第一次就把事情做好"，使产品符合质量标准。能不能实现工作中的零缺陷目标，不仅是一个理念问题，而且是一个态度问题。

六、石川馨的质量理念

石川馨是日本著名质量管理专家。他是因果图的发明者，日本质量管理小组（QC 小组）的奠基人之一。

石川馨认为，质量不仅是指产品质量，从广义上说，质量还指工作质量、部门质量、人的质量、体系质量、公司质量、方针质量等。

他认为，全面质量管理（TQC）在日本就是全公司范围内的质量管理。具体内容包括以下 3 点：

① 所有部门都参加质量管理，即企业所有部门的人员都学习、参与质量管理。为此，要对各部门人员进行教育，要"始于教育，终于教育"；

② 全员参加质量管理，即企业的经理、董事、部课长、职能人员、工班长、操作人员、推销人员等全体人员都参加质量管理，并进而扩展到外协、流通机构、系列公司；

③ 综合性质量管理，即以质量管理为中心，同时推进成本管理（利润、价格）、数量管理（产量、销量、存量）、交货期管理。他认为推行日本的质量管理是经营思想的一次革命，其内容可归纳为 6 项：质量第一；面向消费者；下道工序是顾客；用数据、事实说话；尊重人的经营；机能管理。

| 第三节 |

标准与国际标准

一、质量管理和标准化

质量管理与标准化虽然是两个不同的学科，但两者有着非常密切的关系。标准化是进行质量管理的依据和基础，标准化的活动贯穿于质量管理的始终，标准与质量在循环过程中互相推动，共同提高。标准化与质量管理都是现代科学技术与现代科学管理相结合的综合性学科，它们的学科基础以及与社会学、经济学、环境学等的交汇点都有许多相同之处。

我国国家标准《标准化工作指南 第 1 部分：标准化和相关活动的通用术语》（GB/T 20000.1—2014）对标准和标准化有明确的定义。

标准：通过标准化活动，按照规定的程序经协商一致制定，为各种活动或其结果提供规则、指南或特性，供共同使用和重复使用的文件。

标准是一种特殊文件，有如下特点：

① 是经公认机构批准的文件；

② 是根据科学、技术和经验成果制定的文件；

③ 是兼顾各方利益经协商一致而制定的文件；

④ 是可以重复和普遍应用的文件；

⑤ 是公众可以获得的文件。

标准化：为了在既定范围内获得最佳秩序，促进共同效益，对现实问题或潜在问题确立共同使用和重复使用的条款以及编制、发布和应用文件的活动。

由上述定义可知，标准是一种特殊的文件，是现代化科学技术成果和生产实践经验相结合的产物，它来自生产实践反过来又为发展生产服务，标准随着科学技术和生产的发展不断完善提高。

标准化是一个活动过程，主要是制定标准、宣贯标准、监督标准实施、根据实施情况对标准进行修订的过程。这个过程不是一次性的，而是不断循环、提高和发展的运动过程。每个循环完成后，标准化水平和效益就提高一步。

标准是标准化的产物。标准化的目的和作用是通过制定、修订标准和宣传贯彻标准来实现的。

二、我国标准的体制

我国标准体制主要包括标准分级和标准性质两方面内容。

1. 标准分级

所谓标准分级就是根据标准适用范围的不同，将其划分为若干不同的层次。对标准进行分级可以使标准更好地贯彻实施，也有利于加强对标准的管理和维护。由于世界各国的具体情况不同，有着不同的标准分级方法。按《中华人民共和国标准化法》规定，我国的标准分为四级，即国家标准、行业标准、地方标准和企业标准。另外，为了适应高新技术标准化发展快和变化快等特点，国家标准化行政主管部门于 1998 年通过《国家标准化指导性技术文件管理规定》，出台了标准化体制改革的一项新举措，即在四级标准之外，又增设了一种"国家标准化指导性技术文件"，作为对四级标准的补充。

（1）国家标准

国家标准是指由国家的官方标准化机构或国家政府授权的有关机构批准、发布，在全国范围内统一和适用的标准。国家标准对全国经济技术发展有重大意义，必须在全国范围内统一标准，建立统一的技术要求。我国国家标准由国务院标准化行政主管部门编制计划和组织草拟，并统一审批、编号和发布。

我国国家标准的代号：用"国标"两个字汉语拼音的第一个字母"G"和"B"表示。强制性国家标准的代号为"GB"，推荐性国家标准的代号为"GB/T"。国家标准的编号由国家标准的代号、国家标准发布的顺序号和国家标准发布的年号三部分组成。

（2）行业标准

行业标准是指全国性的各行业范围内统一的标准。《中华人民共和国标准化法》规定："对没有国家标准而又需要在全国各行业范围内统一的技术要求，可以制定行业标准"。行业标准由国务院行政主管部门编制计划，组织草拟，统一审批、编号、发布，并报国务院标准化行政主管部门备案。行业标准是对国家标准的补充，行业标准在相应国家标准实施后，自行废止。

行业标准代号由国务院标准化行政主管部门规定。目前，国务院标准化行政主管部门已经批准发布了 58 个行业标准代号，例如机械行业标准的代号为"JB"。行业标准的编号由行业标准代号、标准顺序号及年号组成。

（3）地方标准

地方标准是指在各个省、自治区、直辖市范围内需要统一的标准。对没有国家标准和行业标准而又需要在省、自治区、直辖市范围内统一的工业产品的安全和卫生要求，可以制定地方标准。制定地方标准的项目，由省、自治区、直辖市人民政府标准化行政主管部门编制计划，组织草拟，统一审批、编号、发布，并报国务院标准化行政主管部门和国务院有关行政主管部门备案。地方标准不得与国家标准、行业标准相抵触，在相应的国家标准或行业标准实施后，地方标准自行废止。

地方标准的代号，由汉语拼音字母"DB"加上省、自治区、直辖市行政区划代码前两位再加斜线、顺序号和年号共四部分组成。

（4）企业标准

企业标准是指企业所制定的产品标准和在企业内需要协调、统一的技术要求、管理要求和工作要求所制定的标准。企业生产的产品在没有相应的国家标准、行业标准和地方标准时，应当制定企业标准，作为组织生产的依据。在有相应的国家标准、行业标准和地方标准时，国家鼓励企业在不违反相应的强制性标准的前提下，制定充分反映市场、顾客和消费者要求的，严于国家标准、行业标准和地方标准的企业标准，在企业内部适用。

企业标准由企业制定，由企业法人代表或法人代表授权的主管领导批准、发布，由企业法人代表授权的部门统一管理。企业的产品标准，应在发布后 30 日内办理备案。一般按企业隶属关系报当地标准化行政主管部门和有关行政主管部门备案。

企业标准的代号由汉语拼音字母"QB"表示。

2. 标准性质

按标准的性质（属性）区分，我国标准可分为强制性和推荐性两种。

《中华人民共和国标准化法》规定，国家标准、行业标准分为强制性标准和推荐性标准。保障人体健康，人身、财产安全的标准和法律、行政法规规定强制执行的标准是强制性标准，其他标准是推荐性标准。《中华人民共和国标准化法》同时还规定，省、自治区、直辖市标准化行政主管部门制定的工业产品安全、卫生要求的地方性标准，在本行政区域内是强制性标准。

（1）强制性标准

所谓强制性标准，是指具有法律属性，在一定范围内通过法律、行政法规等强制手段加以实施的标准。

《中华人民共和国标准化法》规定："强制性标准必须严格执行，不符合强制性标准的产品，禁止生产、销售和进口。"由此可见，违反强制性标准就是违法，就要受到法律制裁。强制性标准的强制作用和法律地位是由国家有关法律赋予的。

强制性标准可分为全文强制和条文强制两种形式。全文强制是指标准的全部技术内容需要强制。条文强制是指标准的部分技术内容需要强制。

标准适用范围如下：

① 涉及国家安全的技术要求；

② 保障人身及动植物安全与健康、财产安全的要求；

③ 产品及产品生产、储运和使用中的安全、卫生、环境保护、电磁兼容等技术要求；

④ 工程建设质量、安全、卫生、环境保护要求及国家需要控制的工程建设的其他要求；

⑤ 污染物排放限值和环境质量要求；

⑥ 防止欺骗、保护消费者利益的要求；

⑦ 国家需要控制的重要产品的技术要求。

（2）推荐性标准

除了强制性标准以外的标准是推荐性标准，也就是说，推荐性标准是非强制性标准，国家鼓励企业自愿采用推荐性标准。

推荐性标准是指生产、交换、使用方面，通过经济手段调节而自愿采用的标准，又称自愿性标准。这类标准任何单位都有权力决定是否采用，违反此类标准，不承担经济法律责任。但是，一经接受采用纳入商品经济合同中，就成为各方共同遵守的技术依据，具有法律约束力，各方必须严格遵照执行。

3. 标准的制定

制定标准是标准化的关键环节。标准制定的越合理、先进、可靠，实施标准以后获得的社会效益和经济效益就越大。反之，标准化的效果就会大打折扣。因此，标准的制定一定要按照科学的原则、方法和程序，认真、慎重地进行，以保证制定标准的高水平和高质量。

（1）制定标准的基本原则

① 认真贯彻国家法律法规和方针政策。制定标准首先要维护国家、社会和人民的利益，凡属国家颁布的有关法律、法规和相应的政策都应贯彻，标准中的所有规定，均不得与现行法律、法规相违背。

② 满足使用要求与兼顾社会综合效益相结合。满足使用要求是制定标准的重要目的，这就要求制定标准要充分考虑标准运用的环境条件要求，即如何使标准化的对象适应其所处的不同环境条件，并分别在标准中做出相应规定。在考虑使用要求时，也应兼顾全社会的利益。在某些情况下，过分强调满足使用要求，可能会影响其他社会因素，这时就应在不破坏使用要求的同时，尽可能照顾其他社会因素，减少对其影响的程度，使综合性的全局效益最佳。

③ 合理利用国家资源，推广先进技术成果。在符合使用要求的情况下，有利于标准对象的简化、选优、通用和互换，做到技术上先进，经济上合理。

④ 相关标准要协调配套。制定标准要考虑有利于标准体系的建立和不断完善。一定范围内的标准，都是互相联系、互相衔接、互相补充、互相制约的，要保证相关标准的协调配套，才能使企业开发、生产、流通、使用等各个环节之间协调一致。以企业生产为例，产品标准与各种原材料采购标准、工艺标准、检验标准之间，产品尺寸参数或性能参数之间，产品的连接与安装要求之间，整机与零部件或元器件之间都应协调一致、衔接配套。这样才能保证生产的正常进行和标准的有效实施。

⑤ 有利于保障社会安全和人民健康，保护消费者利益，保护环境。

⑥ 积极采用国际标准和国外先进标准，有利于促进对外经济技术合作和发展对外贸易，有利于我国标准化与国际接轨。

（2）标准制定的对象

① 国家标准制定对象。《中华人民共和国标准化法实施条例》规定："对需要在全国范围内统一的技术要求，应制定国家标准（含标准样品的制作）。"具体说，对以下八个方面的技术要求可以统一制定为国家标准。

a. 互换配合，通用技术语言要求；

b. 保障人体健康和人身、财产安全的技术要求；

c. 基本原料、燃料、材料的技术要求；

d. 通用基础件的技术要求；

e. 通用的试验、检验方法；

f. 通用的管理技术要求；

g. 工程建设的重要技术要求；

h. 国家需要控制的其他重要产品的技术要求。

② 行业标准制定的对象。按《行业标准管理办法》的规定，需要在行业范围内统一的下列七个技术方面的技术要求，可以制定为行业标准（含标准样品的制作）。

a. 技术术语、符号、代号（含代码）、文件格式、制图方法等通用技术语言；

b. 工、农业产品的品种、规格、性能参数、质量指标、试验方法以及安全、卫生要求；

c. 工、农业产品的设计、生产、检验、包装、储存、运输、使用、维修方法以及生产、储存、运输过程中的安全、卫生要求；

d. 通用零部件的技术要求；

e. 产品结构要素和互换配合要求；

f. 工程建设的勘察、规划、设计、施工及验收的技术要求和方法；

g. 信息、能源、资源、交通运输的技术要求及其管理方法等要求。

③ 地方标准制定的对象。在既无相应的国家标准，又无相应行业标准的情况下，需要在省、自治区、直辖市统一的下列技术要求，可以制定为地方标准。

a. 工业产品的安全、卫生要求；

b. 药品、兽药、食品卫生、环境保护、节约能源、种子等法律、法规规定的要求；

c. 其他法律、法规规定的要求。

④ 企业标准制定的对象。企业生产产品的技术要求、对国家标准和行业标准的选择或补充技术要求、为提高企业管理水平制定的管理和工作要求等 4 项。

a. 企业生产的产品，在没有相应国家标准、行业标准和地方标准可供采用或相应标准不适用时（强制性标准除外），可以作为制定企业标准的对象；

b. 对国家标准、行业标准的选择或补充的技术要求，可以作为制定企业标准的对象；

c. 对工艺、工装、半成品和方法等技术要求；以及生产经营活动中的各种管理要求和工作要求也可以作为制定企业标准的对象；

d. 为提高产品质量和技术进步，企业可以制定严于国家标准、行业标准或地方标准的产品的标准。

（3）标准制定的程序

我国在参考国际标准化组织（International Organization for Standardization，ISO）和国际电工委员会（International Electrical Commission，IEC）《ISO/IEC 导则第 1 部分：技术工作程序》的基础上，结合我国实际情况颁布了国家标准 GB/T 16733—1997《国家标准

制定程序的阶段划分及代码》。该标准将国家标准的制定程序划分为如下 9 个阶段。

① 预阶段：该阶段的主要任务是在充分研究和论证的基础上，提出新工作项目建议。

② 立项阶段：该阶段的主要任务是在对新工作项目建议的必要性和可行性进行充分论证、审查和协调的基础上，提出新工作项目。

③ 起草阶段：标准起草阶段是制定标准的关键阶段，该阶段的主要工作内容是按编写标准的基本规定（GB/T 1.1—2009，2020 年新标准将于 2020 年 10 月 1 日实施）编制标准草案征求意见稿，编写编制说明和有关附件。

④ 征求意见阶段：该阶段的主要工作是向有关单位发送标准草案征求意见稿，通过各种方式广泛征求意见。被征求意见的专家对标准征求意见稿进行审查，审查后将意见反馈给标准起草工作组。

标准起草工作组根据收集到的反馈意见，对标准草案征求意见稿进行彻底修改。在此基础上编制标准草案送审稿，并将回函意见进行分类汇总，注明取舍情况，制表作为附件内容之一。

⑤ 审查阶段：该阶段的主要工作内容包括以会议审或函件审的形式对标准草案送审查稿进行审查。无论是会议审还是函件审，标准审查组织单位都应将审查的意见及时反馈给标准起草组。标准起草组根据收集到的各种意见对标准草案送审稿进行修改，在此基础上形成标准草案报批稿。对于难度较大和争议较多的标准草案送审稿一般采用会议审的方式，其余可以采用函件审的方式。

⑥ 批准阶段：标准批准阶段的主要工作包括对标准草案报批稿进行审查、批准和编号，并提供标准出版稿。

⑦ 出版阶段：该阶段的主要任务是提供标准出版物。

⑧ 复审阶段：该阶段的主要任务是按规定，定期对标准进行复审。

⑨ 废止阶段：该阶段的主要任务是根据复审结果，通过一定形式宣布某项标准废止。

其他等级标准的制定程序，也可以参照国家标准制定程序办理。

（4）标准的备案

所谓标准的备案，是指一项标准发布以后，由申请备案的单位在规定的期限内，按照备案的要求和程序，将标准文本报送到备案受理机构，进行登记和存档，以备查阅。对标准进行备案有利于标准化工作的规划和对标准的管理，有利于对标准的制定和修订进行协调，避免标准的重复制定，也有利于标准的贯彻和实施。

《中华人民共和国标准化法》及其配套法规对标准备案有明确规定：行业标准和地方标准报国务院标准化行政主管部门备案，企业的产品标准必须报当地政府标准化行政主管部门备案。申请和办理标准备案应当按照规定的要求进行。

标准备案的含义有两层：第一，负责制定标准的部门、单位，在规定的时间内按规定的要求，向规定的部门备案；第二，受理备案的部门有权对与相关法律、法规、上级标准相抵触的备案标准提出修改建议，责令备案单位限期改进或停止执行标准。制定标准的单位，应对标准实施的后果承担责任。

（5）标准的复审

《中华人民共和国标准化法》规定：标准实施后，制定标准的部门应当根据科学技术的发展和经济建设的需要适时进行复审，以确认现行标准继续有效或者予以修订、废止。

标准的复审工作一般是由标准的指定单位组织进行的，其周期一般不超过五年，对于发展变化较快的标准，复审周期可以适当缩短，复审的结果有三种：

第一，确认标准继续有效；

第二，予以修订，修订标准的程序和制定标准的程序基本一样；

第三，予以废止。

复审标准的结果应当通过适当的媒体予以公布，使有关单位及时获得相关信息。

三、标准化的常用形式

标准化的常用形式是标准化内容的存在方式，也是标准化过程的表现形态。标准化有多种形式，每种形式都表现为不同的标准化内容，针对不同的标准化任务，达到不同的目的。了解各种标准化形式及特点，可以在实际中根据不同的标准化任务，选择和运用适当的标准化形式，达到优化的目的。

通常的标准化形式有简化、统一化、通用化、系列化等。

1. 简化

简化是指在一定范围内缩减对象（事物）的类型数目，使之在既定时间内足以满足一般需求的标准化形式。

在任何领域，事物的多样性发展都是普遍的。由于科学、技术、竞争和市场发展，社会的需求是多样化的，使社会商品的种类剧增。这种社会商品多样化趋势，是社会生产力发展的表现。但在市场竞争的环境下，就有可能出现多余的、低效率的、低功能的类型，这是社会资源和生产力的浪费，既不利于生产的进一步发展，也不利于更好地满足社会需求。简化就是对社会产品的类型进行有意识的自我控制和调节的一种有效形式。

简化这种标准化形式是随处可见的。从每个人料理自己的日常生活，到一项科学研究，管理一个企业、一个国家，可以说无处不在应用。但作为一种科学方法，它最早在生产中大规模应用的杰出代表则是美国福特汽车公司的创始人 H. 福特。1930 年，H. 福特创建了福特汽车公司，采用标准化、系列化、通用化的方法设计了 T 型汽车，将汽车结构、零件加以简化并制定标准，实现了零件互换，组织专业化大批量生产，不仅产量高，质量好，而且易于维修和更换配件，劳动生产率大幅度提高，成本显著下降，几乎垄断了美国汽车市场，这是工业化初期简化成功的一个典型。世界上许多国家在工业化过程中都曾把简化作为克服产品规格杂乱、扩大生产批量、组织专业化生产的措施而广泛应用，至今仍然如此。

简化的应用领域极其广泛，就产品而言，从构成产品系列的品种、规格，原材料和零部件的品种、规格，工艺装备的种类，都可作为简化对象。在管理活动中，可以作为简化对象的事物也很多，如语言（包括计算机语言）、术语、符号、指示图形、编程、程序、管理方法等，都可通过简化防止不必要的重复，提高工作效率。

2. 统一化

统一化是把同类事物两种以上的表现形态归并为一种或限定在一个范围内的标准化形式。

从现代化标准化的角度来说，统一化的实质是使对象的形式、功能或其他技术特征具有一致性，并把这种一致性通过标准确定下来。因此，统一化的概念与简化的概念是有区别的，前者着眼于取得一致，即从个性中提炼共性；后者肯定某些个性同时并存，着眼于精炼。简化的目的并非简化为只有一种，而是在简化过程中保存若干合理的种类。统一化的目的是消除由于不必要的多样化而造成的混乱，为正常的活动建立共同遵循的秩序。

统一化可以分为两大类型。第一类，绝对的统一，它不允许有灵活性。例如标志、编码、代号、名称、运动方向（开关的旋转方向、螺纹的旋转方向、交通规则）等。第二类，相对的统一，它的出发点或总趋势是统一的，但有一定的灵活性，可根据情况区别对待。例如，产品装配的精度指标，可以要求上下限、公差等。

统一化是古老的标准化形式，古代人统一度量衡，统一文字、货币、兵器、历法等都是统一化的典型事例。运用统一化要注意遵守适时和适度原则。所谓适时原则，就是把握好统一的时机，过早统一，有可能将尚不完善、不稳定、不成熟的类型以标准的形式固定下来，不利于技术的发展和更优异类型的出现；过迟统一，当低效能的类型大量出现并已形成习惯，这时统一的难度会加大，要付出较大的经济代价。所谓适度，就是要在充分调查研究的基础上，认真分析，明确哪些该绝对统一，哪些该相对统一，如何掌握灵活性。过高要求，会在执行中造成不必要的损失；过低要求，不利于生产和技术水平的提高，不能更好地满足市场需求。

3. 通用化

通用化是指在相互独立的系统中，选择和确定具有功能互换性或尺寸互换性的子系统或功能单元的标准化形式。

通用化是以互换性为前提的。因此，掌握通用化的概念，必须了解互换性。

所谓互换性，是指在不同时间、地点制造出来的产品或零件，在装配、维修时不必经过修整就能任意地替换使用的性能。互换性概念有两层含义：一是产品的功能可以互换，它要求某些影响产品使用特性的参数按照规定的精确度互相接近，通常称为功能互换性；二是产品的配合参数（一般指产品的线性尺寸和连接部分）按规定的精确度互相接近，通常称为尺寸互换性。尺寸互换性是功能互换性的部分内容，是实现通用化的前提。互换性的著名案例是美国人伊莱·惠特尼（Eli Whitney，下文称为惠特尼）生产来复枪的案例。18世纪末，美国刚成立不久，政府急需大量军火，便与惠特尼签订了一项两年内生产一万支来复枪的合同。开始，惠特尼的工厂用手工方法难以完成。后来，他运用互换性的原理，选择一支标准枪为基准模型，分零件仿造，按专业化组织生产，这些零件在每支枪上都可以使用并可互换，提高了生产效率和质量，完成了合同。由于在批量生产中采用了可以互换零部件的方法，开创了标准化基础上的成批生产方式，引起了企业生产组织形式的革命，并为现代化大批量流水生产奠定了基础。因此，惠特尼被誉为"美国标准化之父"。

通用化的目的是最大限度地扩大同一产品（包括元器件、部件、组件、最终产品）的使用范围，从而最大限度地减少产品（或零件）在设计或制造过程中的重复劳动。其效果体现在简化管理程序，缩短产品设计、试制周期，扩大生产批量，提高专业化生产水平和产品质量，方便顾客和维修，最终获得各种活劳动和物化劳动的节约。

通用化的实施应从产品开发设计时开始，这是通用化的一个重要指导思想。通用化设计通常有三种情况：一是系列开发的通用化设计。在对产品进行系列开发时，通过分析产品系列中零部件的共性与个性，从中找出具有共性的零件，能够通用的尽量通用，这是系列内通用，是最基本和最常用的环节。如有可能，还可以发展系列间的产品和零部件的通用。二是单独开发某一产品（非系列产品）时，也尽量采用已有的通用件。即使新设计的零部件，也应充分考虑使其能为以后的新产品所采用，逐步发展成为通用件。三是在老产品改造时，根据生产、使用、维修过程中暴露出来的问题，对可以实现通用互换的零部件，尽可能通用化，以继续降低生产成本，保证可靠性，焕发老产品的活力。

企业通常的做法是把已确定的通用件编成手册或计算机软件，供设计和生产人员选用。通用件经过多次生产和使用考验后，有的可提升为标准件。另外，以功能互换性为基础的产品通用，越来越引起广泛的重视，如集成电路和大规模集成电路的应用和互换。产品通用化所产生的社会经济效益，是其他标准化形式无法取代的。

4. 系列化

系列化通常指产品系列化，是对同一类产品的一组同时进行标准化的一种形式。它通过对同一类产品发展规律的分析研究和对市场需求发展趋势的预测，结合自己的生产技术条件，经过全面的技术经济比较，将产品的主要参数、型式、尺寸等做出合理的安排与规划，以协调系列产品和配套产品之间的关系。因此，可以说系列化是使某一类产品系统的结构优化、功能最佳的标准化形式。

产品系列化最先应用成功的典型是美国通用汽车公司。美国福特汽车公司通过"简化"对汽车零件进行标准化，实现了"T 型福特"汽车的大批量流水生产，创造了辉煌的业绩，到 1921 年 T 型车占据了美国 60% 的汽车市场。当时美国的第二大汽车厂家通用汽车公司仅占据 12% 的市场，面临被福特挤垮的危险。1923 年 A. P. 斯隆就任通用汽车公司总经理后，认为由于消费水平的提高，市场需求将发生变化，过于单调的"T 型福特车"将不受欢迎。据此，他做出按价格、分档次、系列化开发的决策，从最低档次的大众车型到高级车型，连续设计了 5 种车型，构成能满足各种不同消费水平的系列产品。5 年后战胜了"T 型福特车"，成为了世界上最大的汽车厂家。

由于产品系列化符合快速开发新产品，且能用较少数量的规格型号覆盖广阔的市场，适应了市场对商品需求日益多样化的形势，很快在工业发达国家发展起来。1935 年国际标准化组织（ISO）的前身国际标准化协会（ISA）公布了第 11 号公告，把优先系数规定为"国际标准建议"以后，为产品系列化奠定了理论基础，对此后的产品系列化的发展起了重要的促进作用。

系列化是标准化的高级形式。它的理论和方法都体现了它是标准化高度发展的产物，是标准化走向成熟的标志。系列化摆脱了标准化初期独立地、逐个地制定单项产品标准的传统方式，开始从全局考虑问题，每制定一类产品的系列标准，就要覆盖该类产品的市场。在这种思想的指导下，企业也从只生产单一品种、个别规格的传统模式，转向多品种经营、系列化开发，尽量扩大产品的市场覆盖率、占有率。由于企业的这种经营方式和产品开发方式，适应了 20 世纪中叶以后国际市场竞争格局的变化，使许多企业取得了成功。产品系列化又是最经济合理的产品开发策略，它的产品系列是在市场调查的基础上，选择适用的数系，精心设计的。它的最大特点是能以最经济的产品规格数，满足最广泛的市场需求，而且当市场需求发生改变时，产品构成能相应地改变，且不打乱原有的规律和产品之间的协调配合关系。特别是优先数系在各行业的各类产品系列之间起着极重要的协调统一作用。尽管产品在不断增多变化，但产品世界是有序的，其内在联系是和谐的。所有这一切，标志着工业生产的合理化，标志着高度的社会节约。

四、企业标准化

企业标准化是指以提高经济效益为目的，以搞好生产、管理、技术和营销等各项工作为主要内容，制定、贯彻实施和管理维护标准的一种有组织的活动。企业标准化是一切标准化的支柱和基础，搞好企业标准化对于提高企业质量管理水平也有重要意义。

1. 企业标准化的基本任务

① 贯彻执行国家、行业和地方有关标准化的法律、法规、规章和方针政策；

② 贯彻实施有关的技术法规、国家标准、行业标准、地方标准和上级标准；

③ 正确制定、修订和贯彻实施企业标准。在制定修订企业标准时，注意积极采用国际标准和国外先进标准；

④ 积极承担上级标准的制定和修订任务；

⑤ 建立健全企业标准体系并使之正常、有效运行；

⑥ 对各种标准的贯彻实施进行监督和检查。

2. 企业标准体系的构成

企业标准体系以技术标准为主体，包括管理标准和工作标准。

企业技术标准主要包括：技术基础标准、设计标准、产品标准、采购技术标准、工艺标准、工装标准、原材料及半成品标准、能源和公用设施技术标准、信息技术标准、设备技术标准、零部件和器件标准、包装和储运标准、检验和试验方法标准、安全技术标准、职业卫生和环境保护标准等。

企业管理标准主要包括：管理基础标准、设计开发管理标准、采购管理标准、生产管理标准、营销管理标准、设备管理标准、人员管理标准、安全管理标准、环境保护和卫生管理标准、不合格品纠正措施管理标准、能源管理标准和质量成本管理标准。

企业工作标准主要包括：中层以上管理人员通用工作标准、一般管理人员通用工作标准、操作人员通用工作标准。

3. 企业标准贯彻实施的监督

对企业标准贯彻实施进行监督的主要内容有以下 4 个方面：

① 国家标准、行业标准和地方标准中强制性标准，企业必须严格执行；不符合强制性标准的产品，禁止出厂和销售。

推荐性标准，企业一经申明采用，应严格执行；企业已备案的企业产品标准也应严格执行。

② 企业生产的产品，必须按标准组织生产，按标准进行检验。经检验符合标准的产品，由企业质量检验部门签发合格证书。

企业生产执行国家标准、行业标准、地方标准或企业产品标准，应当在产品或其说明书、包装物上标注所执行的标准的代号、编号、名称。

③ 企业研制新产品、改进产品、进行技术改造和技术引进，必须进行标准化审核。

④ 企业应当接受标准化行政主管部门和有关行政主管部门依据法律、法规对企业实施标准情况进行监督检查。

五、采用国际标准和国外先进标准

1. 基本概念

（1）国际标准

国际标准是指国际标准化组织（ISO）、国际电工委员会（IEC）和国际电信联盟（International Telecommunication Union，ITU）制定的标准，以及国际标准化组织确认并公布的其他国际组织制定的标准。

目前，被国际标准化组织确认并公布的其他国际组织是：国际计量局（BIPM）、国际人造纤维标准化局（BISFN）、食品法典委员会（CAC）、时空系统咨询委员会（CCSDS）、国际建筑研究实验与文献委员会（CIB）、国际照明委员会（CIE）、国际内燃机会议（CI-MAC）、国际牙科联合会（FDI）、国际信息与文献联合会（FID）、国际原子能机构（IAEA）、国际航空运输协会（IATA）、国际民航组织（ICAO）、国际谷类加工食品科学技术协会（ICC）、国际排灌研究委员会（ICID）、国际辐射防护委员会（ICRP）、国际辐射单位和测试委员会（ICRU）、国际制酪业联合会（IDF）、万维网工程特别工作组（IETF）、国际图书馆协会与学会联合会（IFTA）、国际有机农业运动联合会（IFOAM）、国际煤气工业联合会（IGU）、国际制冷协会（IIR）、国际劳工组织（ILO）、国际海底组织（IMO）、国际种子检验协会（ISTA）、国际电信联盟（ITU）、国际理论与应用化学联合会（IU-PAC）、国际毛纺组织（IWTO）、国际动物流行病学局（OIE）、国际法制计量组织（OIML）、国际葡萄与葡萄酒局（OIV）、材料与结构研究实验所国际联合会（RILEM）、贸易信息交流促进委员会（TraFIX）、国际铁路联盟（UIC）、经营交易和运输程序及实施促进中心（UN/CEFACT）、联合国教科文组织（UNESCO）、国际海关组织（WCO）、国际卫生组织（WHO）、世界知识产权组织（WIPO）、世界气象组织（WMO）。

（2）国外先进标准

国外先进标准是指未经国际标准化组织确认并公布的其他国际组织制定的标准、发达国家的国家标准、区域性组织的标准、国际上有权威的团体标准和企业（公司）标准中的先进标准。

有影响的区域性标准主要有：欧洲标准化委员会（CEN）标准、欧洲电工标准化委员会（CENELEC）标准、欧洲电信标准学会（ETSL）标准、欧洲广播联盟（EBU）标准、太平洋地区标准会议（PASC）标准、亚洲大洋洲开放系统互连研讨会（AOW）标准、亚洲电子数据交换理事会（ASEB）标准等。

世界主要经济发达国家的国家标准有：美国国家标准（ANSI）、美国军用标准（MIL）、德国国家标准（DIN）、英国国家标准（BS）、日本工业标准（JIS）、法国国家标准（NF）、意大利国家标准（UNI）、俄罗斯国家标准（TOCTP）等。

国际上有权威的团体标准主要有：美国材料与试验协会标准（ASTM）、美国食品与药物管理局（FDA）标准、美国石油学会标准（API）、英国石油学会标准（IP）、美国保险商实验室安全标准（UL）、美国电器制造商协会标准（NEMA）、美国机械工程师协会标准（ASME）、德国电器工程师协会（ADE）标准、英国劳氏船级社《船舶入级规范条例》（LR）等。

（3）采用国际标准

采用国际标准是指将国际标准的内容，经过分析研究和试验验证，等同或修改转化为我国标准（包括国家标准、行业标准、地方标准和企业标准），并按我国标准审批发布程序审批发布。

2. 采用国际标准的原则和一般方法

国际标准是世界各国进行贸易的基本准则和基本要求。《中华人民共和国标准化法》规定："国家鼓励积极采用国际标准。"采用国际标准是我国一项重要的技术经济政策，是技术引进的重要组成部分。

（1）采用国际标准的原则

① 采用国际标准应符合我国有关法律、法规，遵循国际管理，做到技术先进、经济合理、安全可靠。

② 制定我国标准应以相应的国际标准（包括即将制定完成的国际标准）为基础。对于国际标准中通用的基础性标准、试验方法标准应当优先采用。采用国际标准中的安全标准、卫生标准、环境保护标准制定我国标准，应当以保障国家安全、防止欺骗、保护人体健康和人身财产安全、保护动植物的生命和健康、保护环境为正当目标；除非这些国际标准由于基本气候、地理因素或者基本的技术问题等原因而对我国无效或者不适用。

③ 采用国际标准时，应尽可能等同采用国际标准。由于基本气候、地理因素或者基本的技术问题等原因对国际标准进行修改时，应当将与国际标准的差异控制在合理的、必要的并且是最小的范围之内。

④ 我国的一个标准应尽可能采用一个国际标准。当我国一个标准必须采用几个国际标准时，应当说明该标准与所采用的国际标准的对应关系。

⑤ 采用国际标准制定我国标准，应尽可能与相应国际标准的制定同步。

⑥ 采用国际标准，应当与我国的技术引进、企业的技术改造和新产品开发、老产品改进相结合。

⑦ 采用国际标准制定我国标准，其制定、审批、编号、发布、出版及组织实施和监督，同我国其他标准一样，须按我国有关法律、法规和规章规定执行。

⑧ 企业为提高自身的产品质量、技术和管理水平，提高产品在国际上的竞争力，对于贸易需要的产品标准，若没有相应的国际标准可采用或国际标准不适用时，可采用国外先进标准。

（2）采用国际标准的一般方法

ISO/IEC 在其出版的导则中规定了国家标准采用国际标准主要有六种方法：认可法、封面法、完全重印法、翻译法、重新起草法和包括（引用）法。

3. 采用国际标准的程度和表示方法

我国标准采用国际标准的程度分为两种。

（1）等同采用

所谓等同采用是指与国际标准在技术内容和文本结构上相同，或者与国际标准在技术内容上相同，只存在少量编辑性修改。

（2）修改采用

所谓修改采用是指与国际标准之间存在技术性差异，并清楚表明这些差异以及解释其产生的原因，允许包含编辑性修改。修改采用不包括只保留国际标准中少量或者不重要的条款的情况。修改采用时，我国标准与国际标准在文本结构上应当对应，只有在不影响与国际标准的内容和文本结构进行比较的情况下，才允许改变文本结构。

我国标准采用国际标准程度的表示方法如表 1-1 所示。

表 1-1　我国标准采用国际标准程度的表示方法

采用程度	符号	程度代号	表示方法
等同采用	＝	IDT(identical)	GB ××××—××××(idt ISO ××××；××××)
修改采用	≠	MOD(modified)	GB ××××—××××(mod ISO××××；××××)

第四节
全面质量管理

全面质量管理是随着现代化工业生产的发展而逐步形成、发展和完善起来的，美国在20世纪初开始搞质量管理，具有一定的代表性。日本在20世纪50年代逐步引进美国的质量管理，并且结合自己的国情又有所发展。质量管理是一门现代化管理科学。它建立在经济管理原理、系统科学、数理统计、专门技术、行为科学和法学基础上，是阐述产品质量的产生、形成和实现的运动规律的学科，是介于自然科学与社会科学之间的边缘学科，是企业为了保证最经济地生产出满足用户要求的产品而形成并运用的一套完整的质量活动体系、制度、手段和方法。

一、全面质量管理含义

20世纪60年代初，全面质量管理理论形成，首创者是美国质量管理专家菲根堡姆博士。他指出"全面质量管理是为了能够在最经济的水平上、在充分满足用户要求的条件下，进行市场研究、设计、生产和服务，把质量各部门的研制质量、维护质量和提高质量的活动结合在一起，成为一个有效的体系。"

全面质量管理内涵是顾客满意，持续改进。具体而言，全面质量管理有以下特点：

① 持续改进。持续改进就是追求投入产出过程中的所有因素都持续不断地得到改善。投入产出过程中的因素包括人员（man）、机器设备（machine）、原辅材料（material）、方法（method）、测量（measurement）和环境（environment），即5M1E。

② 树立标杆。树立标杆就是把在某一方面做得最好的组织作为本组织的榜样，学习其经验以提高自己的经营管理水平。

③ 授权给员工。让一线员工承担一定的质量改进责任，并赋予其为完成改进任务采取必要行动的权利。

④ 发扬团队精神。在组织内部不但要提倡全员质量管理，而且要最大限度地保持目标和行动的一致，即发挥团队精神。

⑤ 基于事实的决策。管理的任务之一就是收集和分析数据与资料，并依此做出决策。这里要强调指出的是，为了实现有效的质量管理，在做出决策时，需要依据事实而不是个人的主观判断。

⑥ 活学活用质量管理工具或方法。对组织的成员尤其是管理人员进行质量管理技术培训。在质量管理实践中，运用科学的质量管理技术。进一步结合本组织的实际，对已有质量管理工具加以改进。

⑦ 供应商的质量保证。质量管理必须向前延伸到供应商，即选择那些实行了质量保证制度，并努力实现质量改进的组织作为本组织的供应商，以确保其生产过程能够及时制造出满足本组织要求的零部件或原材料。

⑧ 强化"源头质量"观念。就是要让组织的每一位成员都忠于职守：一方面把工作做好；另一方面如果出现偏差能够及时发现并主动纠正。事实上，组织的每个成员都是自己工作的质量检查员。当所完成的工作成果传递到下一个环节，或者作为整个过程的最后一步传递到最终用户时，必须保证其达到质量标准。

二、全面质量管理的基本要求

全面质量管理的基本要求可以概括为"三全一多样"，即全员质量管理、全过程质量管理、全方位质量管理、多样的质量管理方法。只有最高领导者参与到质量管理中去，才真正实现了全员质量管理。全过程质量管理强调的是要从产品和服务形成的全过程实施质量管理。全方位质量管理则强调企业内所有的职能部门都要对质量水平的提高做出贡献。但是，只有引入专门的质量管理工具和方法，才能有效地实施全面质量管理。

1. 全员质量管理

产品质量是企业各方面、各部门、各环节全部工作的综合反映。企业中任何一个环节、任何一个人的工作质量都会不同程度直接或间接地影响着产品质量或服务质量。因此，产品质量人人有责，必须把企业所有人员的积极性和创造性充分调动起来，不断提高人的素质，上至厂长（经理），下至工人，人人关心产品质量和服务质量，人人做好本职工作，全体参加质量管理，只有经过全体人员的共同努力，才能生产出顾客满意的产品。

要实现全员的质量管理，应当做好三个方面的工作。

① 必须抓好全员的质量教育工作，加强职工的质量意识，牢固树立"质量第一"的思想，促进职工自觉地参加质量管理的各项活动。同时，还要不断提高职工的技术素质、管理素质、政治素质，以适应深入开展的全面质量管理的需要。

② 要制定各部门、各级各类人员的质量责任制，明确任务和职权，各司其职，密切配合，以形成一个高效、协调、严密的质量管理工作的系统。

③ 要开展多种形式的群众性质量管理活动，尤其是要开展质量管理小组的活动，充分发挥广大职工的聪明才智和当家作主的进取精神。这是解决质量问题、提高管理水平、提高企业素质的一种有效的办法。

可见，全员的质量管理就意味着全面质量管理要"始于教育，终于教育"。

2. 全过程质量管理

全过程质量管理的含义就是要把质量管理贯彻到产品全生命周期内，即从顾客需求调查、产品设计、物料获取、产品加工、配送分销、售后服务、最终处置全生产周期内都注重质量管理。"产品是设计和生产出来的，而不是检验出来的。"只有坚持这种质量观，才能实现从事后检验到事前控制的转变。强调产品全生命周期质量管理，则把质量管理提升到了企业社会责任的高度。

为保证实现全过程质量管理，应做到以下两点：

（1）预防为主，不断改进的思想

优良的产品质量是设计和生产制造出来的，而不是靠事后的检验才决定出来的。事后的检验面对的是已经既成事实的产品质量。根据这一基本道理，全面质量管理要求把管理工作的重点，从"事后把关"转移到"事前预防"上来；从管结果转变为管因素，实行"预防为主"的方针，把不合格品消灭在它的形成过程之中，做到"防患于未然"。

当然，为了保证产品质量，防止不合格品出厂或流入下道工序，并把发现的问题及时反馈，防止再出现、再发生，加强质量检验在任何情况下都是必不可少的。强调预防为主、不断改进的思想，不仅不排斥质量检验，而且甚至要求其更加完善、更加科学。质量检验是全面质量管理的重要组成部分，企业内行之有效的质量检验制度必须坚持，并且要进一步使之科学化、完善化、规范化。

（2）为用户服务的思想

用户有内部与外部之分，外部的用户可以是市场的顾客、产品的经销者、消费者或再加工者；内部的用户即是企业工序之间的下道工序。实行全过程的质量管理，要求企业所有各个工作环节都必须树立为用户服务的思想，这当然包括企业外部的用户。但更具体地说，在企业内部，要树立"下道工序就是用户""努力为下一道工序服务"的思想。现代工业生产是一环扣一环，前道工序的质量会影响后道工序的质量。因此，要求每道工序的工序质量，都要经得起下道工序，即"用户"的检验，满足下道工序的要求。有些企业开展的"三工序"活动，复查上道工序的质量，保证本道工序的质量，坚持优质、准时为下道工序服务。这就是用户服务思想的具体体现。只有每道工序在质量上都坚持高标准，都为下道工序着想，为下道工序提供最大的便利，企业才能目标一致地、协调地生产出符合规定要求、满足用户期望的产品。

3. 全方位质量管理

全方位的质量管理可以从两个角度来理解。

① 从组织管理的角度来看，每个企业都可以划分成上层管理、中层管理和基层管理，全方位质量管理就是要求企业各管理层次都有明确的质量管理活动内容。当然，各层次活动的侧重点不同。上层管理侧重于质量决策，制定出企业的质量方针、质量目标、质量政策和质量计划，并统一组织、协调企业各部门、各环节、各类人员的质量管理活动，保证实现企业经营管理最终目标；中层管理则要贯彻落实领导层的质量决策，运用一定的方法找出各部门的关键、薄弱环节或必须解决的重要事项，确定出本部门的目标和对策，更好地执行各自的质量职能，并对基层工作进行具体的业务管理；基层管理则要求每个职工都要严格地按标准、规程进行生产，相互间进行分工合作，互相支持协助，并结合岗位工作，开展群众合理化建议和质量管理小组活动，不断进行作业改善。

② 从质量职能角度看，产品质量职能是分散在全企业的有关部门中的，要保证和提高产品质量，就必须将分散在全企业各部门的质量职能充分发挥出来。

由于各部门的职责和作用不同，其质量管理的内容是不一样的，为了有效地进行全面质量管理，就必须加强各部门之间的组织协调，并且为了从组织上、制度上保证企业长期稳定地生产出符合规定要求、满足顾客期望的产品，最终必须要建立起全方位的质量体系，使企业的所有研制、维持和改进质量的活动构成为一个有效的整体。建立和健全企业质量体系，是全面质量管理深化发展的重要标志。

可见，全方位的质量管理就是要"以质量为中心，领导重视、组织落实、体系完善"。

4. 多样的质量管理方法

随着现代科学技术的发展，对产品质量和服务质量提出了越来越高的要求，影响产品质量和服务质量的因素也越来越复杂：既有物质的因素，又有人的因素；既有技术的因素，又有管理的因素；既有企业内部的因素，又有企业外部的因素。要把这一系列的因素系统地控制起来，全面管好，就必须根据不同情况，区别不同的影响因素，广泛、灵活地运用多种多样的现代化管理方法来解决当代质量问题。其中要特别注意运用统计方法和统计思考方法。在运用这些方法过程中，应注意以下几点：

① 尊重客观事实，尽量用数据说话。在质量管理过程中，要坚持实事求是，科学分析，

尊重客观事实，尽量用数据说话。真实的数据既可以定性反映客观事实，又可以定量描述客观事实，给人以清晰明确的数量概念，可以更好地分析问题、解决问题，纠正过去那种"大概""好像""也许""差不多""凭感觉""靠经验""拍脑袋"的工作方法。这样，用事实和数据说话，就可以树立科学的工作作风，把质量管理建立在科学的基础上。

② 遵循 PDCA 循环的工作程序。这是科学管理的基本方法，进行任何活动都必须遵循 Plan（计划）、Do（执行）、Check（检查）、Action（总结、改善）这一科学的工作程序，使其不断循环，不断提高，这一行之有效的科学方法，不仅适用于质量管理，也适用于其他方面的管理。

③ 广泛地运用科学技术的新成果。全面质量管理是现代科学技术和现代化生产发展的产物，所以应该广泛地运用科学技术的最新成果，如先进的专业技术、检测手段、电子计算机和系统工程、价值工程、网络计划、运筹学等先进的科学管理方法。

可见，多样的质量管理方法要求的是"程序科学、方法灵活、实事求是、讲求实效"。

上述"三全一多样"，都是围绕着"有效地利用人力、物力、财力、信息等资源，以最经济的手段生产出顾客满意的产品"这一企业目标的，这是企业推行全面质量管理的出发点和落脚点，也是全面质量管理的基本要求。坚持质量第一，把顾客的需要放在第一位，树立为顾客服务、对顾客负责的思想，是企业推行全面质量管理、使之贯彻始终的指导思想，也是企业生产经营管理活动的目的所决定的。

三、全面质量管理的新发展

1. 质量管理体系与卓越质量管理模式正在各类组织中达成共识

1987 年，国际标准化组织（ISO）颁布了 ISO 9000 系列标准第一版（1987 版）。自此，在全球范围内掀起了 ISO 9000 热潮，迅速被各国标准化机构和企业认同和采用。

1991 年，在总结理论成果和实践经验的基础上，颁布了 ISO 9000 族标准第二版（1994 版）。1994 版 ISO 9000 族标准为企业规定了三种不同范围的质量管理体系要求，为企业（组织）建立质量体系和取得认证提供了依据。

2000 年，根据 ISO 9000：1994 族标准存在的一些不足，为全面应对进入 21 世纪的挑战，ISO 又对 1994 版进行了结构体系和技术内容等全面的修订，颁布 ISO 9000：2000 族标准（2000 版）。2000 版 ISO 9000 族标准适用于各种类型和规模的组织，为它们建立并有效运行质量管理体系提供了支持。

在 ISO 9000 标准制定、修订和完善的过程中，在许多国家和地区建立和发展起来了若干卓越质量管理模式，除了美国、英国、法国、德国、日本等发达国家之外，加拿大、新加坡等一些新兴的工业化国家和发展中国家也都建立了质量奖计划。世界上共有 88 个国家和地区实施了类似的计划。

随着经济全球化进程的加速，国际竞争日趋激烈。各类组织都认识到致力于满足甚至超越顾客和相关方的需求和期望是组织生存和发展的基础。为此，必须建立并有效运行质量管理体系，实践卓越质量管理模式，实现"顾客满意、持续改进"。

2. 质量文化得到了前所未有的重视

质量文化是指企业在质量管理实践中逐步形成的质量意识、质量价值观、质量规范、质量行为、质量条件以及企业所提供的产品或服务质量等方面的总和。

从质量意识上讲，有不少企业推崇"顾客是上帝"的理念，但这种提法不科学，无从落实。上帝在哪里？有什么现实需求？不满意会不会讲出来？均无法给出明确的答案。相反，有些企业提出"换位思考"的质量理念，即假设我是顾客又该如何？虽然人们无法完全按照换位后的角色去行事，但是按照这种思维方式必将有利于满足甚至超越顾客的需求。

质量规范和质量行为规范了组织与个人的行为准则。日本的企业对顾客抱怨的态度首先是致歉，而不管报怨的原因是否来自企业。这一行为规范是质量意识的体现和落实，坚持认为："如果企业的产品或服务能够做得更好，那么这种报怨就可能不会发生了。"

质量意识、质量规划和质量行为必须有其赖以存在的物质基础，也就是质量条件。企业现场5S活动、计算机集成质量系统（CIQS）和在线质量控制等都是质量物质条件。这些物质条件如果能够与企业质量意识、质量规划和质量行为有机结合起来，无疑会极大地提升企业产品或服务的质量水平。

3. 可持续质量管理思想开始付诸实践

进入21世纪以来，社会对企业在诸如环境保护、资源利用、卫生健康等方面的要求越来越多、越来越严格，企业承担的社会责任日益加重。为此企业组织应从其公民地位的高度来制定质量计划、质量目标，实施日常质量管理。

越来越多的企业在考虑：应最大限度地减少产品在设计、制造、运输、销售和售后、服务以及最终回收利用等全生命周期中对环境的负面影响。

越来越多的企业认识到：在顾客不知情的情况下主动召回有缺陷的产品不但不会损坏企业的声誉，反而会赢得更多顾客的信任。

思考与练习

1. 简述全面质量管理的含义。
2. 阐述全面质量管理的特点。
3. 全员质量管理的含义是什么？如何做好全员质量管理？
4. 全过程质量管理的含义是什么？如何做好全过程质量管理？
5. 全方位质量管理的含义是什么？如何做好全方位质量管理？

第二章

质量管理体系

从某种意义来说，ISO 9000 族标准是全面质量管理的实施细则，是将全面质量管理的核心理念付诸实施的有力武器。实践证明，各种类型和规模的组织都可以依据 ISO 9000 族标准，通过建立和实施质量管理体系来提升企业的质量管理水平。因此，本章在系统介绍质量管理体系的基本知识、质量管理体系的基本要求的基础上，阐述了质量管理体系的建立与实施以及质量管理体系审核等内容，具体包括质量管理体系的主要特征、质量管理八项原则、ISO 9000 族质量管理体系标准的由来和发展及其核心标准、质量管理体系应满足的各项基本要求、建立和实施质量管理体系的原则和方法以及质量管理体系审核的相关内容等。

第一节
质量管理体系概述

一、基本概念

1. 质量管理体系含义

所谓管理体系，就是建立方针和目标并实现这些目标的体系。质量管理体系是指在质量方面指挥和控制组织的管理体系。

任何组织都需要管理。在质量方面指挥和控制组织的协调活动则为质量管理。质量管理通常包括制定质量方针、目标以及质量策划、质量控制、质量保证和质量改进等活动。实现质量管理的方针目标，有效地开展各项质量管理活动，必须建立相应的管理体系，这个体系就是质量管理体系。

质量管理体系是使公司内部质量管理活动有效开展的基础，也是企业有计划、有步骤提高质量水平的基础。

2. 质量管理体系的基本要求

同其他任何系统一样，质量管理体系也是一个系统，因此，所建立的质量管理体系必须具有系统的典型特征，如集合性、关联性、目的性和适应性。

① 集合性。质量管理体系作为一个大系统或过程，是由管理职责、资源管理、产品实现以及测量、分析和改进等若干子系统或过程组成的。每一个子系统或过程又可以细分为更小的子系统或过程。

② 关联性。组成质量管理体系的大系统或过程的各子系统或过程是相互关联、相互制约、相互作用的。为此，需要对产品质量形成的全过程及其所有质量活动进行系统分析和设计，实施有效的控制。

③ 目的性。质量管理体系的运行应是全面有效的，既能满足组织内部质量管理的要求，又能满足组织与顾客的合同要求，还能满足第二方认证、第三方认证和注册的要求。总之，建立和运行质量管理体系的目的是实现质量方针和质量目标，最终达到或超过顾客要求，使顾客或相关方满意。

④ 适应性。组织的总体战略、人员的素质、组织的管理模式等都可能发生变化，组织所面临的竞争日趋激烈，质量管理体系必须适应上述内部和外部环境的变化，及时做出调整，以使质量管理体系持续有效。

2000 版 ISO 9000 族标准的作用，是帮助各种类型和规模的组织实施并运行有效的质量管理体系。可以认为：不了解体系，就不能理解标准，更不能建立和实施有效的质量管理体系。

在管理领域，体系和系统并无严格区别，既可称为体系，也可称为系统。2000 版 ISO 9000 族标准将两者视为同义词，所以质量管理体系也就是质量管理系统；系统科学的有关理论，同样可用来研究质量管理体系。

质量管理原则之一"管理的系统方法"强调："将相互关联的过程作为系统加以识别、理解和管理，有助于组织提高实现目标的有效性和效率"。

研究体系（或系统）的主要"工具"是系统工程。系统工程是以系统为对象的一门跨学科的边缘科学，是对所有系统都具有普遍意义的一种现代化管理技术，也是研究和解决复杂问题的有效手段。

体系可以说无所不在，大到宇宙、太阳系、社会，小到企业、产品和过程，都可视为一个体系。人们总是通过体系认识自然，了解社会。成功的管理者总是通过体系去管理组织，通过体系来提高管理效率和总体业绩。

在系统理论中，将体系的组成部分称为体系的单元或元素，当体系的组成部分不很明确或组成部分数量较多时，我们习惯将组成部分称为"要素"，以强调体系中的主要元素。

ISO 9000 标准中体系、管理体系和质量管理体系三个术语的定义分别为：

体系，相互关联或相互作用的一组要素；

管理体系，建立方针和目标并实现这些目标的体系；

质量管理体系，在质量方面指挥和控制组织的管理体系。

根据 ISO 9000 族标准约定的术语替代规则，管理体系是建立方针和目标并实现这些目标的"相互关联或相互作用的一组要素"。同样，质量管理体系中的"管理体系"也可用管理体系的定义所替代。

不难看出，质量管理体系和管理体系都具有术语"体系"的所有属性，其实质都强调"相互关联和相互作用的一组要素"，而质量管理体系还具有管理体系的属性。

二、质量管理体系的主要特征

（1）总体性

尽管组成体系的各要素在体系中都有自己特定的功能或职能，但就体系总体而言，系统的功能必须由系统的总体才能实现。体系的总体功能可以大于组成体系各要素功能之和，或具有其要素所没有的总体功能。

体系和要素是辩证的统一。以汽车发动机为例，它本身即可以作为一个"系统"，而在研究对象是汽车时，发动机这个系统就转化为汽车这个体系中的一个"要素"。

（2）关联性

组成体系的要素，既具独立性，又具相关性，而且各要素和体系之间同样存在这种"相互关联或相互作用"的关系。过程控制，特别是统计过程控制的任务之一就是识别、控制和利用"要素"之间的关联性或相互作用。例如，由于日本的一些企业采用了"三次设计"（系统设计、参数设计、容差设计），充分利用了有关参数之间的关联作用（统计上称"交互作用"），从而做到了能用次于美国的元器件组装优于美国的整机。相反，如果对要素之间的关联性不加识别和控制，就有可能造成不良后果。又如，在设计更改中，如果只考虑更改部位的合理性，而不考虑更改对其他部件和整机的影响，这在客观上就有可能"制造"了一个质量隐患。

（3）有序性

所谓有序性，通俗地讲，就是将实现体系目标的全过程按照严格的逻辑关系程序化。通常我们不能保证执行体系目标的每个人在认识上完全一致，但必须使他们的行为井然有序。体系功能的有效性，不仅取决于要素（内在）的作用，在一定程度上也取决于有序化程度，而这种有序化程度又与组织的产品类别、过程复杂性和人员素质相关。

为了做到有序性，可以编制一个经过优化了的形成文件的程序，以规定一项活动的目的和范围，由谁来做，如何做，在什么时间、什么场合做等。对于一些约定俗成的活动，只要大家能习惯地遵循，也不一定需要通过编制文件来达到有序化。

（4）动态性

所谓动态性，是指体系的状态和体系的结构在时间上的演化趋势。应当强调，体系的结构（包括其管理职责）总是相对保守和稳定的因素，而市场和顾客的需求则是相对活跃和变化的因素，一般而言，前者总是落后于后者，但又必须服从于或适应于后者。为了保持体系的动态平衡，为了使体系能适应于市场和顾客的不断变化的需求，就要求一个组织不仅应当理解顾客当前的需求以满足顾客的要求，而且应当理解顾客未来的需求和争取超越顾客的期望。

三、主要的质量管理体系

（1）ISO 9000 族标准质量管理体系

1987 年，国际标准化组织发布了 ISO 9000 系列标准，并提出了"第三方认证"的制度。其主要精神是：一个企业的产品质量，如果通过权威的质量认证机构的"第三方认证"，证明达到了 ISO 9000 标准的要求，即可取得 ISO 9000 的认证证书。而这一证书，在全世界都视为有效。也就是说，一个企业取得了 ISO 9000 证书，其产品就成了国际上的"信得过"产品。这对提高产品质量和企业声誉，增强企业参加国际竞争的能力，无疑起到了极大的推动作用。因此，该系列标准发布以后，全世界掀起了一个贯彻和认证的大潮流。

为了提高标准使用者的竞争力，促进组织内部工作的持续改进，并使标准适合于各种规模（尤其是中小企业）和类型（包括服务业和软件）组织的需要，以适应科学技术和社会经济的发展，2000 年 12 月 15 日，ISO/TC 176 正式发布了新版本的 ISO 9000 族标准，统称为 2000 版 ISO 9000 族标准。

ISO 9000：2000 族标准对提高组织的运营能力、促进国际贸易与经济合作、提高质量认证的有效性、维护客户的利益产生了积极而深远的影响。

在 2000 版 ISO 9000 族标准中，包括 4 项核心标准：

ISO 9000：2000《质量管理体系 基础和术语》；

ISO 9001：2000《质量管理体系 要求》；

ISO 9004：2000《质量管理体系 业绩改进指南》；

ISO 19011：2000《质量和（或）环境管理体系审核指南》。

（2）环境管理体系

ISO 于 1996 年发布了由 ISO/TC 207 制定的 ISO 14001《环境管理体系 规范及使用指南》、ISO 14004《环境管理体系 原则、体系和支持技术通过指南》等 ISO 14000 系列国际标准，即环境管理体系标准。由于标准的目的是"支持环境保护和污染预防，协调它们与社会需求和经济需求的关系"，因此迅速得到推广和应用。我国在国际标准发布的当年，即 1996 年，立即发布了等同采用 ISO 14000 系列标准的 GB/T 24000 系列国家标准：GB/T 24001《环境管理体系 规范及使用指南》、GB/T 24004《环境管理体系 原则、体系和支持技术通用指南》等。GB/T 24001 运用 PDCA 管理思想，提出了基于环境方针、策划、实施和运行、检查和纠正措施、管理评审五大要素的环境管理体系模式，要求在识别环境因素的基础上评价和控制其对环境的影响，旨在预防对环境的污染，减少对资源的浪费，强调环境管理体系的持续改进，用于指导各类组织通过建立环境管理体系，对组织的环境管理体系过程及绩效进行控制。GB/T 24001 还用于认证机构对组织实施环境管理体系认证的依据。

（3）职业健康安全管理体系

1999 年，英国标准协会（British Standards Institution，BSI）和挪威船级社（Det Norske Veritas，DNV）等 13 个组织共同发布职业健康安全评价系列标准，即 OHSAS 18001《职业健康安全管理体系——规范》和 OHSAS 18002《职业健康安全管理体系——OHSAS 18001 实施指南》。该标准虽然不是 ISO 发布的国际标准，但出于职业健康安全方面的考虑，已在世界许多国家引起很大反响，并被许多国家所引用或采用。我国于 2001 年发布了覆盖 OHSAS 18001《职业健康安全管理体系——规范》所有要求的国家标准 GB/T 28001《职业健康安全管理体系 规范》。2002 年发布了参照 OHSAS 18002 而制定的国家标准 GB/T 28002《职业健康安全管理体系 指南》。GB/T 28001 标准运用 PDCA 管理思想，提出了基于职业健康安全方针、策划、实施和运行、检查和纠正措施、管理评审五大要素的职业健康安全管理体系模式，要求在识别危险源的基础上对风险进行评价和控制，旨在消除或减少对员工和其他相关方的风险，强调职业健康安全管理体系的持续改进，用于指导各类组织通过建立职业健康安全管理体系，对组织的健康安全体系过程及绩效进行控制。GB/T 28001 还用于认证机构对组织实施职业健康安全管理体系认证的依据。

（4）食品安全管理体系

我国于 2006 年发布了等同采用相应国际标准 ISO 22000：2006 的国家标准 GB/T 22000—2006《食品安全管理体系 食品链中各类组织的要求》。由于食品链的任何阶段都可能引入安全危害，必须对整个食品链进行充分的控制，食品安全是食品链的所有参与方通过共同努力以确保食品的安全性的共同责任。为了确保在食品链内，直到最终消费者的食品安全，GB/T 22000 规定了食品安全管理体系的基本要求，该体系结合了相互沟通、体系管理、HACCP 原理和前提方案（Pre-Requisite Programs，PRP）等关键要素。

为了确保在食品链每个环节中所有相关的食品危害均得到识别和充分控制，组织必须认清其在食品链中扮演的角色和所处的位置，与食品链中的上游和下游组织进行有效的相互沟通，以确保为最终消费者提供安全食品。

GB/T 22000 整合了国际食品法典委员会（CAC）制定的危害分析和关键控制点（HACCP）体系和实施步骤，要求对食品链内预料可能发生的所有危害，包括与各种过程和所用设施有关的危害进行识别和评价，明确确定哪些需要在组织内控制，哪些危害需要由食品链的其他组织控制（或已经控制）和（或）由最终消费者控制。

GB/T 22000 旨在为满足食品链内经营与贸易活动的需要，协调全球范围内关于食品安全管理体系的要求。尤其适用于组织寻求一套重点突出、连贯且完整的食品安全管理体系，而不仅仅是满足于通常意义上的法规要求。GB/T 22000 要求组织通过食品安全管理体系以满足与食品安全相关的法律法规要求。

GB/T 22000 考虑了 GB/T 19001 的条款，与 GB/T 19001 相协调，以加强两个标准的兼容性。

GB/T 22000 的所有要求都是通用的，适用于所有在食品链中期望设计和实施有效的食品安全管理体系的组织，无论该组织类型、规模和所提供的产品如何。这包括直接介入食品链中一个或多个环节的组织（如饲料加工者，农作物种植者，辅料生产者，食品生产者，零售商，食品服务商，配餐服务，提供清洁、运输、贮存和分销服务的组织），以及间接介入食品链的组织（如设备、清洁剂、包装材料以及其他与食品材料接触的供应商）。

四、质量管理八项原则

1. 质量管理八项原则的内容

多年来，基于质量管理的理论和实践经验，在质量管理领域，形成了一些有影响的质量管理的基本原则和思想。国际标准化组织（ISO）吸纳了当代国际最受尊敬的一批质量管理专家在质量管理方面的理念，结合实践经验及理论分析，用高度概括又易于理解的语言，总结为质量管理的八项原则。这些原则适用于所有类型的产品和组织，成为质量管理体系建立的理论基础。

八项质量管理原则是：

① 以顾客为关注焦点；

② 领导作用；

③ 全员参与；

④ 过程方法；

⑤ 管理的系统方法；

⑥ 持续改进；

⑦ 基于事实的决策方法；

⑧ 与供方互利的关系。

2. 八项质量管理原则的理解

（1）以顾客为关注焦点

"组织依存于顾客。因此，组织应当理解顾客当前和未来的需求，满足顾客要求并争取超越顾客期望。"顾客是组织存在的基础，如果组织失去了顾客，就无法生存下去，所以组织应把满足顾客的需求和期望放在第一位。将其转化成组织的质量要求，采取措施使其实现；同时还应调查顾客的满意程度，处理好与顾客的关系，加强与顾客的沟通，采取改进措施，使顾客和其他相关方满意。由于顾客的需求和期望是不断变化的，也是因人、因地而异的，因此需要进行市场调查，分析市场变化，以此满足顾客当前和未来的需求并争取超越顾客的期望，创造竞争优势。

（2）领导作用

"领导者确立组织统一的宗旨及方向。他们应当创造并保持使员工能充分参与实现组织目标的内部环境。"领导的作用即最高管理者具有决策和领导一个组织的关键作用。为了给全体员工实现组织的目标创造良好的工作环境，最高管理者应建立质量方针和质量目标，以体现组织总的质量宗旨和方向和在质量方面所追求的目的；应时刻关注组织经营的国内外环境，制定组织的发展战略，规划组织的蓝图。质量方针应随着环境的变化而变化，并与组织的宗旨相一致。最高管理者应将质量方针、目标传达落实到组织的各职能部门和相关层次，让全体员工理解和执行。

为了实施质量方针和目标，组织的最高管理者应身体力行，建立、实施和保持一个有效的质量管理体系，确保提供充分的资源，识别影响质量的所有过程，并管理这些过程，使顾客和相关方满意。

为了使建立的质量管理体系保持其持续的适宜性、充分性和有效性，最高管理者应亲自主持对质量管理体系的评审，并确定持续改进和实现质量方针、目标的各项措施。

（3）全员参与

"各级人员都是组织之本，只有他们的充分参与，才能使他们的才干为组织带来收益。"全体员工是每个组织的根本，人是生产力中最活跃的因素。组织的成功不仅取决于正确的领导，还有赖于全体人员的积极参与。所以应赋予各部门、各岗位人员应有的职责和权限，为全体员工制造一个良好的工作环境，激励他们的创造性和积极性，通过教育和培训，增长他们的才干和能力，发挥员工的革新和创新精神；共享知识和经验，积极寻求增长知识和经验的机遇，为员工的成长和发展创造良好的条件。这样才会给组织带来最大的收益。

（4）过程方法

"将活动和相关的资源作为过程进行管理，可以更高效地得到期望的结果。"任何使用资源将输入转化为输出的活动即认为是过程。组织为了有效地运作，必须识别并管理许多相互关联的过程。系统地识别并管理组织所应用的过程，特别是这些过程之间的相互作用，称为"过程方法"。

在建立质量管理体系或制定质量方针和目标时，应识别和确定所需要的过程，确定可预测的结果，识别并测量过程的输入和输出，识别过程与组织职能之间的接口和联系，明确规定管理过程的职责和权限，识别过程的内部和外部顾客，在设计过程时还应考虑过程的步骤、活动、流程、控制措施、投入资源、培训、方法、信息、材料和其他资源等。只有这样才能充分利用资源，缩短周期，以较低的成本实现预期的结果。

（5）管理的系统方法

"将相互关联的过程作为系统加以识别、理解和管理，有助于组织提高实现目标的有效性和效率。"一个组织的体系是由大量错综复杂、互相关联的过程组成的网络构成的。最高管理者要成功地领导和运作一个组织，要求用系统的和透明的方式进行管理，也就是对过程网络实施系统管理，可以帮助组织提高实现目标的有效性和效率。

管理的系统方法包括确定顾客的需求和期望，建立组织的质量方针和目标，确定过程及过程的相互关系和作用，并明确职责和资源需求，确立过程有效性的测量方法并用以测量现行过程的有效性来防止不合格，寻找改进机会，确立改进方向，实施改进，监控改进效果，评价结果，评审改进措施和确定后续措施等。这种建立和实施质量管理体系的方法，既可用于建立新体系，也可用于改进现行的体系。这种方法不仅可提高过程能力及产品质量，还可为持续改进打好基础，最终让顾客满意和使组织获得成功。

（6）持续改进

"持续改进总体业绩应当是组织的一个永恒目标。"组织所处的环境是在不断变化的。科学技术在进步，生产力在发展，人们对物质和精神的需求在不断提高，市场竞争日趋激烈，顾客的要求越来越高。因此组织应不断调整自己的经营战略和策略，制定适应形势变化的策略和目标，提高组织的管理水平，才能适应这样的竞争的生存环境。所以持续改进是组织自身生存和发展的需要。持续改进是一种管理的理念，是组织的价值观和行为准则，是一种持续满足顾客要求、增加效益、追求持续提高过程有效性和效率的活动。持续改进应包括：了解现状，建立目标，寻找、实施和评价解决办法，测量、验证和分析结果，把它纳入文件等活动，其实质也是一种 PDCA 的循环，从策划、计划开始，执行和检查效果，直至采取纠正和预防措施，将它纳入改进成果加以巩固。

（7）基于事实的决策方法

"有效决策是建立在数据和信息分析的基础上。"成功的结果取决于活动实施之前的精心策划和正确决策。决策的依据应采用准确的数据和信息，分析或依据信息做出判断是一种良好的决策方法。在对数据和信息进行科学分析时，可借助于其他辅助手段。统计技术是最重要的工具之一。应用基于事实的决策方法，首先应对信息和数据的来源进行识别，确保获得充分的数据和信息的渠道，并能将得到的数据正确方便地传递给使用者，做到信息的共享，利用信息和数据进行决策并采取措施。其次用数据说话，以事实为依据，有助于提升决策的有效性，减少失误并有能力评估和改变判断和决策。

（8）与供方互利的关系

"组织与供方是相互依存的，互利的关系可增强双方创造价值的能力。"供方提供的产品对组织向顾客提供满意的产品可以产生重要的影响。因此把供方、协作方、合作方都看作是组织经营战略同盟中的合作伙伴，形成共同的竞争优势，可以优化成本和资源，有利于组织和供方共同得到利益。

组织在形成经营和质量目标时，应及早让供方参与合作，帮助供方提高技术和管理水平，形成彼此休戚相关的利益共同体。

因此，需要组织识别、评价和选择供方，处理好与供方或合作伙伴的关系，与供方共享技术和资源，加强与供方的联系和沟通，采取联合改进活动，并对其改进成果进行肯定和鼓励，都有助于增强供需双方创造价值的能力和对变化的市场做出灵活和迅速反应的能力，从而达到优化成本和资源。

第二节

ISO 9000 族质量管理体系

一、 ISO 9000 族标准由来和发展

20 世纪中叶，随着军事工业迅速的发展，武器装备日趋先进、生产过程日益复杂，许多产品的质量问题往往在使用过程才逐渐暴露，促使人们逐渐认识到：如果组织的管理体系不完善，产品规范本身就不可能始终提供和支持满足顾客需要的产品，从而导致采购方不但需要对产品特性提出要求，还需要对供方质量管理体系提出要求，并以此作为产品规范中有关产品要求的一种补充。质量管理体系标准由此产生。1959 年美国国防部发布了 MIL-Q-9858A《质量大纲要求》，成为世界上最早的有关质量保证方面的标准。随着各国经济的相互合作和交流，对供方质量管理体系的评价已逐渐成为国际贸易和国际合作的前提。由于各国质量管理和质量保证标准不一致，给国际贸易带来障碍。质量管理和质量保证标准国际化，消除贸易壁垒，成为当时世界各国的迫切需要。

国际标准化组织（ISO）于 1979 年在 ISO 全体会议上通过决议，成立质量保证技术委员会，1987 年更名为质量管理和质量保证技术委员会（ISO/TC 176），负责制定有关质量管理和质量保证方面的国际标准。ISO/TC 176 在总结各国质量管理和质量保证方面的经验的基础上，参照英国、加拿大、美国等国家的标准，分别于 1986 年发布 ISO 8402《质量管理和质量保证——术语》标准，1987 年发布了 ISO 9000《质量管理和质量保证标准——第 1 部分：选择和使用指南》、ISO 9001《质量体系——设计开发、生产、安装和服务的质量保证模式》、ISO 9002《质量体系——生产和安装的质量保证模式》、ISO 9003《质量体系——最终检验和试验的质量保证模式》、ISO 9004《质量管理和质量体系要素——指南》等 6 项标准，通称 ISO 9000 系列标准，或 1987 版 ISO 系列标准。

1994 年，ISO/TC 176 在完成对标准的第一次修订时，提出了"ISO 9000 族是指由 ISO/TC 176 制定的所有国际标准"的概念，并由 ISO 发布了 ISO 8402、ISO 9001—1、ISO 9001、ISO 9002、ISO 9003 和 ISO 9004—1 共 6 项国际标准，分别取代 1987 版的 6 项标准，通称 1994 版 ISO 9000 族标准。

2000 年，ISO/TC 176 完成了对标准的第二次修订。12 月 15 日由 ISO 正式发布 ISO 9000：2000《质量管理体系——基础和术语》、ISO 9001：2000《质量管理体系——要求》、ISO 9004：2000《质量管理体系——业绩改进指南》。分别取代 1994 年 ISO 8402 和 ISO 9001—1，1994 版 ISO 9001、ISO 9002 和 ISO 9003，以及 1994 版 ISO 9004—1。通称 2000 版 ISO 9000 族标准。

ISO 9000 族标准是第一部用于管理方面的国际标准，引起了世界各国工业界及其他行业的强烈反响，迅速被各国所采用，目前已遍及 150 多个国家和地区，在推动质量管理和质量保证思想和方法的普及，提高各类组织的内部管理，促进国际贸易、规范市场行为等方面发挥了积极作用。我国是世界上最早引进和采用 ISO 9000 族标准的国家之一。在 1987 版 ISO 9000 系列标准发布的第二年，我国就发布了等效采用国际标准的 GB/T 10300 系列标准，1992 年由等效采用改为等同采用，标准编号改为 GB/T 19000 系列。1994 年，即在 1994 版 ISO 9000 族标准发布的当年，我国就发布了等同采用的国家标准。2000 年，我国又及时修订和发布了等同

采用 2000 版 ISO 9000 族标准的国家标准。根据 ISO/TC 176/SC2（国际标准化组织/质量管理和质量保证技术委员会/质量体系分委员会）的工作规定，每隔 5～8 年要对标准进行修订或修正。ISO 9001：2008 版标准于 2008 年 11 月 15 日正式发布实施。

2012 年，ISO/TC 176 在西班牙召开有关修订 ISO 9001 的首次会议，制定了 ISO 9001 修订版的工作项目计划，起草了设计规范草案，形成了 ISO 导则附件 SL。

ISO 9001：2015 的发布标志着 2015 版 ISO 9000 族标准的正式形成。

与前一版本相比，ISO 9001：2015 族标准的通用性更强，是适用范围最广的国际标准之一。ISO 9001：2015 族标准延续了 ISO 9000：2008 族标准的基本体系结构和特点，ISO 9001：2015 族标准以朱兰、戴明、菲根堡姆等质量管理大师的质量理念和管理思想为自身注入了新的内涵，强调"顾客满意，持续改进"；ISO 9001：2015 族标准确立了质量管理的原则，构成了 ISO 9001：2015 族质量管理体系标准的基础；ISO 9001：2015 族标准引入过程方法，致力于把"顾客满意，持续改进"落到实处。

二、 ISO 9000 族标准的结构

为了满足广大标准使用者的需要，ISO 9000 族标准在其结构上已发生重大调整。标准的数量在合并、调整的基础上已大幅度减少。标准的要求/指南或指导性文件更通用，使用更方便，适用面更宽。根据 ISO/TC 176 的规划，ISO 9000 族标准/文件由以下 4 部分构成。

第一部分：核心标准。

- ISO 9000：2005 质量管理体系——基础和术语
- ISO 9001：2015 质量管理体系——要求
- ISO 9004：2009 质量管理体系——业绩改进指南
- ISO 19011：2011 质量和（或）环境管理体系审核指南

上述 4 项标准构成了一组密切相关的质量管理体系标准，亦称 ISO 9000 族核心标准。该四项核心标准都已等同转化为相应的国家标准 GB/T 19000、GB/T 19001、GB/T 19004 和 GB/T 19011。

第二部分：其他标准。

- ISO 10006：2003 质量管理体系——项目质量管理指南
- ISO 10007：2003 质量管理体系——技术状态管理指南
- ISO 100012：2003 测量管理体系——测量过程和测量设备的要求
- ISO 100015❶：1999 质量管理——培训指南

第三部分：技术报告或技术规范。

- ISO/TR 10013：2001——质量管理体系文件指南
- ISO/TR 10017：2003——ISO 9001：2000 中的统计技术指南
- ISO/TS 16949：2002——汽车生产件及相关维修零件组织应用

第四部分：小册子。

ISO/TC 176 根据实施 ISO 9000 族标准的实际需要，将陆续编写一些宣传小册子形式的出版物作为指导性文件，如小型组织实施 ISO 9001：2000 指南（已于 2002 年出版）。

---

❶ ISO 10015 是经 ISO/TC 176 评估后唯一保留的 2000 年以前发布的 ISO 9000 族标准。

三、 ISO 9000 族核心标准简介

（1）GB/T 19000/ISO 9000《质量管理体系　基础和术语》

标准表述了 ISO 9000 族标准中质量管理体系的基础，确定了 80 个相关术语及其定义。标准第一次明确提出了质量管理八项原则，强调这八项质量管理原则是 ISO 9000 族标准的基础。标准第一次提出了以过程为基础的质量管理体系模式，鼓励采用过程方法管理组织。

（2）GB/T 19001/ISO 9001《质量管理体系　要求》

标准规定了质量管理体系的要求，以证实组织有能力稳定地提供满足顾客要求和适用法律法规要求的产品；通过体系的有效应用，包括持续改进体系的过程及保证符合顾客与适用的法规要求，旨增进顾客满意。

标准规定的所有要求是通用的，适用于各种类型、不同规模和提供不同产品的组织，可供组织内部使用，也可用于认证或合同目的。在满足顾客要求方面，该标准关注的是质量管理体系的有效性。

（3）GB/T 19004/ISO 9004《质量管理体系　业绩改进指南》

标准提供了超出 GB/T 19001 要求的指南，以便组织考虑提高质量管理体系的有效性和效率，进而考虑开发组织的潜能。与 GB/T 19001 相比，该标准将顾客满意和产品质量的目标扩展为包括相关方满意和组织的业绩。对于最高管理者希望通过追求业绩持续改进超越 GB/T 19001 要求的那些组织，GB/T 19004 推荐了指南。

标准强调实现持续改进，适用于组织的各个过程。标准不拟用于认证、法规和合同目的，也不是 GB/T 19001 标准的实施指南。

（4）GB/T 19011/ISO 19011《质量和（或）环境管理体系审核指南》

标准为审核原则、审核方案的管理、质量管理体系审核和环境管理体系审核的实施提供了指南，也对审核员的能力和评价提供了指南。

标准第一次明确了审核原则，提出了与审核员有关的三项原则和与审核活动有关的两项原则，强调标准所给出的指南是建立在这些审核原则基础上的，审核的特征就在于其遵循这些原则。

标准适用于需要实施质量和环境管理体系内部审核或外部审核、或管理审核方案的所有组织。标准原则上适用于其领域的审核，如职业健康安全管理体系审核，在这种情况下需特别注意识别审核组成员所需的特定能力。

四、一对相互协调的标准

ISO/TC 176 将 2000 版 ISO 9001 与 ISO 9004 两个标准设计成为一对协调一致的标准，结构相似、范围不同，既可以互相补充也可以单独使用。采用相似结构有助于这两个标准作为协调一致的一对标准的应用。为了更进一步方便使用，在 ISO 9004 的相应条款后面还将 ISO 9001 的内容置于方框之中。但标准强调了 ISO 9004 不是 ISO 9001 的实施指南。

ISO 9001 与 ISO 9004 的主要区别如表 2-1 所示。

表 2-1　ISO 9001 与 ISO 9004 的主要区别

项目	ISO 9001	ISO 9004
内容	质量管理体系要求	改进组织的总体业绩与效率
目标	顾客满意和产品质量的目标	扩展为相关方满意和组织业绩
效果	质量管理体系有效性	质量管理体系有效性和高效
用途	用于认证或合同目的	用于追求业绩的持续改进

第三节

质量管理体系的基本要求

ISO 9001《质量管理体系　要求》规定了质量管理体系应满足的基本要求，本节描述了这些要求的主要内容。

一、范围

1. 总则

任一组织都有其质量管理体系，或在客观上都存在质量管理体系，组织根据其对质量管理体系的不同需要，都会对质量管理体系提出各自的要求。ISO 9000 标准（以下简称标准）为有下列需求的组织提出了质量管理体系应满足的基本要求。

① 需要证实其有能力稳定地提供满足顾客和适用的法律法规要求的产品。

② 通过体系的有效应用，包括体系持续改进的过程以及保证符合顾客与适用的法律法规要求，旨在增强顾客满意度。

2. 标准应用

标准所提出的所有要求都是为了满足组织上述两项需求而规定的，对所有要求的理解和实施应基于组织的上述两项需求。所有要求对各种类型、不同规模和提供不同产品的组织都是适用的。当某一组织因其产品的特点等因素而不适用其中某些要求时，可以考虑对这些不适用的要求进行删减。

例如当某一组织拟通过 GB/T 19001—2000 标准的质量管理体系认证或拟声明符合 GB/T 19001—2000 标准的要求，又因组织及其产品的特点而需要考虑对标准中的某些不适用的要求进行删减时，这种删减必须符合 GB/T 19001—2000 标准对删减的条件。

GB/T 19001—2000 标准对删减的条件包括以下 3 点。

① 范围：删减的内容仅限于标准的第 7 章"产品实现"的范围；

② 能力：删减后不影响组织提供满足顾客和适用法律法规要求的产品的能力；

③ 责任：删减后不免除组织提供满足顾客和适用法律法规要求的产品的责任。

二、质量管理体系总要求和文件要求

1. 质量管理体系总要求

质量管理体系总要求包括 5 个方面的要求。

① 符合：质量管理体系应符合标准所提出的各项要求；

② 文件：质量管理体系应形成文件；

③ 实施：质量管理体系应加以实施；

④ 保持：质量管理体系应加以保持；

⑤ 改进：质量管理体系应持续改进其有效性。

组织应积极采用过程方法，按下列过程建立、实施质量管理体系并改进其有效性，通过满足顾客要求，增强顾客满意。

① 识别质量管理体系所需的过程及其在组织中的应用；

② 确定这些过程的顺序和相互作用；

③ 确定为确保这些过程的有效运行和控制所需的准则和方法；

④ 确保可以获得必要的资源和信息，以支持这些过程的运行和对这些过程的监视；

⑤ 监视、测量和分析这些过程；

⑥ 实施必要的措施，以实现对这些过程策划的结果和对这些过程的持续改进。

如图 2-1 所示，上述过程体现了"PDCA"方法，组织应按本节所提出的要求管理这些过程。

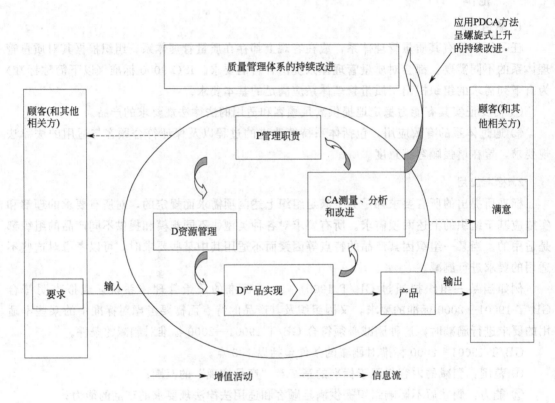

图 2-1 质量管理体系的过程方法模式图

若存在影响产品符合性的外包过程，组织应在质量管理体系中明确对这类外包过程的控制，并确保对外包过程的控制满足标准所提出的相应要求。

2. 文件要求

组织应以灵活的方式将其质量管理体系形成文件。质量管理体系文件可以与组织的全部活动或选择的部分活动有关。组织对质量管理体系文件，包括文件的数量、类型、格式、形式等，可以根据自身的惯例、需要等自行选择，重要的是质量管理体系文件的要求和内容应能适应于组织所采用的质量目标，目的是要使每一个组织可以通过制定最少量的且必要的文件，就可证实其过程得到有效策划、运行和控制，证实其质量管理体系得到有效实施和持续改进。

必须强调的是我们所要求的（而且是一直这样要求的）是一个"形成文件的质量管理体系"，而不是一个"文件体系"。不同组织的质量管理体系文件的多少与详略程度取决于：

① 组织的规模和活动的类型；

② 过程及其相互作用的复杂程度；

③ 人员的能力。

质量管理体系文件至少应包括：

① 形成文件的质量方针和质量目标；

② 质量手册；

③ 标准所要求的形成文件的程序；

④ 组织为确保其过程的有效策划、运行和控制所需的文件；

⑤ 标准所要求的记录。

此外，根据需要，质量管理体系文件还可以包括（但不是要求）：

① 组织结构图；

② 过程图/流程图；

③ 作业指导书；

④ 生产计划；

⑤ 内部沟通的文件；

⑥ 批准的供方清单；

⑦ 质量计划；

⑧ 检验和试验计划；

⑨ 规范；

⑩ 表格；

⑪ 外来文件。

标准要求对下列 6 项活动，组织要有形成文件的程序：

① 文件控制；

② 记录控制；

③ 内部审核；

④ 不合格品的控制；

⑤ 纠正措施；

⑥ 预防措施。

"形成文件的程序"涵盖了 4 个方面要求：

① 建立该程序；

② 将该程序形成文件；

③ 实施该程序；

④ 保持该程序。

"程序"是为进行某项活动或过程所规定的途径。程序可以形成文件，也可以不形成文件。当程序形成文件时通常称为"形成文件的程序"或"书面程序"。

标准所要求的记录包括：

① 管理评审；

② 教育、培训、技能和经验；

③ 实现过程及其产品满足要求的证据；

④ 与产品有关的要求的评审结果及由评审而引起的措施；

⑤ 与产品要求有关的设计和开发输入；

⑥ 设计和开发评审的结果以及必要的措施；

⑦ 设计和开发验证的结果以及必要的措施；

⑧ 设计和开发确认的结果以及必要的措施；

⑨ 设计和开发更改评审的结果以及必要的措施；

⑩ 设计和开发更改的记录；

⑪ 供方评价结果以及由评价而采取的必要措施；

⑫ 在输出的结果不能够被随后的监视和测量所证实的情况下，组织应证实对过程的确认；

⑬ 当有可追溯性要求时，对产品的唯一性标识；

⑭ 丢失、损坏或者被发现不适宜使用的顾客财产；

⑮ 当无国际或国家测量标准时，用以检定或校准测量设备的依据；

⑯ 当测量设备被发现不符合要求时，对以往的测量结果的确认；

⑰ 测量设备校准和验证的结果；

⑱ 内部审核结果；

⑲ 指明授权放行产品的人员；

⑳ 产品符合性状况以及随后所采取的措施，包括所获得的让步；

㉑ 纠正措施的结果；

㉒ 预防措施的结果。

3. 质量手册

组织应编制和保持质量手册，并按文件控制要求控制质量手册。

"质量手册"是组织规定质量管理体系的文件。对某一组织而言，质量管理体系是唯一的，质量手册也具有唯一性。

质量手册的内容至少应包括：

① 质量管理体系的范围，包括非适用情况的说明及对其判断的理由；

② 为质量管理体系所编制的形成文件的程序或对这些程序的引用；

③ 质量管理体系过程及其相互作用的描述。

需要强调的是为质量管理体系所编制的形成文件的程序，包括了标准所要求的对 6 项活动编制的形成文件的程序，也包括组织根据自身需要而为质量管理体系所编制的其他形成文件的程序。

4. 文件控制

组织应对质量管理体系文件进行控制，并编制形成文件。

"文件"是指信息及其承载媒体。媒体可以是纸张、计算机磁盘、光盘或其他电子媒体、照片或标准样品，或它们的组合。无论文件以何种形式的媒体存在，"文件控制程序"都应对以下方面所需的控制做出规定：

① 文件发布前得到批准，以确保文件是充分与适宜的；

② 必要时对文件进行评审与更新，并再次批准；

③ 确保文件的更改和现行修订状态得到识别；

④ 确保在使用处可获得适用文件的有关版本；

⑤ 确保文件保持清晰、易于识别；

⑥ 确保外来文件得到识别，并控制其分发；

⑦ 防止作废文件的非预期使用，若因任何原因而保留作废文件时，对这些文件进行适当的标识。

文件控制的主要目的是为了控制文件的有效性。文件的版本是体现文件有效性的标识，应注意识别，确保所使用的文件是现行有效的。文件控制还包括对外来文件的控制。

5. 记录控制

"记录"是阐明所取得结果或提供所完成活动的证据的文件。为了提供符合要求和质量管理体系有效运行的证据，组织应建立和保持记录，并对记录进行控制。记录虽也是文件，但记录是一种特殊文件，对记录的控制应有形成文件的程序——"记录控制程序"。

"记录控制程序"应对记录的控制做出规定，包括记录的标识、贮存、保护、检索、保存期限和记录的处置。

记录控制的主要目的是为了解决记录的"可追溯性"，以便在保存期限内检索到所需要的记录以提供证据。因此，记录应保持清晰，易于识别和检索，通常不需要控制记录的版本。

第四节
质量管理体系的建立与运行

一、建立质量管理体系的基本原则

（1）八项质量管理原则是基础

八项质量管理原则体现了质量管理应遵循的基本原则，包括了质量管理的指导思想和质量管理的基本方法，提出了组织在质量管理中应处理好与顾客、员工和供方三者之间的关系。质量管理八项原则构成了 2000 版质量管理体系标准的基础，也是质量管理体系建立与实施的基础。

（2）领导作用是关键

最高管理者通过其领导作用及所采取的各种措施可以创造一个员工充分参与的内部环境，质量管理体系只有在这样的环境下才能确保其有效运行。领导作用，特别是最高管理者的作用是质量管理体系建立与实施的关键。最高管理者应做出有关建立和实施质量管理体系并持续改进其有效性方面的承诺，并带头以增强顾客满意程度为目的，确保顾客要求得到确定并予以满足。

（3）全员参与是根本

全员参与是质量管理体系建立与实施的根本，因为只有全员充分参与，才能使他们的才干为组织带来收益，才能确保最高管理者所做出的各种承诺得以实现。组织应采取措施确保在整个组织内提高满足顾客要求的意识，确保使每一位员工认识到所在岗位的相关性和重要性以及如何为实现质量目标做出贡献。

（4）注重实效是重点

GB/T 19001标准所规定的质量管理体系要求是通用性要求，适用于各种类型、不同规模和提供不同产品的组织。因此，质量管理体系的建立与实施一定要结合本组织及其产品的特点，重点放在如何结合实际、如何注重实施上来，重在过程、重在结果、重在有效性，即不要脱离现有的那些行之有效的管理方式而另搞一套，也不要不切实际地照抄他人的模式、死搬硬套、流于形式。尤其是在编制质量管理体系文件时，一定要依据质量策划的结果确定本组织对文件的需求。若确需文件，则文件一定是有价值的、适用的。

（5）持续改进求发展

顾客的需求和期望以及市场的竞争、科技的发展等在不断变化，这些都促使组织持续改进，持续改进是组织的永恒目标。持续改进的目的在于增加顾客和其他相关方满意的机会。组织应通过各种途径促进质量管理体系的持续改进。尤其是在通过GB/T 19001质量管理体系认证后，组织应进一步参照GB/T 19004所提出的指南，持续改进组织的总体业绩与效率，不断提高顾客和其他相关方满意的程度，进而建立和实施一个有效且高效的质量管理体系。

二、建立质量管理体系的主要活动

（1）学习标准

首先应组织各级员工，尤其是各管理层认真学习ISO 9000族质量管理体系四项核心标准，重点是学习质量管理体系的基本概念和基本术语以及基本要求，通过学习端正思想，找出差距，明确方向。

（2）确定质量方针和质量目标

应根据组织的宗旨、发展方向确定与组织的宗旨相适应的质量方针，对质量做出承诺，在质量方针提供的质量目标框架内规定组织的质量目标以及相关职能和层次上的质量目标。质量目标应是可测量的。

（3）质量管理体系策划

组织应依据质量方针、质量目标，应用过程方法对组织应建立的质量管理体系进行策划，并确保质量管理体系的策划满足质量目标要求。在质量管理体系策划的基础上，进一步对产品实现过程及其他过程进行策划，确保这些过程的策划满足所确定的产品质量目标和相应的要求。

（4）确定职责和权限

组织应依据质量管理体系策划以及其他策划的结果，确定各部门、各过程及其他与质量工作有关人员应承担的相应职责，并赋予相应的权限并确保其职责和权限能得到沟通。

最高管理者还应在管理层中指定一名管理者代表，代表最高管理者负责质量管理体系的建立和实施。

（5）编制质量管理体系文件

组织应依据质量管理体系策划以及其他策划的结果确定质量管理体系文件的框架和内容，在质量管理体系文件的框架里确定文件的层次、结构、类型、数量、详略程度，规定统一的文件格式，编制质量管理体系文件。

（6）质量管理体系文件的发布和实施

质量管理体系文件在正式发布前应认真听取多方面意见，并经授权人批准发布。质量手册必须经最高管理者签署发布。质量手册的正式发布实施即意味着质量手册所规定的质量管理体系正式开始实施和运行。

（7）学习质量管理体系文件

在质量管理体系文件正式发布或即将发布而未正式实施之前，认真学习质量管理体系文件对质量管理体系的真正建立和有效实施至关重要。各部门、各级人员都要通过学习，清楚地了解质量管理体系文件对本部门、本岗位的要求以及与其他部门、岗位的相互关系的要求，只有这样才能确保质量管理体系文件在整个组织内得以有效实施。

（8）质量管理体系的运行

质量管理体系运行主要反映在两个方面：一是组织所有质量活动都在依据质量策划的安排以及质量管理体系文件要求实施；二是组织所有质量活动都在提供证实，证实质量管理体系运行符合要求并得到有效实施和保持。

（9）质量管理体系内部审核

组织在质量管理体系运行一段时间后，应组织内审员对质量管理体系进行内部审核，以确定质量管理体系是否符合策划的安排、GB/T 19001标准要求以及组织所确定的质量管理体系要求，是否得到有效实施和保持。内部审核是组织自我评价、自我完善机制的一种重要手段。组织应每年按策划的时间间隔坚持实施内部审核。

（10）管理评审

在内部审核的基础上，组织的最高管理者应就质量方针、质量目标，对质量管理体系进行系统的评审（管理评审），确保质量管理体系持续的适宜性、充分性和有效性（评审也可包括效率，但不是认证要求）。管理评审包括评价质量管理体系改进的机会和变更的需要以及质量方针、目标变更的需要。管理评审与内部审核都是组织自我评价、自我完善机制的一种重要手段，组织应每年按策划的时间间隔坚持实施管理评审。

通过内部审核和管理评审，在确认质量管理体系运行符合要求且有效的基础上，组织可向质量管理体系认证机构提出认证的申请。

三、建立质量管理体系的方法

建立、实施、保持和改进质量管理体系可采用下列8个步骤。

1. 确定顾客和其他相关方的需求和期望

识别和确定顾客（市场）需求，对一个组织而言，实质是树立一个正确的营销观念。一个组织生产的产品能否长期满足顾客和市场的需求，在很大程度上取决于营销质量。营销是一种以顾客和市场为中心的经营思想，其特征是：一个组织所关心的不仅是生产适销产品满足顾客当前需求，还要着眼于通过对顾客和市场调查分析和预测，不断开发新产品，满足顾客和市场的未来需求。

2. 建立组织的质量方针和质量目标

一个组织的质量方针和质量目标不仅应与组织的宗旨和发展方向相一致，而且应能体现顾客的需求和期望。

质量方针应能体现一个组织在质量上的追求，对顾客在质量方面的承诺，也是规范全体员工质量行为的准则，但一个好的质量方针必须有好的质量目标为支持。质量目标的主要要求应包括以下几点。

① 适应性。质量方针是制定质量目标的框架，质量目标必须能全面反映质量方针要求和组织特点。

② 可测量。方针可以抽象一些，但目标必须具体。这里讲的可测量不仅指对事物大小或质量参数的测定，也包括可感知的评价。通俗地说，所有制定的质量目标都应该是可以衡量的。

③ 分层次。"最高管理者应确保在组织的相关职能和层次上建立质量目标"。一个组织的质量方针和质量目标实质上是一个目标体系。质量方针应有组织的质量目标支持，组织的质量目标应有部门的具体目标或举措支持，只要每个员工都能完成本组织的目标，就应能实现本部门的目标，进而实现各部门的目标，就能完成本组织的目标。

④ 可实现。质量目标是"在质量方面所追求的目的"。这就是说现在已经做到或轻而易举就能做到的不能称为目标；另一方面，根本做不到的也不能称为目标。一个科学而合理的质量目标，应该是在某个时间段内经过努力能达到的要求。

⑤ 全方位。即在目标的设定上应能全方位地体现质量方针，应包括组织上的、技术上的、资源方面的以及为满足产品要求所需的内容。

3. 确定实现质量目标必需的过程和职责

为实现质量目标，组织应达到以下要求：

① 系统识别并确定为实现质量目标所需的过程，包括一个过程应包括哪些子过程和活动。在此基础上，明确每一过程的输入和输出的要求；

② 用网络图、流程图或文字，科学而合理地描述这些过程或子过程的逻辑顺序、接口和相互关系；

③ 明确这些过程的责任部门和责任人，并规定其职责。

4. 确定和提供实现质量目标必需的资源

这些资源主要包括以下几项：

① 人力资源。选择经过适当教育、培训、具有一定技能和经验的人员作为过程的执行者，以确保他们有能力完成过程要求。

② 基础设施。规定过程实施所必需的基础设施。基础设施包括工作场所、过程、设备（硬件和软件），以及通信、运输等支持性服务。

③ 工作环境。管理者应关注工作环境对人员能动性和提高组织业绩的影响，营造一个适宜而良好的工作环境，既要考虑物的因素，也要考虑人的因素，或两种因素的组合。

④ 信息。信息是一个组织的重要资源。信息可用来分析问题、传授知识、实现沟通，统一认识，促使组织持续发展，信息对实现"以事实为基础的决策"以及组织的质量方针和质量目标都是必不可少的资源。

此外，资源还包括财务资源、自然资源和供方及合作者提供的资源等。

5. 规定测量每个过程的有效性和效率的方法

根据术语定义，"有效性"是指"完成策划的活动和达到策划结果的程度"；"效率"是指"达到的结果与所使用的资源之间的关系"。因此，过程的有效性和效率是指在投入合理资源的前提下，过程实现所策划结果的能力。为了确保过程在受控状态下进行，应规定过程的输入、转换活动和输出的监视和测量方法。这些方法包括检验、验证、数据分析、内部审核和采用统计技术等。

6. 应用这些测量方法确定每个过程的有效性和效率

该条款是前述第五个问题的实施。确定过程的有效性和效率是评价质量管理体系的适宜性、充分性和有效性的基础。

7. 确定防止不合格并消除其产生原因的措施

"防止不合格"包括防止已发现的不合格和潜在的不合格。质量管理体系的重点是"防止"。对不合格不仅要纠正，重要的是要针对不合格产生的原因进行分析，确定所应采取的措施，防止已发现的不合格再发生，保证潜在的不合格不发生。这些措施通常是指纠正措施和预防措施。

8. 建立和应用持续改进质量管理体系的过程

持续改进质量管理体系的目的在于增加顾客和其他相关方满意的机会，而这种改进是一种持续和永无止境的活动。持续改进是质量管理体系过程、PDCA循环活动的终点，也是一个新的质量管理体系过程、PDCA循环活动的起点。以过程为基础的质量管理体系模式就是建立在以"顾客为关注焦点"和"质量管理体系持续改进"基础上的。

上述8个步骤方法不能简单地理解为是一个工作程序，而是体现了质量管理原则，即："过程方法"和"管理的系统方法"的应用。

第五节
质量管理审核与认证

一、质量审核概述

1. 基本术语

质量审核是在企业系统内部开展的一种质量监督活动，是指为满足用户使用要求，以产品、工序和体系为目标，通过独立的、公正的、系统的评定，判断交货产品质量，考核工序适应性和评定体系的有效性，以便及时暴露问题，改进工作，增强质量保证体系的自身保证能力而开展的企业内部的监督活动。在日本称为"质量诊断"。

质量审核有狭义和广义之分。狭义的质量审核是对产品的审核。它从用户使用的观点出发对产品定期进行复查，以判断能否符合用户的需求并提出改进产品质量的建议。

广义的质量审核称质量管理审核，这是对企业的质量方针、质量目标、质量计划和产品进行监督检查，对各部门执行质量职能活动的情况进行评价、鉴定并提出改进意见。

质量审核是一个有序的活动，它包括：

① 由企业评价自己的质量活动；

② 由企业评价它的供应者、经营者和代理人等的质量控制活动；

③ 由管理机构判断所管单位的质量控制活动。

成功的质量审核应具有以下几方面的特点：

① 质量审核是从客户的立场出发，按一定的标准和要求进行的系统的、独立的、有计划的检查、验证和评价活动；

② 可以根据需要由企业自己来进行，或者由企业外部的人员和组织来进行，但无论采用何种形式都必须有独立的"第三方"直接参与；

③ 质量审核的间隔期一般是事先规定的；有时也不按规定的时间进行审核；

④ 质量审核的报告和文件，应尽量用数字形式定量表示，或用定性与定量数据写出总结性文件，用以表示质量改善或变化的趋势，对照绩效标准进行评估；

⑤ 质量体系审核的对象通常包括质量体系、过程质量、产品质量等。

2. 质量审核的目的和分类

（1）质量审核的目的

质量审核的目的是确定审核应完成什么，包括：

① 确定受审核方管理体系或其一部分与审核准则的符合程度；

② 评价管理体系确保满足法律法规和合同要求的能力；

③ 评价管理体系实现特定目标的有效性；

④ 识别管理体系潜在的改进方面。

（2）质量审核的分类

质量审核按审核的对象分类，可分为以下 3 种：

① 产品质量审核。指为了获得出厂产品质量信息所进行的质量审核活动。也即是对已检验入库或进入流通领域的产品实物质量进行抽查、试验，审核产品是否符合有关标准和满足用户需要。

② 工序质量审核。指对工序质量定期或专题的验证、抽查和考核工序中影响产品质量各种因素的变动情况，以便采取对策加以改进。其动因可能是常规的质量保证规定，也可能是基于用户申诉而临时安排的质量保证要求。

③ 质量体系审核。指对企业为达到质量目标所进行的全部质量活动的有效性进行审核。

按审核委托方可将审核划分为第一方审核、第二方审核和第三方审核。

第一方审核，亦称内部审核，由组织自己或以组织的名义进行，出于管理评审或其他内部目的，可作为组织自我合格声明的基础。

第二方审核由对组织感兴趣的相关方（如顾客）或由其他组织或人员以相关方的名义进行。

第三方审核由外部独立的组织进行，如提供符合 GB/T 19001 标准和 GB/T 24001 标准要求的认证机构。

3. 质量审核原则

（1）独立性

指执行审核的机构和审核人员具有独立性，依据审核准则进行客观的评定，得出客观的结论，而不应该掺杂任何主观意愿、臆想的东西，更不能根据主观想象来得出结论。

（2）客观性

审核是一个形成文件的过程，包括审核计划、检查表、现场审核记录、符合报告、审核报告、首末次会议记录等。

（3）系统方法

审核包括文件审核和现场审核两个方面，在文件审核符合的情况下，才能进行现场审核。审核包括符合性、有效性和达标性三个层次；符合性是指质量活动及其有关结果是否符合审核准则；有效性是指审核准则是否被有效实施；达标性是指审核准则实施的结果是否达到预期目标。

二、质量管理体系审核的实施

1. 质量管理体系审核与质量管理体系认证

（1）质量管理体系审核的主要活动

典型的质量管理体系审核的主要活动包括以下内容：

a. 审核的启动；

b. 文件评审；

c. 现场审核的准备；

d. 现场审核的实施；

e. 审核报告的编制、批准和分发；

f. 审核的完成。

（2）质量管理体系认证的主要活动

质量管理体系认证的主要活动包括以下内容：

a. 认证申请与受理；

b. 审核的启动；

c. 文件评审；

d. 现场审核的准备；

e. 现场审核的实施；

f. 审核报告的编制、批准和分发；

g. 纠正措施的验证；

h. 颁发认证证书；

i. 监督审核与复评。

（3）质量管理体系审核与质量管理体系认证的主要区别及联系

a. 质量管理体系认证包括了质量管理体系审核的全部活动；

b. 质量管理体系审核是质量管理体系认证的基础和核心；

c. 审核只需要提交审核报告，而认证需要颁发认证证书；

d. 当审核报告发出后，审核即告结束；而颁发认证证书后认证活动并未终止；

e. 纠正措施的验证通常不视为审核的一部分，而对于认证来说，却是一项必不可少的活动；

f. 质量管理体系审核不仅只有第三方审核，而对于认证来说，所进行的审核就是一种第三方审核。

2. 质量管理体系审核的主要活动内容

（1）审核的启动

① 指定审核组长。负责管理审核方案的人员应为特定的审核指定审核组长。

② 确定审核目的、范围和准则。在审核方案总体目的内，一次具体的审核应基于形成文件的目的、范围和准则。审核范围描述了审核的内容和界限，例如，实际位置、组织单元、受审核的活动和过程以及审核所覆盖的时期。

审核准则用作确定符合性的依据，可以包括所适用的方针、程序、标准、法律法规、管理体系要求、合同要求或行业规范。

审核目的应由审核委托方确定，审核范围和准则应由审核委托方和审核组长根据审核方案程序确定。审核目的、范围和准则的任何变更都应征得原各方的同意。

③ 确定审核的可行性。应确定审核的可行性，在确定审核的可行性时考虑诸如下列因素的可获得性：

a. 策划审核所需的充分和适当的信息；

b. 受审核方的充分合作；

c. 充分的时间和资源。

当确定审核不可行时，应在与受审核方协商后向审核委托方提出替代建议。

④ 选择审核组。当确定审核可行时，应选择审核组，在选择审核组时考虑实现审核目的所需的能力。当只有一名审核员时，审核员应承担审核组长全部适用的职责。决定审核组的规模和组成时，应考虑下列因素：

a. 审核目的、范围、准则以及预计的审核时间；

b. 是否合并审核或联合审核；

c. 为达到审核目的，审核组所需的整体能力；

d. 适用时，法律法规、合同和认证认可的要求；

e. 确保审核组独立于受审核的活动并避免利益冲突的需要；

f. 审核组成员与受审核方的有效协作能力以及审核组成员之间共同工作的能力；

g. 审核所用语言以及对受审核方社会和文化特点的理解，这些方面可以通过审核员自身的技能或技术专家的支持予以解决。

保证审核组整体能力的过程应包括下列步骤：

● 识别为达到审核目的所需的知识和技能；

● 选择审核组成员以使审核组具备所必要的知识和技能。

若审核组中的审核员没有完全具备审核所需的必要的知识和技能，可通过技术专家予以满足。技术专家应在审核员的指导下进行工作。

审核组可以包括实习审核员，但实习审核员不应在没有指导或帮助的情况下进行审核。

⑤ 与受审核方建立初步联系。与受审核方就审核事宜建立初步联系可以是正式或非正式的，但应由负责管理审核方案的人员或审核组长进行。初步联系的目的是：

a. 与受审核方的代表建立沟通渠道；

b. 确认实施审核的权限；

c. 提供有关建议的时间和审核组组成的信息；

d. 要求获得相关文件，包括记录；

e. 确定适用的现场安全准则；

f. 对审核做出安排；

g. 对观察员的参与或审核组向导的需求达成一致意见。

（2）文件评审的实施

在进行现场审核前应评审受审核方的文件，以确定文件所述的质量管理体系与审核准则的符合性。文件可包括质量管理体系的相关文件和记录及以前的审核报告。评审应考虑组织的规模、性质和复杂程度以及审核的目的和范围。在有些情况下，如果不影响审核实施的有效性，文件评审可以推迟至现场审核开始。在其他情况下，为取得对总体信息的适当了解，可以进行现场初访。

如果发现文件不适宜、不充分，审核组长应通知审核委托方和负责管理审核方案的人员以及受审核方，应决定审核是否继续进行或暂停，直至有关文件的问题得到解决。

（3）现场审核的准备

① 编制审核计划。审核组长应编制一份审核计划，为审核委托方、审核组和受审核方之间就审核的实施达成一致提供依据。审核计划应便于审核活动的日程安排和协调。审核计划的详细程度应反映审核的范围和复杂程度。例如对于初次审核和监督审核以及内部审核和外部审核，内容的详细程度可以有所不同。审核计划应有充分的灵活性，以允许更改，例如随着现场审核活动的进展，审核范围的更改可能是必要的。

审核计划应包括以下几点：

a. 审核目的；

b. 审核准则和任何引用文件；

c. 审核范围，包括确定受审核的组织单元和职能单元及过程；

d. 进行现场审核活动的日期和地点；

e. 现场审核活动预期的时间和期限，包括与受审核方管理层的会议以及审核组会议；

f. 审核组成员和陪同人员的作用和职责；

g. 向审核的关键区域配置适当的资源。

在现场审核活动开始前，审核计划应经审核委托方评审和接受，并提交给受审核方。

受审核方的任何异议应在审核组长、受审核方和审核委托方之间予以解决。任何经修改的审核计划应在继续审核前征得有关各方的同意。

② 审核组工作分配。审核组长应与审核组协商，将具体过程、职能、场所、区域或活动的职责分配给审核组每位成员。审核组工作的分配应考虑审核员的独立性和能力的需要、资源的有效利用以及审核员、实习审核员和技术专家的不同作用和职责。为确保实现审核目的，可随着审核的进展调整所分配的工作。

③ 准备工作文件。审核组成员应评审与其分派的审核任务相关的信息，并准备必要的工作文件，用于审核过程的记录和参考，这些工作文件可以包括以下几点。

a. 调查表和审核抽样计划；

b. 记录信息（例如支持性证据、审核发现和会议的记录）的表格。检查表和表格的使用不应限制审核活动的内容，审核活动的内容可随着审核中收集信息的结果而发生变化。

工作文件，包括其使用后形成的记录，应至少保存到审核结束。审核组成员在任何时候都应当妥善保管涉及保密或知识产权信息的工作文件。

（4）现场审核活动的实施

① 举行首次会议。应当与受审核方管理层，或者与受审核的职能或过程负责人一起召开首次会议。会议由审核组长主持。首次会议的目的如下：

a. 确认审核计划；

b. 简要介绍审核活动如何实施；

c. 确认沟通渠道；

d. 向受审核方提供询问的机会。

在许多情况下，例如小型组织中的内部审核，首次会议可仅包括对即将实施的审核的沟通和对审核性质的解释。

对于其他审核，会议应当是正式的，并保存出席人员的记录。

② 审核中的沟通。根据审核的范围和程度，在审核中可能有必要对审核组内部以及审核组与受审核方之间的沟通做出正式安排。

审核组应定期讨论以交换信息，评定审核进展情况以及需要重新分派审核组成员的工作。

在审核中，适当时，审核组长应定期向受审核方和审核委托方通报审核进展及相关情况。在审核中收集的证据显示有紧急的和重大的风险（如安全、环境或质量方面）时，应及时报告受审核方，适当时向审核委托方报告。对于超出审核范围的引起关注的问题，应指出并向审核组报告，可能时向审核委托方和受审核方通报。

当获得的审核证据表明不能达到审核目的时，审核组长应向审核委托方和受审核方报告理由以确定适当的措施。这些措施可以包括重新确认或修改审核计划、改变审核目的、审核范围或终止审核。

随着现场审核的进展，若出现需要改进审核范围的任何情况，应经审核委托方和（适当时）受审核方的评审和批准。

③ 向导和观察员的作用和职责。向导和观察员可以与审核组同行，但不是审核组成员，不应影响或干扰审核的实施。

受审核方指派的向导要协助审核组并且根据审核组长的要求行动。他们的职责可包括以下 5 点：

a. 建立联系并安排面谈时间；

b. 安排对场所或组织的特定部分的访问；

c. 确保审核组成员了解和遵守有关场所的安全规则和安全程序；

d. 代表受审核方对审核进行见证；

e. 在收集信息的过程中，做出澄清或提供帮助。

④ 信息的收集和证实。在审核中，与审核目的、范围和准则有关的信息，包括与职能、活动和过程间接有关的信息，应通过适当的抽样进行收集并证实。只有可验证的信息方可作为审核证据。审核证据应予以记录。

审核证据基于可获得的信息样本。因此，在审核中存在不确定因素，依据审核结论采取措施的人员应意识到这种不确定性。

收集信息的方法包括：面谈、对活动的观察、文件评审。

⑤ 形成审核发现。应对照审核准则评价审核证据以形成审核发现。审核发现能表明符合或不符合审核准则。当审核目的有规定时，审核发现能识别改进的机会。

审核组应根据需要在审核的适当阶段共同评审审核发现。

应记录不符合和支持的审核证据。可以对不符合的证据进行分级。应与受审核方一起评审不符合的证据，以确认审核证据的准确性，并使受审核方理解不符合的情况。应努力解决对审核证据和（或）审核发现有分歧的问题，并记录尚未解决的问题。

⑥ 准备审核结论。在末次会议前，审核组应讨论以下内容：

a. 针对审核目的，评审审核发现以及在审核过程中所收集的任何其他适当信息；

b. 考虑审核过程中固有的不确定因素，对审核结论达成一致；

c. 如果审核目的有规定，准备建议性的意见。

⑦ 举行末次会议。末次会议由审核组长主持，并以受审核方能够理解和承认的方式提出审核发现和结论，适当时，双方应就受审核方提出的纠正和预防措施计划的时间表达成共识。参加末次会议的人员应包括受审核方，也可包括审核委托方和其他方。必要时，审核组长应告知受审核方在审核过程中遇到的可能导致降低审核结论可信性的情况。

在许多情况下，如在小型组织的内部审核中，末次会议可以只包括沟通审核发现和结论。

对于其他审核，会议应当是正式的并保持记录，包括出席人员的记录。

审核组和受审核方应就有关审核发现和结论的不同意见进行讨论，并尽可能予以解决。如果未能解决，应当记录所有的意见。

如果审核目的有规定，应提出改进的建议，并强调该建议没有约束性。

(5) 审核报告的编制、批准和分发

① 审核报告的编制。审核组长对审核报告的编制和内容负责。

审核报告应提供完整、准确、简明和清晰的审核记录，并包括或引用以下内容：

a. 审核目的；

b. 审核范围，尤其是应明确受审核的部门、职能、过程以及审核所覆盖的时期；

c. 明确审核委托方；

d. 明确审核组长和成员；

e. 现场审核活动实施的日期和地点；

f. 审核准则；

g. 审核发现；

h. 审核结论。

② 审核报告的批准和分发。审核报告应在商定的时间期限内完成。如果不能完成，应向审核委托方通报延误的理由，并就新的完成日期达成一致。

审核报告应根据审核方案程序的规定注明日期，并经评审和批准。

经批准的审核报告分发给审核委托方指定的接受者。

审核报告属审核委托方所有，审核组成员和审核报告的所有接受者都应尊重并遵守报告的保密规定。

(6) 审核的完成

当审核计划中规定的所有活动已完成，并分发了经过批准的审核报告时，审核即告结束。

审核的相关文件应根据参与各方的协议，并按照审核方案程序、适用的法律法规和合同要求予以保存或销毁。

除非法律法规要求，审核组和负责管理审核方案的人员若没有得到审核委托方和（适当时）受审核方的明确批准，不应向任何其他方泄露文件内容以及审核中获得的其他信息或审核报告。如果需要披露审核文件的内容，应尽快通知审核委托方和受审核方。

三、质量管理认证

1. 质量认证概述

(1) 质量认证的生产和发展

质量认证制度是随着市场经济的发展作为一种外部质量保证的手段逐步建立起来的。在现代质量认证产生之前，供方为了推销产品，往往采取"合格声明"的方式以取得买方对产品质量的信任。这种"合格声明"方式对于质量特性比较简单的产品而言，不失为一种增强买方购买信心的有效手段。但随着科学技术的发展，产品结构和性能日趋复杂，仅靠买方的知识和经验很难判断产品是否符合要求，加之供方的"合格声明"并不总是可信的，这种方式就难以起到作用了。在此情况下，顺应供方树立其产品信誉、社会保障消费者利益以及安全和立法的需要，由第三方来证实产品质量的现代质量认证制度便应运而生。

现代第三方认证制度起源于英国。1903年，英国标准协会（BSI）首创了世界上第一个质量认证标志，即"BS"标志或称"风筝"标志，并于1919年按英国商标法注册，成为受到法律保护的认证标志，至今仍在国际上享有较高的声誉。此后，从20世纪30年代开始，质量认证得到了较快的发展。到20世纪50年代，质量认证制度基本上已普及所有工业发达国家。20世纪60年代开始，苏联和东欧国家也陆续推行质量认证制度。在发展中国家，除印度较早实行质量认证外，其他大多数国家是从20世纪70年代起推行质量认证制度的。

鉴于质量认证开始跨越国界这一新情况，1970年，ISO成立了"认证委员会（committee on certification，CERTICO）"；1985年，ISO又将其更名为"合格评定委员会（committee on conformity assessment，CASCO）"，开始从技术角度协调各国的认证制度，促进各国认证机构和检验结果的相互认可，以消除各国由于标准、检验和认证过程中存在的差异所带来的贸易困难，并进一步制定出国际质量认证制度。

（2）质量认证的作用

质量认证制度之所以得到世界各国的普遍重视，关键在于它是由一个公正的机构对产品或质量体系做出正确、可靠的评价，从而使人们对产品质量建立信心。具体作用体现在以下三个方面：

① 提高供方的信誉和市场竞争力。组织通过公正的机构对产品或质量体系认证，获取合格证书和标志，通过注册和公布，取得良好的质量信誉，有利于在竞争日益激烈的市场中取胜；

② 有利于保护顾客利益。实施质量认证，对通过产品质量认证或质量管理体系认证的组织，准予使用认证标志或予以注册和公布，使顾客了解哪些组织的产品质量有保证，从而起到保护顾客利益的作用；

③ 促进组织完善质量管理体系。组织要取得第三方认证机构的质量管理体系认证或按典型的产品认证制度实施产品认证，都需要对其质量管理体系进行检查和完善，以提高其对产品的质量保证能力，并且对认证机构对其质量管理体系实施检查和评定中发现的问题及时进行纠正，从而起到促进组织完善其质量管理体系的作用。

（3）产品质量认证和质量管理体系认证

产品质量认证是指依据产品标准和相应技术要求，经认证机构确认并通过颁发认证证书和认证标志来证明某一产品符合相应标准和技术要求的活动。产品质量认证又有两种：一种是安全认证，它是通过法律、行政法规或规章强制执行的认证；另一种是合格认证，属自愿性认证。

质量管理体系认证是指依据质量管理体系标准，由质量管理体系认证机构对质量管理体系实施合格评定，并通过颁发质量管理体系认证证书，以证明某一组织有能力按规定的要求提供产品的活动。质量管理体系认证亦称质量管理体系注册。

① 产品质量认证与质量管理体系认证的联系。产品质量认证和质量管理体系认证同属

质量认证范畴，都具有质量认证的以下特征：

    a. 两种认证类型都有具体的认证对象；

    b. 产品质量认证与质量管理体系认证都是以特定的标准作为认证的基础；

    c. 两种认证都是由第三方独立机构主导进行的活动。

除上述共同特点外，产品质量认证与质量管理体系认证都要求企业建立质量管理体系，都要求对质量管理体系进行检查评定，以评定企业是否具有使产品持续符合技术规范的能力。产品质量认证进行质量管理体系审核时也应充分利用质量管理体系认证审核结果，质量管理体系认证进行质量管理体系审核时也应充分利用产品质量认证的质量管理体系审核的结果。

② 产品质量认证与质量管理体系认证的区别。产品质量认证与质量管理体系认证有必然的联系，但也存在区别。表 2-2 从认证的对象、认证目的、获准认证条件、证明方式、证书的使用、性质、认证的保持几个方面总结了产品质量认证与质量管理体系认证的主要区别。

表 2-2　产品质量认证与质量管理体系认证的区别

项目	产品质量认证	质量管理体系认证
认证对象	特定产品	质量管理体系
认证目的	证明供方的特定产品符合规定标准的要求	证明供方的质量管理体系有能力确保其产品满足规定的要求（需方合同、法规、供方内部标准等）
获准认证的条件	产品质量符合指定标准要求，质量管理体系满足指定的质量保证标准要求及特定产品的补充要求	质量管理体系满足 ISO 9000：2000 族标准要求和必要的补充要求
证明方式	产品质量认证证书及认证标志	质量管理体系认证（注册）证书及认证标志
证书的使用	证书不能用于产品，标志可用于获准的产品上	证书和标志都不能在产品上使用
性质	一般为自愿性，对于实行强制认证产品的企业必须申请产品质量认证	自愿性
认证的保持	对认证产品实施监督检查，对质量管理体系实施监督检查（审核）	定期监督供方质量管理体系，不对产品实物实施监督检查

（4）ISO 9000 认证机构

认证过程是由组织申请，认证机构执行的，而认证机构需由认可机构认可。图 2-2 是 ISO 9000 认证机构管理示意图。

1993 年，国际认可论坛（international accreditation forum，IAF）正式成立。1998 年，第一个国际多边承认协议（multilateral recognition agreement，MLA）在广州诞生，所有加入 IAF 组织并签署了 MLA 协议的认可机构所认可的认证机构颁布的证书均可得到国际相互认可。

2. 获得质量认证的条件与程序

（1）获得 ISO 9000 认证的条件

ISO 9000 认证的条件，不同的认证机构在其上级认可机构的要求下会有不同的具体要求。通常，获得 ISO 9000 认证需要具备以下基本条件：

图 2-2　ISO 9000 认证机构管理示意图

① 建立了符合 ISO 9001 标准要求的文件化的质量管理体系；

② 质量管理体系至少已运行 3 个月以上，并被审核判定为有效；

③ 外部审核前至少完成了一次或一次以上有效的内部审核，并可提供有效的证据；

④ 外部审核前至少完成了一次或一次以上有效的管理评审，并可提供有效的证据；

⑤ 质量管理体系持续有效并同意接受认证机构每年的年审和每三年的复审作为对质量管理体系是否得到有效保持的监督；

⑥ 承诺遵守证书及标志的使用规定。

(2) ISO 9000 认证典型程序

ISO 9000 认证一般要经过以下步骤：

① 认证申请。按企业经营需要，确定认证机构。由申请者按认证机构的需要填写申请表及附件，提交质量手册和其他有关资料。认证机构认为需要时安排初访，以了解组织现状、确定审核范围，确定审核工作量。

② 签订合同。认证机构对申请者提交的申请表及附件的完整性进行审查，决定是否受理申请。若受理则签订合同，确定正式合作关系，缴纳申请费，委托方或被审核方向认证机构提交管理手册、程序文件及相关背景材料；若不受理则书面通知申请者并说明理由。

③ 审查质量管理体系文件。编制审核计划，确定审核目的、范围、准则、日程安排等，审核计划经被审核方确认。认证机构详细评定申请者的体系文件是否符合申请认证选定标准的要求。若发现不符合，认证机构通知申请者修正或补充。

④ 现场审核。认证机构委托一个具有资格的审核组，提出审核计划，经申请方确认后，按计划实施现场审核。申请产品质量认证的，审核组还要对申请方申请认证的产品按规定进行现场抽样，由审核组或申请方送交指定的检验机构。

⑤ 提交审核结论。审核组根据审核发现做出审核结论，审核结论可能有三种：推荐注册、推迟或暂缓注册、不推荐注册。

⑥ 认证机构批准注册。认证机构技术委员会审定是否批准注册，如批准，则颁发认证证书，并在其网站上公布。

⑦ 定期监督审核。质量体系认证注册后有效期一般为 3 年，产品质量认证证书有效期一般为 5 年。在此期间内，认证机构根据认证管理的有关规定，对获证单位质量管理体系进行监督，对其产品质量进行监督检验（产品质量认证），以证实是否持续符合要求。监督审核一般一年一次。

⑧ 期满后重新评定。当认证注册有效期满，获证单位要求保留注册资格时，须重新提出认证申请，认证机构受理后重新组织认证审核。复评合格者，认证机构将对其重新颁发认证证书。

第六节
卓越绩效评价准则

自 20 世纪 60 年代初美国质量管理专家菲根堡姆提出全面质量管理的概念以来，全面质量管理的理论和实践一直处在动态的发展和完善过程中，卓越绩效模式就是全面质量管理的新发展。2012 年，我国国家质检总局正式发布了 GB/T 19580《卓越绩效评价准则》和 GB/Z 19579《卓越绩效评价准则实施指南》，标志着我国质量管理工作经过 TQC、ISO 9000 进入了一个与国际接轨和提升国际竞争力的新阶段。标准的发布也将以更高的权威性推动着我国质量工作在新阶段更快、更有效地发展。

一、标准制定的目的、意义和适用范围

随着经济全球化和信息化的迅猛发展，国内外市场进一步融合，竞争日益加剧，为了应对新的形势，许多国家和地区设立质量奖，引导和帮助企业提高经营管理水平和核心竞争力，进而提升所在国家和地区的整体竞争力。目前，世界上有 60 多个国家和地区设立了质量奖，以日本戴明奖（1951 年设立）、美国波多里奇国家质量奖（1987 年设立）和欧洲质量奖（1991 年设立）最为知名，被称为世界三大质量奖，其中美国波多里奇国家质量奖的影响最广泛，其评审准则也称为卓越绩效评价准则或卓越绩效模式，代表了当今世界最先进的质量管理水平。

（1）目的

根据《中华人民共和国产品质量法》和国务院颁布的《质量振兴纲要》中有关推行科学的质量管理方法和表彰质量先进单位的规定，国家质检总局委托中国标准化研究院组织起草了 GB/T 19580《卓越绩效评价准则》和 GB/Z 19579《卓越绩效评价准则实施指南》标准，并积极酝酿和推动政府行为的国家质量奖制度的设立。

卓越绩效评价准则是质量奖评审的依据，是国家质量奖励制度的技术文件。在国家质量奖励制度还没有正式出台前，先发布评价标准，提供卓越经营的模式，供广大企业自我学习、自我评价使用，也为企业相互借鉴成功经验提供了非常好的平台。制定标准、设立质量奖的根本目的不仅仅在于评奖，因为获奖的组织很少，而使用卓越绩效评价准则开展自我评价活动，却得到很多组织的认可和重视，在美国，每年获奖组织只有几家，申报质量奖的组织有几十家，而使用卓越绩效准则进行自我评价的组织却有几十万家。所以，制定这套标准的目的有两个：一是用于国家质量奖的评价；二是用于组织的自我学习，引导组织追求卓越绩效，提高产品、服务和经营质量，增强竞争优势，并通过评定获奖组织、树立典范并分享成功的经验，鼓励和推动更多的组织使用这套标准。

（2）意义

这套标准参照了美国波多里奇国家质量奖、欧洲质量奖和日本戴明奖的评价准则，重点参考了最有影响力和代表性的美国波多里奇国家质量奖评价条款和内容，结合了各国质量管理的实际情况，是国内外许多成功组织的实践经验总结，为组织的自我评价和外部议价提供了很好的依据。标准关注人力资源、全面质量和可持续发展，要求均衡考虑相关方利益，体现了以人为本和全面、协调、可持续的科学发展观。标准的制定和实施可帮助组织提高其整体绩效和能力，为组织的所有者、顾客、员工、供方、合作伙伴和社会创造价值，有助于组织获得长期的市场成功，并使各类组织易于在质量管理实践方面进行沟通和共享，成为一种理解、管理绩效并指导组织进行规划和获得学习机会的工具。

（3）适用范围

GB/T 19580《卓越绩效评价准则》和 GB/Z 19579《卓越绩效评价准则实施指南》适用于追求卓越绩效的各类组织，是一对联合使用的标准。前者规定了组织卓越绩效的评价要求，后者对前者的内容作了详细说明，为组织追求提供了实施指南，用于指导组织进行自我评价。两者为组织追求卓越绩效规定了自我评价的准则，也可用于质量奖的评价。

二、标准与 ISO 9000 的关系

卓越绩效评价准则与 ISO 9000 虽然都是质量管理领域的标准，都能帮助组织提高质量管理水平、增强竞争能力，但其目的和性质均有所不同。二者既有区别，又有联系。ISO 9000 标准是质量管理体系标准，是符合性标准，目的是为了证实企业有能力稳定地提供满足顾客和适用法律法规要求的产品。制定标准的背景主要是消除国际贸易中的壁垒，并能通过认证结果的互认，促进国际贸易往来。而卓越绩效评价准则则对企业提出了更高的要求，它为企业提供了追求卓越绩效的经营管理模式，为国家质量奖的评价和企业自我评价提供了依据，它用量化指标（1000 分）平衡地评价企业卓越经营的业绩，是评价企业卓越绩效成熟度的标准。二者关系可具体分为与 ISO 9001 的关系和与 ISO 9004 的关系。

（1）与 ISO 9001 的关系

简要地说，ISO 9001 认证属于管理体系是否合格的符合性评定，类似于优育达标、电影审查合格；而卓越绩效评价属于管理是否卓越的成熟度评价，类似于体育比赛拿奖牌、电影得奖。

ISO 9001 在企业的质量工作中只起基础性的作用，主要聚焦于组织中最直接地影响着产品质量的那些职能和过程管理类别的活动，其范围比卓越绩效评价准则的范围要窄得多。

与 ISO 9001 相比，卓越绩效评价准则的内容更全面、系统，包括组织经营管理的方方面面，所关注的质量是已扩展到经营质量的大质量，强调战略策划、社会责任和经营结果，反映了现代质量管理的最新理念和方法，是测评组织经营管理成熟度的标准。此外，卓越绩效评价与管理体系审核也有本质上的不同，前者属于诊断式的评价，从管理的效率和效果入手，旨在发现组织之最强和最需要的改进，而后者则是对一般过程的合格评定，从符合性入手兼顾有效性，重在发现与标准规定要求的不符合。

（2）与 ISO 9004 的关系

尽管 ISO 9004 的范围和深度超出了 ISO 9001，但其定位介于 ISO 9001 和卓越绩效评价准则之间，用于指导组织丰富和提高其 ISO 9001 基础并向全面质量管理（TQM）发展。而卓越绩效评价准则提供了一个综合的全面质量管理实施细则，兼容了 ISO 9001 和 ISO 9004。

组织可以根据其实际情况，参照 ISO 9004 进行质量管理体系的扩展和深化，进而导入卓越绩效评价准则；也可以直接导入卓越绩效评价准则，并以卓越绩效评价准则为框架进行管理体系整合：将 ISO 9001、ISO 14001 和 GB/T 28001 等合格评定体系要求融入其中，综合六西格玛、质量管理小组和合理化建议等持续改进和创新的方法，建立卓越绩效管理体系或全面质量管理体系。

三、标准的结构及其相互关系

卓越绩效评价准则框架模型图（图 2-3）描述了卓越绩效评价准则的结构，形象而清楚地表达了 GB/T 19580《卓越绩效评价准则》七个类目之间的逻辑关系。

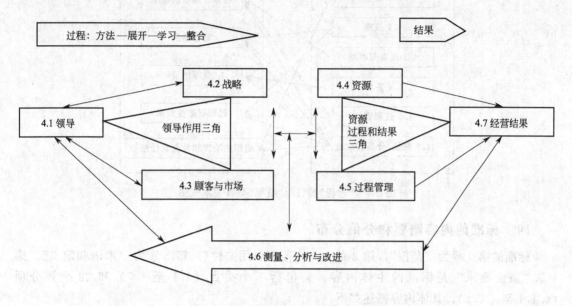

图 2-3　卓越绩效评价准则框架模型图

卓越绩效评价准则共包括七大类目：4.1 领导，4.2 战略，4.3 顾客与市场，4.4 资源，4.5 过程管理，4.6 测量、分析与改进，4.7 经营结果。有关过程的类目包括 4.1、4.2、4.3、4.4、4.5、4.6，有关结果的类目为 4.7。

"过程：方法—展开—学习—整合"和"结果"两个箭头框图表达以下逻辑。

① 过程旨在结果、结果通过过程取得，并为过程的改进和创新提供导向。

② 卓越绩效模式旨在通过卓越的过程创取卓越的结果，即应对评价准则的要求、确定、展开组织的方法，并定期评价、改进、创新和分享，使之达到一致、整合，从而不断提升组织的整体绩效和能力，赶超竞争对手和标杆，获得卓越级的绩效。只有那些经过卓越过程取得卓越结果的组织才是真正卓越的组织。

"领导"决定和掌控着组织前进的方向。"领导""战略""顾客与市场"构成"领导作用"三角，是驱动性的；"资源""过程管理""经营结果"构成"资源、过程和结果"三角，是从动性的；而"测量、分析和改进"犹如连接两个三角的"链条"，转动着改进和创新的 PDCA 之轮，不断提升组织的整体经营绩效和竞争能力，其中的数据、信息和知识对于基于事实的管理和竞争性改进而言是至关重要的，构成了组织运作和绩效管理系统之基础。

每个三角中的小箭头表示了各类目之间的相互作用；中间的双向粗箭头表示"领导"密切关注着"经营结果"，并通过对经营结果的绩效评价来改进领导系统；下方的双向粗箭头以及左、右下方的细箭头表示"测量、分析与改进"贯穿于其下所有类目之中，并相互作用。

图 2-4 显示了"过程"类目与"结果"类目的评分项之间的那些较为直接的对应关系

（虚线表示间接影响）。

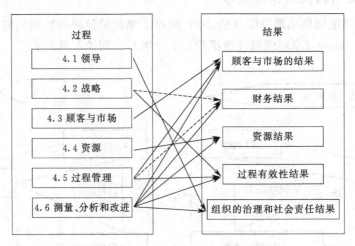

图 2-4 "过程"类目与"结果"类目关系框图

四、标准的内容概要和分值分布

标准的第 1 章为"范围"，第 2 章为"规范性引用文件"，第 3 章为"术语和定义"，第 4 章"廉价要求"是标准的主体内容，共包括 7 个类目（4.1 至 4.7）和 22 个评分项（4.1.1 至 4.7.5），具体内容概述如下：

【4.1 领导】评价组织高层领导在价值观、发展方向、目标、对顾客及其他相关方的关注、激励员工、创新和学习等方面的作为，以及组织的治理和履行社会责任的情况。

【4.1.1 组织的领导】高层领导如何确定和展开组织的价值观、长短期发展方向及绩效目标，均衡地考虑顾客及其他相关方的利益，并与员工、关键供方及合作伙伴双向沟通；如何创造有利于授权、主动参与、创新、快速反应、组织和员工的学习、遵守法律法规和道德规范等方面的环境；如何评审组织的绩效和能力，确定并落实改进关键业务的优先次序和创新的机会，改进领导体系的有效性。组织有治理如何致力于组织行为的管理责任、财务方面的责任、内、外部审计的独立性、股东及其他相关方利益的保护。

【4.1.2 社会责任】组织如何履行其公共责任，降低其产品、服务和运营对社会的影响，满足和超越法律法规要求，确保组织行为符合诚信原则等道德规范，确定公益事业重点并积极支持。

【4.2 战略】评价组织的战略目标和规划的制定、部署及其进展情况。

【4.2.1 战略制定】如何按照其战略制定过程和时间区间，考虑顾客和市场、资源、法律法规要求、经济形势等多方面的内外部关键因素，确定战略目标及其完成的时间表，以提高竞争地位、整体绩效，在未来获得更大的成功。

【4.2.2 战略部署】如何将战略目标转化为战略规划，包括关键的人力资源计划，配置资源实施战略规划，建立关键绩效测量系统监测其实施进展，预测关键绩效并与竞争者的预测绩效及标杆相比较。

【4.3 顾客与市场】评价组织确定顾客和市场的需求、期望和偏好的方法，建立顾客关系、测量和改进顾客满意度的过程。

【4.3.1 顾客的市场的了解】如何确定顾客群和细分市场、确定其需求、期望和偏好，

以确保产品和服务不断符合需要，并开发新产品和开拓新的市场。

【4.3.2 顾客关系和顾客满意】如何建立和完善顾客关系，确保顾客意见和要求能够得到及时有效的解决并用于组织的改进，以赢得和保持顾客，增强顾客忠诚，吸引潜在顾客和开拓新的商机；如何测量顾客满意度，跟踪顾客质量反馈，通过改进提高顾客满意度。

【4.4 资源】评价组织高层领导为确保战略规划和目标的实现、为价值创造过程和支持过程所配置的资源，包括人力资源及财务、基础设施、相关方关系、技术、信息等其他资源。

【4.4.1 人力资源】如何根据战略目标和规划，建立以人为本的人力资源开发和管理工作系统，促进组织的授权、创新，完善和发展组织的文化；制订和实施教育和培训计划，帮助员工实现与其职务相关的学习和发展目标，促进组织整体目标的实现；保持良好的工作环境和员工参与的氛围，维护全体员工的权益，使全体员工满意，调动全体员工的积极性。

【4.4.2~4.4.6 财务资源、基础设施、信息、技术和相关方关系】如何确定资金需求，保证资金供给；如何确定和提供所必需的基础设施；如何识别和开发信息源，建立和运行信息管理系统；如何开发、引进和采用适用的先进技术和先进标准，提高组织的技术创新能力；如何建立与其战略实施相适应的相关方关系，特别是与供方和合作伙伴的合作关系。

【4.5 过程管理】评价组织过程管理的主要方面，包括价值创造过程和支持过程。

【4.5.1 价值创造过程】如何确定、设计、实施和改进为顾客创造价值，取得经营成功、业务增长和实现组织增值的主要过程。

【4.5.2 支持过程】如何确定、设计、实施和改进为价值创造过程提供支持的过程。

【4.6 测量、分析与改进】评价组织选择、收集、分析和管理数据、信息和知识的方法，充分和灵活使用数据、信息和知识，改进组织绩效的情况。

【4.6.1 测量与分析】如何测量、分析、整理组织各部门及所有层次、过程的绩效数据和信息，监测日常运作及组织的绩效，支持组织的经营、战略决策与创新。

【4.6.2 信息和知识的管理】如果确保员工、供方和合作伙伴以及顾客所需数据和信息的质量和可用性，确保这些数据和信息易于获取；如何积累和共享知识。

【4.6.3 改进】如何采用适当的方法，充分和灵活地使用测量和分析的结果，改进组织内各部门、各层次的绩效，并促进相关方绩效的提高。

【4.7 经营结果】评价组织在主要经营方面的绩效和改进，包括主要绩效指标的当前水平和趋势、与竞争对手和标杆对比的结果。

【4.7.1 顾客与市场的结果】包括顾客满意程度和忠诚程度、产品和服务绩效以及市场占有率等市场绩效结果。

【4.7.2 财务结果】包括主营业务收入、投资收益、营业外收入、利润总额、总资产贡献率、资本保值增值率、资产负债率、流动资金周转率等综合指标的结果。

【4.7.3 资源结果】包括工作系统、员工学习和发展、员工权益和满意程度等人力资源绩效，以及基础设施、信息、技术、相关方关系等其他资源方面的绩效结果。

【4.7.4 过程有效性结果】包括对主要价值创造过程和关键支持过程有效性起重要作用的主要绩效结果，战略目标和战略规划完成情况的主要测量结果。

【4.7.5 组织的治理和社会责任结果】包括组织的治理、公共责任、道德行为以及公益支持等方面的绩效结果。

五、评价方法

在自我评价和质量奖评价时，组织的自评小组或者质量奖评价机构根据《卓越绩效评价准则》的规定和被评价组织的信息，按过程、结果两类评价项进行评价，并用量化评价（1000 分）的方法全方位、平衡地诊断评价组织经营管理的成熟度。

（1）对"过程"的评价

用方法—展开—学习—整合（Approach—Deployment—Leaning—Integration，A—D—L—I）四个要素评价组织的过程成熟度，评价要点包括以下 4 方面。

① 方法：完成过程所采用的方法是否适宜、有效、可重复，是否以可靠的数据和信息为基础；

② 展开：方法的应用程度，即方法如何在整个组织中广泛、持续地应用；

③ 学习：方法如何通过循环的评价、改进、创新和分享而不断完善；

④ 整合：方法是否在不同的过程、部门协调一致、融合互补，以支持卓越绩效。

（2）对"结果"的评价

评价结果的要点包括：绩效指标的重要程度、当前水平、改进的速度和广度、与适宜的竞争对手和标杆的绩效对手的比较。

（3）评价过程概要

首先应当了解组织的经营环境和所面临的战略挑战，识别组织的关键因素，然后依照评价准则对各评价项的要求逐项评价，逐项写下定性的评语，再对照有关过程和结果的两类成熟度评价指南（可查询 GB/Z 19579《卓越绩效评价准则实施指南》附录 C）评定评分项的得分百分比，与该评价项的分值相乘，即为该评价项得分。最后，编写综合评价报告，并将所有评价项得分相加得出被评价组织的经营管理成熟度总分。在满分 1000 分的定量评分系统中，500 分是一个基本成熟的等级，美国波多里奇国家质量奖获奖者的得分在 650～750 分。

思考与练习

1. ISO 9000 族标准坚持"顾客满意，持续改进"的核心理念，谈谈你对此的认识。

2. 简述质量管理体系审核。

3. 阐述质量管理体系的基本要求。

4. 简述建立质量管理体系的步骤。

5. 简述获得 ISO 9000 认证的基本条件。

6. 简述 ISO 9000 认证的程序。

第三章

质量经济分析

质量问题实际上是一个经济问题，质量经济分析和管理是一个组织质量经营追求成功的重要环节，也是衡量一个组织质量管理有效性的重要标志。质量经济涉及利益和成本等诸因素，对组织和顾客都具有重要意义。有效实施质量经济分析和管理，将有力地推进组织提高质量和管理水平。

第一节

质量的经济性

质量对组织和顾客而言都有经济性的问题。在利益方面考虑：对顾客而言，必须考虑减少费用、改进适用性；对组织而言，则需考虑提高利润和市场占有率。在成本方面考虑：对顾客而言，必须考虑安全性、购置费、运行费、保养费、停机损失和修理费以及可能的处置费用；对组织而言，必须考虑由识别顾客需要和设计中的缺陷，包括不满意的产品返工、返修、更换、重新加工、生产损失、担保和现场修理等发生的费用以及承担产品责任和索赔风险等。这些都是围绕经济性的有关问题。

（1）质量与经济

质量管理是以质量为中心，努力开发和提供顾客满意的产品和服务。质量管理正从"消除不满意"向"追求满意"的方向发展。伴随着质量概念的不断演变，从符合性发展到追求顾客满意，质量经济性也越来越重要，逐渐成为质量管理中的一个重要课题。

（2）质量经济性管理

通过加强质量管理来提高组织经济效益有两个方面：一是增加收入（销售额）、利润和市场份额；二是降低经营所需资源的成本，减少资源投入。由于销售质量低劣的产品和服务，给组织带来损失，并使其在市场竞争中处于不利地位，其他的损失可能会使市场份额减少，如组织形象和信誉不佳、顾客抱怨、责任风险等以及人力和财务资源的浪费，减少这些损失，可以降低经营所需资源成本。1998 年 8 月 1 日颁布的 ISO/TR 10014《质量经济性管理指南》给出了实施质量经济性管理，改进经济效益的层次结构，如

图 3-1 所示。

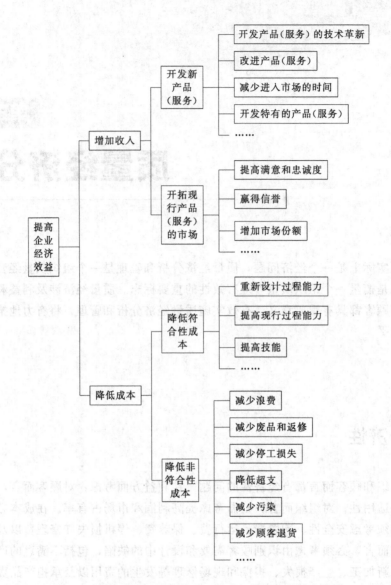

图 3-1 实施质量经济性管理，改进经济效益的层次结构

一、质量经济性管理的基本原则

从图 3-1 可以看出，质量经济性管理的基本原则是：从组织方面考虑，逐步降低经营资源成本，实施质量成本管理；从顾客方面考虑，逐步提高顾客满意度，增强市场竞争能力，增加收入。

质量经济性应体现组织的宗旨：组织经济效益的提高。图 3-1 从增加收入和降低成本两方面具体指明了改进的途径。

1. 增加收入

增加收入包括两个方面：一是开发新产品（服务）；二是改进现有产品（服务）的市场营销。

（1）开发新产品（服务）

在开发新产品方面应做好以下方面的工作：

① 开发具有创新性的产品（服务）。顾客的需求在不断变化，企业必须适应这种变化，不断推出有创新性的产品来满足顾客的需求。

② 开发独特的产品（服务）。尤其在买方市场下和我国加入世界贸易组织（World Trade Organization，WTO）以后，强手如林，组织要克敌制胜，应有自己独有特色的产品。你有我有大家有，而做别人没有的就能大量拥有顾客，大量占有市场。

③ 缩短新产品的推出时间。人们常说："市场如战场，商机如战机"，要抓住商机就应尽快、及时地将新产品交到顾客手中，及时满足顾客的需求。

④ 改进现有的产品（服务）。开发新产品需有较大的资金投入，顾客付出的费用也相对较多。而改进仍有生命力的老产品投入较少，产品价格也相应较低，这样可以适用不同顾客群的需要。

（2）改进现有产品（服务）的市场营销

在改进现有产品（服务）的市场营销方面应重点做好以下几点：

① 增强信誉。组织（尤其是营销部门）在与顾客的交往中应讲求信誉。无论是对于产品质量、交货期、售后服务还是处理顾客的申诉，都应讲求"诚信"，说到的要做到，及时和顾客进行沟通，认真听取顾客的意见，从而取得顾客的信任，提高顾客满意度指数。

② 增强顾客忠诚度。反映顾客忠诚有三个标志，即顾客自己是回头客，说服亲属、朋友购买以及能自觉地将对生产者及其产品的意见向生产者反映和交流。要做到这一点，除增强信誉之外，还应认真考虑顾客的利益，做顾客的"知心人"。

③ 扩大市场份额。加强营销策略的研究，加强营销网络的建设，采用先进的营销手段，努力扩大市场占有量，为更多的顾客服务。

2. 降低成本

降低成本也包括两个方面：一是降低合格（符合）成本；二是降低不合格（不符合）成本。合格（符合）成本是指现有的过程不出现缺陷（故障）而满足顾客所有明示的和隐含的需求所花的成本。不合格（不符合）成本是指由现有过程的缺陷（故障）而造成的成本。

（1）降低合格（符合）成本

降低合格成本可以通过以下途径：

① 提高现有的过程能力。过程能力是指过程加工质量方面的能力。它与人、机、料、法、环诸多因素有关。对于加工过程而言，过程能力即工序能力。应从提高人员素质、改进设备性能、采用新材料、改进加工工艺方法和改善环境条件等各方面出发提高过程能力，从而提高产品的合格率，降低损失。

② 提高技能。即提高人员的操作（服务）技能，通过掌握成熟、先进的操作（服务）技能，保证和提高加工或服务质量，减少损失。

③ 过程再设计。即重新对过程进行设计，如采用新的加工工艺流程和方法，设计全新的服务过程，从而提高产品（服务）质量、降低损失。

（2）降低不合格（不符合）成本

降低不合格成本可以通过以下途径：

① 减少停工所造成的损失。由于产品质量、供应、计划失误、设备故障等因素都可能

导致停工。通过保证原材料和中间产品的质量、加强供应和生产计划的协调、保障设备的良好状态等方式都可以减少停工损失。

② 减少顾客退货。引起顾客退货可以是产品本身质量问题，也可以是产品交付或后续服务质量不好。可以从确保产品的实物质量，产品的防护与及时交付的质量以及售后的服务质量等方面避免或减少顾客退货及其所造成的损失。

③ 减少超支，主要是减少计划外的开支。为此，应确保各项计划的科学性、可行性、准确性，防止偏离计划造成的额外损失。

④ 降低能耗和污染损失。能耗属于企业的直接损失；而污染不但会导致企业需付费进行治理，而且将对环境和社会造成危害，尤其是对电镀、化工、造纸等行业能耗和污染大户更是如此。

二、质量经济性管理程序

ISO/TR 10014《质量经济性管理指南》给出质量经济性管理实施程序。程序显示，质量经济管理从确定和评审组织的过程开始，使组织的质量经营活动及其相关的成本能够确定、测量和报告，同时也使组织能够确定、测量和报告顾客满意度指数。在管理评审时，过程成本报告和顾客满意度报告可用来确定过程和顾客满意度改进的机会。组织管理者可根据成本利润等经济分析，考虑短期和长期利润来确定是否采取质量改进活动的建议，以及是否规定改进活动。如果改进活动被确定和认可，则组织就可以计划和实施质量改进活动，并通过过程反馈信息来评价结果。反复实施，可以实现不断改进。图 3-2 展示了质量经济性管理实施程序。

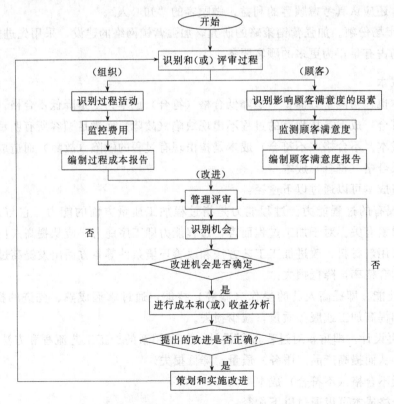

图 3-2　质量经济性管理实施程序示意图

1. 识别和（或）评审过程

应从组织的角度（图 3-2 左侧）及顾客的角度（图 3-2 右侧）分别识别和评审过程。

（1）组织的角度

① 识别过程活动。组织应对过程中的活动进行识别，以便分配费用。可通过拟定一个显示所有过程活动逻辑关系的流程图来完成。为此，组织应明确过程活动的输入（如材料、设备和数据），确定过程活动的输出，并识别向一个或多个顾客的各项输出。

组织应明确所有过程的控制手段和资源。

② 监控费用。组织应识别和监控那些与所选过程的每项活动有关的费用，包括直接和间接人工费、材料费、设备费、组织的一般管理费等，其数据可以是实际的、分配的或估算的。费用不应仅限于作业活动，而应包括组织的所有活动。

现行使用的几个成本分类方法包括：用"预防、鉴定和故障"作为科目将成本分类的模式（称为 PAF 模式）；用合格（符合）成本和不合格（不符合）成本作为科目将成本分类的模式（称为过程模式）；按产品寿命周期的不同阶段将成本分类的模式（称为寿命周期模式）；将重点放在由于活动的设计或实施不佳而导致的经营账目中缺陷附加值的识别和测量的模式。模式的选择将取决于组织自身的要求。

③ 编制过程成本报告。组织应对费用进行汇总，并使用诸如净销售额、投入成本或直接人工费等适宜的测算基准进行比较。这种比较将建立起质量经济性和已完成活动数量之间的关系。费用可以由公司、分公司、车间或各部门根据组织的不同需求加以报告，报告内容的详尽程度应取决于将报送的管理层。最高管理者可以用简要报告，而部门经理将需要有关成本的详细信息。数据和趋势可使用图表表示。

（2）顾客的角度

① 识别影响顾客满意的因素。顾客满意度可以从完全不满意到非常满意这样一个尺度上来监测。对于特定情况，顾客将体验到某种满意程度。顾客满意度将受到三组因素的影响：顾客不满意的因素、满意的因素和非常满意的因素。顾客满意度无法精确预测，但应加以监测，以便发现改进的机会。组织应在质量策划期间考虑上述因素。

虽然顾客满意是一件好事，但质量经济性的决定因素是"顾客的忠诚"。顾客可能满意，但仍可能不会再次购买组织的产品。不断提高的经济效益是通过由顾客的忠诚所证实的顾客满意度来实现的。

② 监测顾客满意度。由于顾客和组织的需求不断发生变化，因此，组织应持续监测顾客满意度，以便对趋势进行分析。

为了确定顾客的真实满意程度，组织应考虑各种数据的收集方法。可通过定量或定性调查来确定顾客满意度。在定量调查中，可通过面谈、由顾客填写调查表或通过观察顾客的行为等方式来收集数据。在定性调查中，可深入研究所调查的问题，了解和熟悉顾客的感受，组织应根据研究的性质、期限和可获得的资金来确定数据的最佳收集方法。

③ 编制顾客满意度报告。组织应将顾客满意度的监测结果转化为能对其进行评价的报告，以便做出决策。这种顾客满意度报告应包含监测活动的结果、信息来源及其收集方法以及对那些被认为是影响顾客当前满意程度的因素的评价。

2. 改进的管理

（1）管理评审

组织应提供成本和顾客满意度报告，以便进行如下工作：

① 由管理者定期对报告进行评审；

② 使用相关数据将报告和计划加以比较；

③ 依据变化的经营环境对报告进行分析。

在考虑到长期和短期计划的影响之后，评审应使管理者关注所采取的改进措施。

（2）识别机会

组织应根据成本和顾客满意度报告中的信息，以确定下述方面是否存在改进的机会：

① 不合格的纠正；

② 不合格的预防；

③ 持续改进。

（3）进行成本和（或）收益分析

组织应考虑所有可能采取的质量改进措施的经济效果，然后将收益与所建议的成本进行对比，以便确定优先次序和做出决策。

为了进行成本和（或）收益分析，组织可采取如下步骤：

① 确保对所建议的改进措施做出与组织的基本目的相一致的明确规定、计划安排和成本估算；

② 通过增加使顾客满意和非常满意的因素，减少引起不满意的因素，来预测对顾客满意度的影响；

③ 估计因提高顾客满意度而得到的重复订单和新业务而增加的收入；

④ 识别顾客和其他受益者的隐含利益；

⑤ 估计过程内外合格（符合）成本和不合格（不符合）成本的变化；

⑥ 检查所建议的改进措施的整体财务效果；

⑦ 将整体效益与改进措施的投资进行比较，从而决定是否采取改进措施。

组织可使用各种财务决策方法（如净现值、回收期、内部回收率）决定是否采取改进措施。

（4）策划和实施改进

组织应策划和实施已批准的改进措施。为确保能实现预期的改进，应使用过程成本报告和顾客满意度报告。

组织应按照改进计划，对改进措施的实施结果进行评审，以确保其有效性。组织应将改进机会的目标和范围形成文件，并实施改进措施。长期计划应为提高组织价值设定目标，并应考虑所需资源。

短期改进计划应将长期计划转化为能提高组织价值的可测量的措施，以便确定优先次序。

质量经济性管理的核心是综合考虑顾客满意和组织的过程成本、综合考虑顾客和组织的利益，从中寻找最佳结合点。标准尤其突出了顾客满意，指出应注意识别那些对于顾客来说哪怕很小的现实利益。人们越来越认识到：没有顾客就没有市场，就没有组织效益。因此，组织要提高效益就必须持续增强顾客满意。

第二节

质量成本管理

一、质量成本

20世纪50年代初，美国质量管理专家菲根堡姆把产品质量预防和鉴定活动的费用同产品不符合要求所造成的损失一起加以考虑，首次提出了质量成本的概念。继菲根堡姆之后，朱兰等美国质量管理专家又相继提出"矿中黄金"和"水中冰山"等有关质量成本的理念。此后，很快在发达国家开始了质量成本管理活动。

1. 质量成本的基本概念

质量成本是指为确保和保证满意的质量而导致的费用以及没有获得满意的质量而导致的有形和无形的损失。

组织可以按照自己的准则对质量成本进行分类，某些损失（如信誉损失等）难以定量，但很重要。

2. 质量成本分类

（1）PAF分类

PAF分类即按预防成本、鉴定成本和故障（损失）成本分类。质量成本的预防、鉴定和故障（PAF）模型构成如下。

$$
质量成本
\begin{cases}
投入
\begin{cases}
预防成本：为预防故障所支付的费用 \\
鉴定成本：为评定质量要求是否被满足而进行试验、检验和检查所支付的费用
\end{cases} \\
故障（损失）
\begin{cases}
内部故障（损失）成本：产品在交付前不能满足质量要求所造成的损失 \\
外部故障（损失）成本：产品在交付后不能满足质量要求所造成的损失
\end{cases}
\end{cases}
$$

（2）符合性分类

如果从符合性和非符合性角度分析，质量成本又可以由以下构成。

$$
质量成本
\begin{cases}
符合性成本：在现行过程无故障情况下完成所有明确的和隐含的顾客要求所支付的费用 \\
非符合性成本：由于现行故障所造成的损失
\end{cases}
$$

为了与预防、鉴定和故障成本分类保持一致，也可作如下的分类。

$$
质量成本
\begin{cases}
符合性
\begin{cases}
预防成本 \\
鉴定成本（预先审查）
\end{cases} \\
非符合性
\begin{cases}
鉴定成本（查明故障） \\
故障（损失）成本（内部＋外部）
\end{cases}
\end{cases}
$$

3. 质量成本模型

如图3-3最佳质量成本模型表示了故障成本、鉴定成本与预防成本以及总质量成本之间的关系。

① 故障成本。当产品符合性质量水平提高时，故障成本会降低。当产品100％满足要求时，故障成本为零。

② 鉴定和预防成本。这类成本是为使产品满足确定的质量要求而投入的成本。随着鉴定和预防成本的提高，产品的符合性质量水平会有所提高。

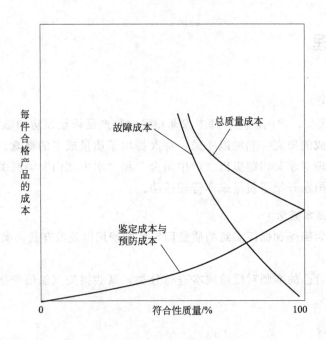

图 3-3　最佳质量成本模型

③ 总质量成本曲线是故障成本曲线和鉴定成本与预防成本曲线之和，代表每个合格产品的总质量成本。

随着预防成本、鉴定成本的增加，损失成本随之下降。但考虑到诸如信誉、安全性等问题，在作经费预算时，希望能适当增加预防成本。如果通过质量改进能为企业带来效益，那么应适当增加鉴定成本。事实表明，用于分析、控制和减少质量损失的费用能在提高质量、增加效益、增强竞争能力等方面得到更有利的补偿，所以有效的质量管理能够为提高企业的经济效益做出贡献。

4. 质量成本管理

① 确定过程，初步用成本评估，针对高成本或无附加值的工作，从小范围着手分析造成故障的可能原因，耗力和耗财的过程为研究重点。

② 确定步骤，列出每个步骤或功能的流程图和程序，确定目标和时间。

③ 确定质量成本项目，每个生产和质量成本，以及符合性和非符合性成本。

④ 核算质量成本，从人工费、管理费等着手采用资源法或单位成本法核算质量成本。

⑤ 编制质量成本报告，测量出质量成本及其对构成比例和与销售额、利润等相关经济指标的关系的分析，对整体情况做出判断，并根据有效性来确定过程改进区域等。

二、质量成本构成

1. 预防成本

（1）质量策划费用

质量策划费用是指有关部门或人员用于策划所需时间的费用支出：例如规划质量体系的具体细节所需的时间；根据产品设计和顾客对质量的要求，编制用于材料、工序和产品质量控制的方法、程序、指导书等所需的时间。质量策划费用还包括从事其他质量策划工作所需时间的费用支出，如可靠性研究，试生产质量分析，为编制试验、检验和工序控制的指导书或操作规程等所需时间。

（2）过程控制费用

过程控制费用是为质量控制和改进现有过程能力的研究和分析制造过程（包括供应商的制造工序）所需全部时间的费用支出；为有效实施或执行质量规划而对车间工作人员提供技术指导所需的费用支出；在生产操作过程中自始至终进行控制所支出的费用。

（3）顾客调查费用

顾客调查费用是为了掌握顾客的需求所开展的相关调查研究和分析所花费的费用。

（4）质量培训费以及提高工作能力的费用

质量培训费以及提高工作能力的费用不包括指导员工达到标准熟练程度的训练费，而是用于改进和提高质量水平所花费的相关费用。

（5）产品设计鉴定/生产前预评审费用

产品设计鉴定费指的是为了鉴定设计的质量、可靠性和安全性而评价试制产品或产品规范早期审批时所支出的费用。此外，还包括生产前预评审费。

（6）质量体系的研究和管理费用

质量体系的研究和管理费用是指用于整个质量体系的设计和管理费用，以及辅助费用。

（7）供应商评价费用

供应商评价费用是指为实施供应链管理而对供方进行的评价活动费用。

（8）其他预防费用

其他预防费用包括质量及可靠性组织机构的行政管理费用（不包括经营管理人员及行政办公室人员的工资及差旅费）以及零缺陷计划、厂房设备维护等预防性措施费用。

2. 鉴定成本

（1）外购材料的试验和检验费用

外购材料的试验和检验费用是指由实验室或其他试验单位所进行的为评价外购材料质量所支出的费用，以及有关管理人员及办公室人员可能用到的任何费用。它还包括检验人员到供货厂评价所购材料时所支出的差旅费。

（2）实验室或其他计量服务费用

实验室或其他计量服务费用是指实验室计量服务有关仪器的校准和维修费用，以及工序监测等费用。

（3）检验费

检验费是指检验人员评价厂内产品技术性能时支出的费用，以及管理人员和办公室人员可能支出的有关费用。但是不包括（1）中所述的外购材料的检验费，以及机器设备、公用设施、有关工具或其他材料的检验费。

（4）试验费

试验费是指试验人员用于评价厂内产品技术性能时支出的费用，以及管理人员和办公室人员可能支出的有关费用。它不包括（1）中所述的外购材料的试验费用，以及机器设备、公用设施、有关工具或其他材料的试验费。

（5）核对工作费

核对工作费是指这样一些工作所需时间的费用支出：操作人员按照质量计划的要求而检

验自己的工作质量；在制造过程中按要求检查产品和工序是否合格；挑出不符合质量要求而被送回的全部废品、次品；进行加工过程中的产品质量评价。

（6）试验、检验装置的调整费用

试验、检验装置的调整费用是指有关人员为了进行性能试验而调整产品及有关设备所需时间的费用支出。

（7）试验、检验的材料与小型质量设备的费用

试验、检验的材料费用指的是用于试验主要设备的动力消耗，例如蒸汽、油以及在破坏性试验（如寿命试验或拆卸检验）时消耗的材料和物品。小型质量设备的费用包括了非固定资产的质量信息设备的费用。

（8）质量审核费用

质量审核费用指产品和体系的审核费，包括内审和外审费用。

（9）外部担保费用

外部担保费是指外部实验室的酬金和保险检查费等。

（10）顾客满意度调查费

顾客满意度调查费是为了解顾客（包括内部）对产品满意程度而进行相关调查分析的费用。

（11）产品工程审查和装运发货的费用

产品工程审查和装运发货的费用是指产品工程师在发货装运之前再次审查试验和检验数据时所支出的费用。

（12）现场试验费

现场试验费是指在最终发货之前，有关部门按照顾客指定的场所试验产品时所造成的损失。这部分费用包括有关的差旅费和生活费。

（13）其他鉴定费用

包括供应商认证等费用。

3. 内部故障（损失）成本

（1）报废损失费

因产成品、半成品、在制品达不到质量要求且无法修复或在经济上不值得修复造成报废所损失的费用，以及外购元器件、零部件、原材料在采购、运输、仓储、筛选等过程中因质量问题所损失的费用（不包括由于其他原因而废弃的材料）。

（2）返工或返修损失费

为修复不合格品使之达到质量要求或预期使用要求所支付的费用（包括重新投入运行前的再次检验费用）。

（3）降级损失费

因产品质量达不到规定的质量等级而降级或让步所损失的费用。

（4）停工损失费

因质量问题造成停工所损失的费用。

（5）产品质量事故处理费

因处理内部产品质量事故所支付的费用，如重复检验或重新筛选等支付的费用。

（6）内审、外审等的纠正措施费

内审、外审等的纠正措施费是指解决内审和外审过程中发现的管理和产品质量问题所支

出的费用，包括防止问题再发生的相关费用。

（7）其他内部故障费用

包括输入延迟、重新设计、资源闲置等费用。

4. 外部故障（损失）成本

（1）投诉费

在保单约定范围内，对顾客投诉的调查研究、修理或更换等所支出的费用，或在保单期满之后用于顾客特殊投诉的调查处理所支出的费用。

（2）产品售后服务及保修费

直接用于校正误差或特殊试验，保修产品或零件以及用于纠正非投诉范围的故障和缺陷等所支出的一切费用（不包括安装服务费及合同规定的维修费用）。

（3）产品责任费

因产品质量故障而造成的有关赔偿损失的费用（含法律诉讼、仲裁等费用）。

（4）其他外部损失费

包括由失误引起的服务、付款延迟及坏账、库存、由顾客不满意而引起的成交机会丧失和纠正措施等费用。

三、质量成本特性曲线

质量成本中四类成本费用的大小与产品合格质量水平（即合格率或不合格率）之间存在一定的变化关系，反映这种变化关系的曲线称为质量成本特性曲线。

它的基本形式如图 3-4 所示。图中的曲线 1 表示预防成本与鉴定成本之和，它随着合格率的增加而增加；曲线 2 表示内部损失与外部损失之和，它随着合格率的增加而减少；曲线

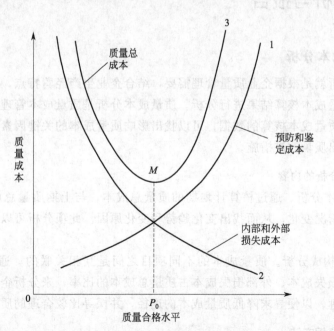

图 3-4 质量成本特性曲线

3 为上述四项成本之和的质量总成本曲线，即质量成本特性曲线。由图 3-4 可知，在质量成本特性曲线 3 左右两端的质量成本都很高（理论上无穷大），中间有一个最低点，即 M 处，它就是质量成本的最低值，M 处的质量成本称为最佳质量成本。

曲线 3 所表现的变化趋势与前文所分析的质量成本构成关系是一致的。当不合格率很高，即处于曲线 3 左端时，内外损失成本都很大，质量总成本当然也很大；当逐步加大预防和鉴定成本，不合格率降低，内外损失成本与质量总成本将随之降低。但如果继续增加预防成本达到接近 100%，即不合格率趋于 0，内外损失成本虽然可以接近于 0，但这时的预防成本会非常高，而导致总成本的急剧增加。从图中还可以看出，曲线 1 左面部分的变化趋势比较平缓，这说明当符合性质量水平低时，即不合格率高时，略微增加一些预防和鉴定成本就可使不合格率大幅度降低，即这时采用加强预防和鉴定的措施会取得十分显著的效果。可是，当超过某个限度后，再要提高质量水平，即要求不合格率进一步降低时，即使稍有一点变化，也要在预防和鉴定成本上付出很大的代价。如图中 1 曲线的右面部分，在过了 M 点后急剧上升。

曲线 2 则是另外的一种情况。当不合格率为 0 时，曲线交于横轴，即内外损失成本也为 0。但随着不合格率的增加，这部分成本急剧上升。可以认为，内外损失成本的上升速度这么快，是由于产品质量恶化，使其信誉下降而造成的严重损失，这方面的损失往往比材料报废和维修费用的支出要大得多。

| 第三节 |
质量成本分析与报告

一、质量成本分析

质量成本分析就是根据企业质量管理需要，结合企业生产经营特点，灵活运用质量成本分析方法，对质量成本核算结果进行分析。质量成本分析是质量成本管理工作的一个重要的环节。通过分析质量成本核算的数据，可以找出影响质量成本的关键因素，发现质量管理的关键环节，并提出质量改进措施。

1. 质量成本分析的内容

① 质量总成本分析。通过核算计划期的质量总成本，与上期质量总成本或计划目标相比较，以分析其情况变化，从而找出变化趋势和变化原因。此项分析可以掌握企业产品整体质量状况。

② 质量成本构成分析。质量成本的不同项目之间是互相关联的，通过核算预防成本、鉴定成本、内部损失成本、外部损失成本占质量总成本的比率，来分析企业运行质量成本的项目构成是否合理，以便寻求降低质量成本的途径，并探寻比较合理的质量成本水平。

2. 质量成本分析方法

质量成本分析方法分为定性分析方法和定量分析方法。定性分析有助于提高企业领导和员工的质量意识，加强质量管理基础工作，帮助管理人员确定改进目标。定量分析能够计算出定量的经济效果，给出质量有效性的定量指标。

以下介绍质量成本分析的定量方法。具体有指标分析法、质量成本趋势分析法、排列图分析法和灵敏度分析法。

（1）指标分析法

所用指标包括价值指标、目标指标、结构指标以及相关指标。

价值指标，是指质量成本费用的绝对值，是用货币单位反映质量工作直接成果的指标。一般包括质量总成本、预防成本、鉴定成本、内部损失成本、外部损失成本等。

目标指标，是指一定时期内，质量总成本、预防成本、鉴定成本、内部损失成本与外部损失成本的实际发生额与目标值相比的增减量或增减率。

$$质量总成本增减量＝实际质量总成本－计划质量总成本$$

$$质量总成本增减率＝\frac{质量总成本增减量}{计划质量总成本}\times100\%$$

预防成本、鉴定成本、内部损失成本与外部损失成本的增减量或增减率的计算可以此类推。

结构指标，是指预防成本、鉴定成本、内部损失成本与外部损失成本各占质量总成本的比例。

$$预防成本占质量总成本比率＝\frac{预防成本}{质量总成本}\times100\%$$

鉴定成本、内部损失成本与外部损失成本的结构指标的计算可以此类推。

相关指标，是指一定时期内，质量总成本、预防成本、鉴定成本、内部损失成本或外部损失成本与其他经济指标的比值及其增减值。主要有百元产值质量总成本、百元销售收入质量总成本、百元总成本质量成本率、百元利润质量总成本、百元产值损失成本、百元销售收入损失成本、百元利润损失成本、百元总成本损失成本等。

（2）质量成本趋势分析法

质量成本趋势分析的目的是掌握质量成本在一定时期内的变化趋势，可有短期趋势分析和长期趋势分析。分析一年内各月的变化情况属于短期分析，五年以上的属于长期分析。趋势分析可通过表格法和图形法两种形式进行，前者准确明了，后者直观清晰。

（3）排列图分析法

排列图分析法就是应用全面质量管理中的排列图原理对质量成本进行分析的一种方法。根据排列图可以对预防成本、鉴定成本、内部损失成本和外部损失成本的大小进行排序，发现哪一类成本最大。还可就某一项成本对责任单位实际发生的成本进行排序。这样一步步地分析下去就可以找到主要原因，以便采取措施改进。

（4）灵敏度分析法

灵敏度分析法就是把预防成本、鉴定成本、内部损失成本和外部损失成本的投入与产出在一定时间内的变化效果或特定的质量改进效果，用灵敏度表示，其公式为

$$\alpha＝\frac{报告期内外部损失成本与基准期相应值的差额}{报告期预防成本和鉴定成本之和与基准期相应值的差额}$$

二、质量成本报告

质量成本报告是在质量成本分析的基础上编制成的书面文件，是质量成本分析活动的总结性文件，供领导及有关部门决策使用，以作为制定质量方针目标、评价质量体系的有效性和进行质量改进依据。质量成本报告也是企业质量管理部门和财务管理部门对质量成本管理活动或某一典型事件进行调查、分析、建议的总结性文件。

质量成本报告的内容和形式按呈送对象而定。呈送给高层领导的报告，应以文字或图表简明扼要地说明质量成本总体情况、变化趋势、质量成本计划执行情况、在改进质量和降低成本方面取得的效果以及存在的主要问题和改进方向。呈送给中层领导的报告，除了报告总体情况外，还应该根据各相关部门的特点提供专题分析报告，使他们能够从中发现自己部门的主要问题与改进重点。

质量成本报告的主要内容有以下 5 方面：

① 预防成本、鉴定成本、内部损失成本与外部损失成本构成比例变化的分析结果；

② 质量成本与相关经济性指标的效益对比分析结果；

③ 质量成本计划的执行情况以及与基期或前期的对比分析结果；

④ 质量成本趋势分析结果；

⑤ 典型事例及重点问题的分析与解决措施。

第四节

质量损失函数

一、质量特性与波动

表达产品质量特性的形式多种多样，如物理的、化学的、生物学的、感官上的、行为上的、时间上的、人体功效上的等。

按照对质量特性的期望，质量特性分为望目值特性、望大值特性和望小值特性。望目值特性是指设定一个目标值，希望质量特性围绕这一目标值波动，并且波动越小越好，如机械零件的内径就属于望目值特性；望大值特性是希望质量特征值尽可能的大，且波动越小越好，如零件的强度、轮胎的寿命等就属于望大值特性；望小值特性是希望质量特征值尽可能的小，且波动越小越好，如食品中的有害成分、杂质含量等就属于望小值特性。

因为 5M1E 六个方面的原因，产品质量必然会有差异，即质量特性波动是无法避免的。质量特性波动必然会给生产者、顾客和社会造成损失，波动越大，损失越大。

二、质量损失

1. 质量特性波动的损失

（1）生产者的损失

不良质量对生产者造成的损失可分为有形的损失和无形的损失。有形的损失是指可以通过价值直接计算的损失，如废品损失、返修费用、降级降价损失、退货、赔偿损失等。无形的损失是指因不良质量而影响企业的信誉，从而使订单减少、市场占有率下降等。

值得注意的是，"剩余质量"也会对生产者造成损失。剩余质量是因为不顾顾客的实际需求，不合理地片面追求过高的内控标准所造成的。其结果是为了达到不切实际的质量标准而给生产者带来过高的成本。而企业往往又会通过各种方式把这种因剩余质量所产生的成本转嫁给顾客，损害顾客的利益，同时也给企业带来负面影响，如声誉下降、市场份额减少等。

（2）顾客的损失

顾客的损失是指顾客在使用缺陷产品过程中蒙受的各种损失。如因使用缺陷产品而导致能耗、物耗的增加，或对人身健康造成的不利影响，或导致财产损失，甚至危及生命安全。顾客的损失还包括因产品缺陷导致停用、停产、误期或增加的大量维修费用等。

此外，产品功能不匹配也是一种典型的顾客损失。例如，仪器某个组件失效，又无法更换，而仪器的其他部分功能正常，最终不得不将整机丢弃或作报废处理。从质量经济性出发，最理想的状态是使所有组件的寿命相同，实际上又做不到这一点。所以，通常的设计原则是，对于那些易损组件，使其寿命与整机的大修周期相近，或采用备份冗余配置模式。

（3）社会的损失

广义地说，生产者和顾客的损失都属于社会的损失。这里所说的社会的损失是指由于产品缺陷而对社会造成的公害和不良影响，如对环境和社会资源所造成的破坏和浪费，影响公众安全等。值得指出的是，社会的损失最终通过各种渠道转嫁为对个人的损害。

2. 质量损失函数

日本质量管理专家田口玄一（Taguchi Genichi）把产品看作一个系统，系统的输出因素就是质量特性 Y，系统的输入因素分为可控因素 X 和不可控因素 Z。田口玄一认为，只要质量特性 Y 偏离了设计目标值（以 m 表示），就会造成损失，偏离越大，损失越大。为了定量地描述质量波动所造成的损失，田口玄一提出了质量损失函数的概念。质量损失函数是如下的二次函数

$$L(Y) = K(Y-m)^2 \tag{3-1}$$

事实上，如果以质量特性 Y 为自变量的函数 $L(Y)$ 在包含 m 的一个开区间 (a, b) 内存在直到 $n+1$ 阶的导数，则按泰勒展开式有

$$L(Y) = L(m) + \frac{L'(m)}{1!}(Y-m) + \frac{L''(m)}{2!}(Y-m)^2 + \cdots + \frac{L^n(m)}{n!}(Y-m)^n + R_n(m) \tag{3-2}$$

其中

$$R_n(m) = \frac{L^{n+1}(m)}{(n+1)!}(Y-m)^{n+1}$$

为拉格朗日余项。

对质量损失，显然 $L(m)=0$，又 $L(Y)$ 在 $Y=m$ 处取得极小值，因此，$L'(m)=0$。在式(3-2) 中，略去二阶以上高阶项，得到

$$L(Y) = \frac{L''(m)}{2!}(Y-m)^2 \tag{3-3}$$

记

$$K = \frac{L''(m)}{2!}$$

于是，得到式(3-1)。

质量损失函数特性曲线如图 3-5 所示。

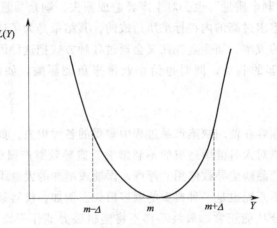

图 3-5　质量损失函数特性曲线

从图 3-5 可以看出，无论产品合格与否，只要质量特性值偏离 m，就会有损失，偏离越大，损失越大。特别地，当偏差超过 Δ 时，就偏离了制造公差，需要返修，此时所造成的损失费用为返修费用。

第五节
提高质量经济性的途径

一、提高产品设计过程的质量经济性

产品设计过程是整个产品质量形成的关键环节。提高产品设计过程的质量经济性，就是要做到使设计出来的产品既能满足规定的质量要求，又能使产品在其寿命周期内对生产者、顾客和社会造成的损失最小。为此，应准确把握顾客的真正需求并进行产品设计的价值分析。

（1）准确把握顾客的需求

确保所设计出来的产品正是顾客所需要的。某公司设计生产一种砂布，顾客使用一段时间后，反馈质量不好，并声称如果再不改进，将不再订货。公司设计人员到顾客现场调查后才了解到：顾客判断质量好不好的依据是打磨 100 件金属件用掉的砂布张数。公司在设计砂布时，却把重点放在了砂粒和砂纸各自的质量上，而对两者的黏合强度重视不够，造成顾客耗费了更多的砂布，增加了使用成本。进而，如果顾客真的停止订货，会影响到公司的销售，对公司造成损失，还会对生产者甚至社会造成损失。

（2）产品设计的价值分析

价值分析既是一种思想方法，又是一种优化技术。它采用系统化的方法分析问题、解决问题，通过较低的资源消耗为客户提供优质的产品和服务。

第二次世界大战期间，美国通用电气公司的工程师麦尔斯（L. D. Miles）在工作实践中

发现，通过对产品的成本和功能进行分析，采用代用材料和使用新的制造方法，能够提升产品的性能并降低其成本。1946年，他把这种功能评估的方法命名为"价值分析"。1954年，美国海军开始在产品设计中应用价值分析理论以降低成本，并成立专门的工作机构，将价值分析重新命名为"价值工程"。价值工程中的价值公式可表示为

$$V = \frac{F}{C}$$

其中，V 是价值（value）；F 是功能（function）；C 是成本（cost）。

从式中可以看出，提高价值的途径有四种：在提高功能的同时，降低成本；在保持成本不变的前提下，提高功能；在功能不变的前提下，降低成本；以较小的功能降低带来较大的成本降低。在产品设计中，第一种情况发生的可能性最小，最有可能发生的情况是通过削减对顾客不重要的功能带来的成本的大幅度降低，进而提高所设计产品的价值。

实际中，设计人员经常追求完美，设置最严格的公差标准，使用最好的材料，采用最佳的工作方法，要求最严格的作业环境，结果导致成本无谓地增加，这与价值分析背道而驰。产品设计的价值分析就是在产品设计阶段着重于功能分析，力求用最低的全寿命周期成本可靠地实现必要的功能。

二、提高生产过程的质量经济性

从质量成本特性曲线可以看出，所生产产品的质量水平有一个最佳点，这一点所对应的质量总成本最低。质量水平低于或高于这一最佳点，质量总成本都会增加。但是，综合考虑质量波动对生产者、顾客和社会所造成的影响，从发展的眼光看，预防成本和鉴定成本的少量增加会带来内部和外部损失成本的大量减少，因此，质量最佳点会向右移动。事实上，从质量损失函数也可以看出，提高生产过程质量经济性的着力点在于使质量特性值维持在目标值 m 附近，并且波动越小越好，即 σ 越小越好。

在生产过程中，维持质量特性分布的中心值，缩小质量特性的波动性归根结底在于实施统计过程控制，改善 5M1E。

（1）人员技能提高

质量管理人员与企业人事教育部门合作，共同制订与生产过程有关的各类人员的培训方案。实行特殊作业、检验、计量等人员的执业上岗制度，提高其专业技能。

（2）机器设备的更新与维护保养

质量管理人员与设备管理部门合作，协助制订机器设备的购置、改良、租赁计划，参与制订设备维护保养制度，积极采取全面生产维护（total productive maintenance，TPM）。

（3）原辅材料的采购

质量管理人员与物资供应部门合作，参与供应商评级和关键材料的评标，监控各种原辅材料、外协件、配套件的选购。

（4）工艺方案的选择

质量管理人员与技术管理部门合作，参与工艺计划的技术经济评价，审核工艺路线、工艺规格是否与产品质量要求相符合。

（5）检测系统的建立和完善

质量管理人员与计量管理部门合作，协助制订计量器具购置和检定计划，参与计量器具的周期检定。

（6）作业环境的建立

质量管理部门与生产管理部门合作，协助制订工作环境标准，参与现场管理，推进 6S 活动。

思考与练习

1. 阐述质量成本的构成。
2. 预防成本、鉴定成本、内部损失成本和外部损失成本分别包含哪些内容？
3. 简述质量成本特性曲线的特征，并说明如何利用质量成本特性曲线确定最佳质量水平。
4. 简述质量成本分析方法。

第四章

设计过程质量管理

产品的生产过程是从设计过程开始的，是企业生产活动中最基本的一环，而产品质量能否满足使用要求，也主要决定于设计过程。工业先进国家和地区十分注意发展新产品设计阶段的工作。如果设计过程工作质量不好，草率投产，就会给产品质量留下无穷的后遗症。这不仅影响产品质量以及投产后的生产秩序和经济效果，而且还影响其他一系列准备工作。因此，设计过程的质量管理是全面质量管理首要的一环。所以，质量管理部门应当认真组织设计过程的质量保证活动。

第一节
面向质量的产品设计

统计资料表明，产品质量的好坏，约 70% 是由产品设计的质量所决定。这一点从用户对质量的反馈中得到了证明。日本一家公司对用户索赔和意见的统计分析表明：质量问题投诉中，有 70% 属于设计过程所造成的，剩下的 30% 才属于制造、装运等过程。值得注意的是，设计问题所占的比例还有上升趋势。因此，世界级公司已经把质量管理的重点从制造过程转移到设计过程，在产品设计中投入了越来越多的人力、物力和财力。

一、产品设计 DfX 方法

所谓 DfX（design for X），就是面向产品生命周期的产品或服务设计方法，即为产品生命周期内某一环节或某一因素而设计。DfX 综合了计算机技术、制造技术、系统集成技术和管理技术，充分体现了系统化的思想。其中，X 可以代表产品生命周期内的某一环节，如制造、测试、使用、维修、回收、报废等，也可以代表决定产品竞争力的某一因素，如质量、成本等。最常用见的 DfX 方法有：DfP（design for procurement，可采购性设计）、DfM（design for manufacture，可制造性设计）、DfT（design for test，可测试性设计）、DfD（design for diagnosibility，可诊断分析性设计）、DfA（design for assembly，可装配性设计）、DfD（design for disassembly，可拆卸性设计）、DfS（design for serviceability，可服务性设计）、DfR（design for reliability，可靠性设计）、DfC（design for cost，面向成本的设计）、DfE（design for environment，绿色设计）。下面主要介绍 DfM、DfC 和 DfE。

1. 可制造性设计（DfM）

威廉姆·库贝利（William H. Cubberly）和罗曼·贝克吉安（Raman Bakerjian）在《加工与制造工程师手册》一书中对此作了如下解释："DfM 主要研究产品本身的物理设计与制造系统各部分之间的相互关系，并把它用于产品设计中，以便将整个制造系统融合在一起进行总体优化。DfM 可以降低产品的开发周期和成本，使之能更顺利地投入生产。"从上述解释可以看出，采用可制造性设计技术，在产品设计阶段就考虑与制造有关的约束，指导设计师选择原辅材料和工艺方案，并估计制造周期和制造成本。

在产品设计阶段进行可制造性分析，填补了产品开发与制造环节之间的"间隙"，对于提高产品的可靠性、稳定性，减少产品开发和制造成本，增强产品在市场上的竞争力具有重要意义。

2. 面向成本的设计（DfC）

采用这种技术，就是在满足用户需求的前提下，分析和研究产品制造过程及销售、使用、维修、回收、报废等产品全生命周期中的各个部分的成本组成情况，对原设计方案中造成产品成本过高的项目进行修改，以降低设计与制造成本。在 DfC 中，成本是指全生命周期成本（life cycle cost，LCC）。

与产品全生命周期成本相关的因素有：产品材质、重量、尺寸、形状、装配操作数、接触面数、紧固件数、装配路径、检测方法和工具、所用公用工程介质、使用环境、操作方法、可回收利用情况等。

惠普公司对产品设计与成本之间关系的调查表明：产品总成本的 60% 取决于最初的设计，75% 的制造成本取决于设计说明和设计规范。从这些数据可以看出 DfC 技术在企业产品开发中所起到的重要作用。

3. 绿色设计（DfE）

也称作面向环境的设计或环境友好的设计。绿色设计就是在设计产品时，在保证产品的性能、质量的前提下，考虑产品在其整个生命周期中对资源和环境的影响，使产品对环境的总体影响减到最小。绿色设计体现了循环经济中企业内部小循环的 3R 原则，即减量化（reduce）、再利用（reuse）、再循环（recycle）。所谓减量化就是通过消耗最少的物料和能源来生产产品；再利用是使废旧产品的某些配件或成分能够得到最大限度的利用；再循环是指把本企业的废弃物资源化。

（1）绿色设计的基本要求

绿色设计的基本要求体现在以下四个方面：

① 优良的环境友好性。要求产品在生产、使用、废弃、回收、处置的各个环节都是对环境无害的或危害最小化。

② 最大限度地减少资源消耗。尽量减少材料使用量和种类，产品在其生命周期的各个阶段所消耗的能源最少。

③ 排放最小。通过各种技术或方法减少制造、使用过程中废弃物的排放量。

④ 最大化可回收利用。在材料的选择、产品结构、零件的可共用性等方面提高产品回收利用率。

（2）绿色设计的主要内容

绿色设计包括以下主要内容：绿色设计材料的选择与管理、产品的可拆卸性与可回收性设计、绿色产品成本分析、绿色产品设计数据库与知识库管理。

惠普可称得上 DfE 的典范，惠普与利益相关者合作，致力于降低配送、使用和回收等整个生命周期内对环境所造成的影响。

① 设计。早在 1992 年，惠普就提出了为环境而设计的概念，即缩小产品尺寸，降低产品在生产和使用过程中的能源消耗，减少原辅材料使用量，开发环保材料并设计更易回收的产品。

② 制造。要求供货商遵守供应商行为准则，简化产品结构。

③ 配送。通过设计体积小、重量轻的产品来减少运输量，进而减少运输成本和二氧化碳的排放量。

④ 使用。采用寿命更长的电池并加强电源管理，以降低能源消耗。设计多功能产品，以降低能源和材料的使用。设计可升级的产品，延长其生命周期，节省开发和运营成本。

⑤ 回收利用。提供回收、捐献、租赁、旧设备处置/翻新等服务。在设计时就考虑拆卸、回收和重复利用的方便性。

二、设计过程质量管理的内容

设计过程质量管理指根据产品设计的质量职能开展的质量管理活动。其任务是保证设计工作质量、组织协调各阶段质量职能、以最短时间最少消耗完成设计任务。其内容包括以下几方面：

（1）掌握市场调研结果，进行产品设计的总体构思

根据市场调研结果，掌握顾客的质量要求，进行产品创意设计，形成产品总体构思。产品创意不是天马行空，原有功能的结合则屡建奇功，如沙发＋床＝沙发床、电话＋传真＋复印机＝一体机、手机＋血糖仪＝能随时测血糖的手机、MP3＋大容量硬盘手机＋网络技术＋高分辨率显示屏＝手机电视等。

（2）确定产品设计的具体质量目标

利用各种经济指标和核算方法，对产品的经济价值、质量成本等进行分析，寻求最有利的方案，即最佳工艺方案，以实现质量和经济的统一。常用方法有：价值工程、试验设计、容差设计、方案比较法、投资与成本对比法、成本效益分析法、最优化设计等定量计算方法。

（3）明确产品设计的工作程序

将设计部门中各层次、环节的技术人员在产品设计及设计质量管理活动中的责、权、利进行合理划分，并以制度形式固定下来。同时规定设计部门的各个组成部分之间、各技术人员之间的关系和设计活动过程中的联系方式与程序。

（4）组织设计质量评审

安排好"早期报警"，包括设计质量评审和故障分析，搞好产品实验验证，消除先天性缺陷。

（5）质量特性的重要性分级

做好质量特性重要程度的分级和传递，使其他环节的质量职能按设计要求进行重点控制，确保符合性质量。

第二节
质量功能展开

一、质量功能展开的产生及内涵

质量功能展开（quality function deployment，QFD）是把顾客对产品的需求进行多层次的演绎分析，转化为产品的设计要求、零部件特性、工艺要求、生产要求的质量工程工具，用来指导产品的健壮性设计和质量保证。这一技术产生于日本，在美国得到进一步发展，并在全球得到广泛应用。质量功能展开是开展六西格玛必须应用的最重要的方法之一。在概念设计、优化设计和验证阶段，质量功能展开也可以发挥辅助的作用。1972 年，日本三菱重工有限公司神户造船厂首次使用"质量表"。1978 年 6 月，水野滋和赤尾洋二在其著作《质量功能展开》中从全面质量管理的角度介绍了这种方法的主要内容。经过多年的推广、发展，逐步完善了质量功能展开的理论和方法体系，其应用也从实物产品扩展到服务项目。

质量功能展开的内涵是在产品设计与开发中充分倾听顾客的声音。为此，首先利用各种技术了解顾客的真正需求是什么，然后把顾客的需求转换为技术要求。

质量功能展开是一种集成的产品开发技术。这里的"集成"有两种含义：

（1）各种技术的集成。包括顾客需求调查、价值工程和价值分析、失效模式及影响分析（failure mode and effect analysis，FMEA）、矩阵图法、层次分析法等。

（2）各种职能的集成。包括市场调查、产品研发、工程管理、制造、客服等。

二、质量屋

1. 质量屋的构成

质量屋（house of quality）是质量功能展开（QFD）的核心，质量屋是一种确定顾客需求和相应产品或服务性能之间联系的图示方法。质量屋由以下主要部分构成：

① 左墙：顾客需求；

② 右墙：市场竞争性评价表；

③ 天花板：技术要求；

④ 房间：关系矩阵表；

⑤ 地板：质量规格；

⑥ 地下室：技术性评价表；

⑦ 屋顶：技术要求之间的相关矩阵。

此外，还有其他一些必不可少的部分，如各项需求对顾客的重要度、技术要求的满意度方向、技术重要度等。

图 4-1 是一种带橡皮头铅笔的质量屋示例，包含了质量屋构成的各个部分。

2. 建造质量屋的技术路线

为建造质量屋，可采取以下技术路线：调查顾客需求→测评各项需求对顾客的重要度→把顾客需求转换为技术要求→确定技术要求的满意度方向→填写关系矩阵表→计算技术重要度→设计质量规格→技术性评价→市场竞争性评价→确定相关矩阵。建造质量屋的技术路线

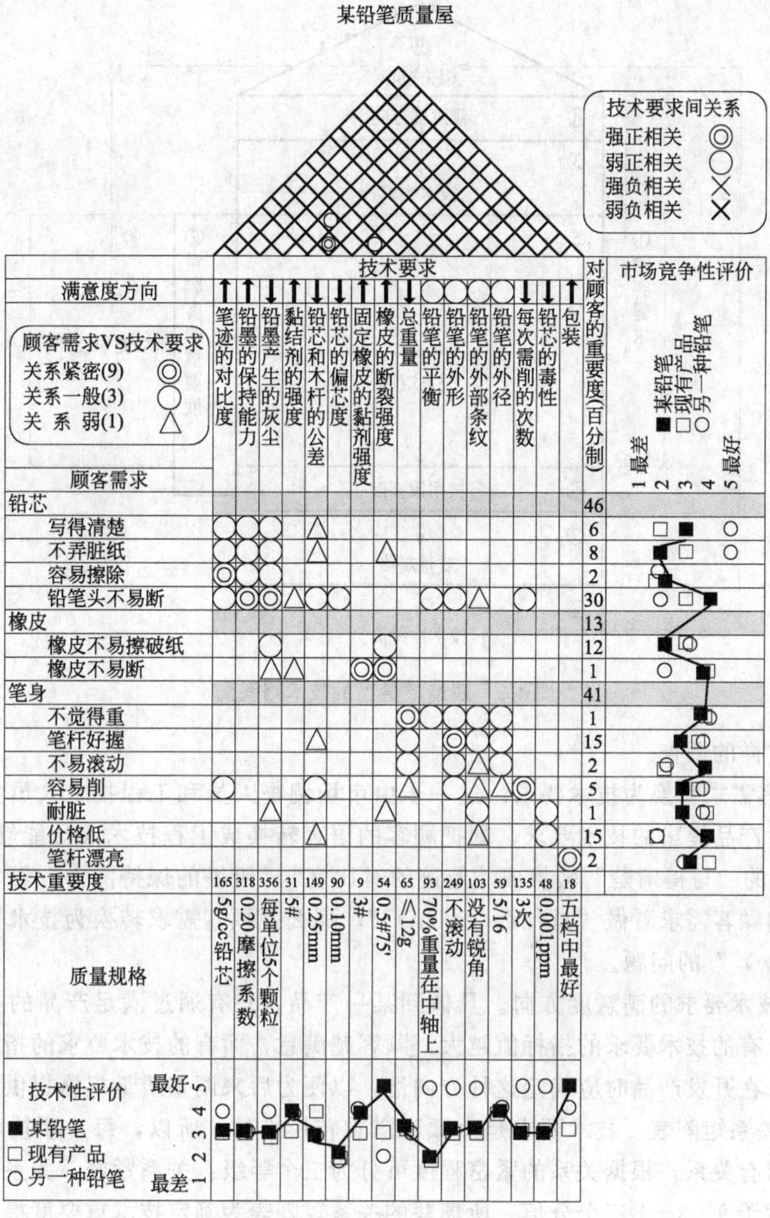

某铅笔质量屋

技术要求间关系
- ◎ 强正相关
- ○ 弱正相关
- ╳ 强负相关
- ✕ 弱负相关

顾客需求VS技术要求
- 关系紧密(9) ◎
- 关系一般(3) ○
- 关 系 弱(1) △

顾客需求	笔迹的对比度	铅墨的保持能力	铅墨产生的灰尘	黏结剂的强度	铅芯和木杆的公差	铅芯的偏芯度	固定橡皮的黏剂强度	橡皮的断裂强度	总重量	笔芯的平衡	铅笔的外形	铅笔的外部条纹	铅笔的外径	每次需削的次数	铅芯的毒性	包装	对顾客的重要度(百分制)
铅芯																	46
写得清楚	◎	◎	○			△											6
不弄脏纸		◎	◎			△											8
容易擦除	◎	◎	◎			△											2
铅笔头不易断	△	○	○	△	△	△				○	○	△					30
橡皮																	13
橡皮不易擦破纸			○				○	○									12
橡皮不易断			△	△			○	○									1
笔身																	41
不觉得重									◎	○							1
笔杆好握						△			○	○	○						15
不易滚动									○	○	△	○					2
容易削	○			○		△							○	○			5
耐脏			△		△							○	△				1
价格低					△				△		△		○	○			15
笔杆漂亮																◎	2
技术重要度	165	318	356	31	149	90	9	54	65	93	249	103	59	135	48	18	
质量规格	5g/cc铅芯	0.20摩擦系数	每单位5个颗粒	5#	0.25mm	0.10mm	3#	0.5#75'	≤12g	70%重量在中轴上	不滚动	没有锐角	5/16	3次	0.001ppm	五档中最好	

市场竞争性评价
- ■ 某铅笔
- □ 现有产品
- ○ 另一种铅笔
- 1 最差　2　3　4　5 最好

技术性评价
- ■ 某铅笔
- □ 现有产品
- ○ 另一种铅笔
- 最好 5 4 3 2 1 最差

图 4-1　带橡皮头铅笔的质量屋

如图 4-2 所示。

① 调查顾客需求。这一步是建造质量屋的起点，也是基础。为调查顾客需求，可采用询问法、观察法或实验法。

② 测评各项需求对顾客的重要度。达到或超过顾客的需求是产品设计的首要原则。顾客满意是"对其要求已被满足的程度的感受"。满意度是实际效果与事前期望差异的函数：实际效果与事前期望相符合，则感到满意；超过事前期望，则很满意；未能达到事前期望，则不满意或很不满意。

顾客满意是需求集成的结果，而各种需求对顾客的重要度不同，即对顾客满意的贡献不同。测评各项需求对顾客的重要度的唯一方法是对顾客进行广泛的调查并且每隔一定时期重

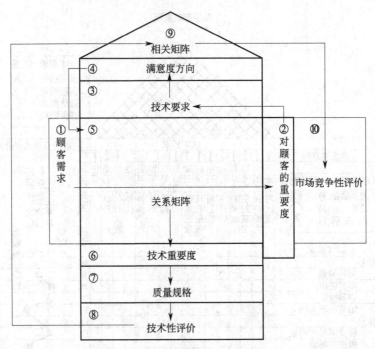

图 4-2　建造质量屋的技术路线图

新进行一次这样的调查。

③ 把顾客需求转换为技术要求。这一步由市场调查人员和工程技术人员共同把顾客的需求转换为对产品提出的技术要求，即把顾客的语言转换成工程技术人员能够把握的语言，如把图 4-1 中的"写得清楚"转换成"笔迹的对比度""铅墨的保持能力"等，如果把在第一步所确定的顾客需求看做"是什么（what）"，那么把顾客需求转换为技术要求就解决了"如何办（how）"的问题。

④ 确定技术要求的满意度方向。具体到某一产品，只有通过满足产品的技术要求来满足顾客需求。有的技术要求的指标值越大，顾客越满意，而有的技术要求的指标值越大，顾客越不满意。在开发产品时应确定这种方向性，以便为后来调整质量规格提供参考。

⑤ 填写关系矩阵表。技术要求是由顾客需求转换来的，所以，每一项技术要求或多或少与顾客需求有关系，根据关系的紧密程度可分为三个等级：关系紧密、关系一般、关系微弱，并分别赋予 9、3、1 三个分值。所填写的关系矩阵表为确定技术重要度提供了依据。

⑥ 计算技术重要度。通过矩阵表与各项需求对顾客的重要度的加权平均值可得技术要求的重要度。很有意思的是，经过这一步之后，顾客所提出的"模棱两可""含糊不清"的需求，转变成了一个个量值。毫无疑问，开发人员应把精力集中在技术重要度指标值大的那些技术要求上。

⑦ 设计质量规格。这一步由工程技术人员和质量管理人员共同完成。设计质量规格就是在技术经济分析的基础上确定各项技术要求的理化指标，即解决"多少（hou much）"的问题。

⑧ 技术性评价。产品技术性评价的对象是各项技术要求满足顾客需求的能力。评价产品技术能力，可把已开发出来的样品同市场上知名度较高的几个品牌的产品放在一起进行比较。技术要求之间会有冲突，所以即使不计成本，也不可能使各项技术能力都达到最高。因

此，经常要作些调整。在调整时，应力保技术重要度指标值高的那些技术要求。如图 4-1 所示"铅墨产生的灰尘"和"铅墨的保持能力"两项技术要求重要度分别占第一位和第二位，但技术性评价的结果，这两项技术要求只达到中等。所以，仅从技术性评价就可判定这种铅笔的开发不成功。为此，要调整质量规格，使这两类技术要求在同类产品中达到最优。

⑨ 市场竞争性评价。市场竞争性评价的结果是产品满足各项顾客需求的能力。市场竞争性评价的方法与技术性评价的方法相同，只是这里的评价对象是各项顾客需求。

同样的，顾客需求之间往往会有冲突，所以即使不计成本，也不可能使各项顾客需求都得到最大的满足。在做调整时，应以各项需求对顾客的重要度为依据，最大限度地满足重要度指标值高的那些顾客需求。

⑩ 确定相关矩阵。根据正反强弱关系，把各项技术要求之间的关系确定为四类，即强正相关、弱正相关、强负相关、弱负相关。确定相关矩阵的目的是把顾客满意度方向作量化处理，结果用于调整质量规格。

从 QFD 的技术路线可以看出，上述 10 个步骤的每一步都考虑了顾客的需求，体现了"充分倾听顾客声音"的核心理念。因此，只要严格按照 QFD 各个开发阶段的要求去做，所开发的产品正是顾客真正需要的产品。

如前所述，质量功能展开是一种集成的产品开发技术，所涉及的问题很多，用到的定量方法更多，如模糊聚类、层次分析法等理论与知识。本节给出了 QFD 的全貌，以便读者掌握起源、发展、内涵及实施步骤。

第三节
可靠性工程

一、可靠性及其相关基本概念

1. 可靠性

可靠性是产品在规定条件下和规定时间内，完成规定功能的能力。可靠性高，意味着寿命长、故障少、维修费用低；可靠性低，意味着寿命短、故障多、维修费用高。可靠性低，轻则影响工作，重则造成起火爆炸、机毁人亡等灾难性事故。对于许多产品，人们不但关心其技术性能，更关心其可靠性。在某些情况下，顾客宁可适当降低性能方面的指标，而要求有较高的可靠性。

为正确理解可靠性概念，应把握以下三个关系：

① 产品的可靠性与规定条件的关系。可靠性概念中所说的规定条件包括使用或储存时的环境条件，如温度、湿度、气压、振动、冲击、辐射、应力等。例如，同一个半导体器件，在不同的负载下，其可靠性不同，负载越大，可靠性越低。同一台设备在陆地和海洋中工作时的可靠性不同，在室内和室外使用时的可靠性也会有差异。通常条件越恶劣，可靠性越低。

② 产品的可靠性与规定时间的关系。同一元器件或设备在同样的条件下，随着使用时间的增加，可靠性逐渐下降。这里时间概念具有广泛的含义，可以用次数、周期、强度等表

示。一般随着使用时间延长，可靠性会降低。

③ 产品的可靠性与规定功能的关系。规定功能就是根据使用要求与生产可能性所规定的技术经济指标，如待机时间、容量、速度、亮度、承载能力、工作精度、经济指标等。可靠性是对规定功能的定量描述。

2. 维修性

使产品保持规定状态或当产品发生故障后，使其恢复到规定状态的一系列活动称为维修。产品的维修性是指产品在规定的条件下和规定的时间内，按规定的程序和方法进行维修时，保持或恢复到规定状态的能力。

规定的条件是指维修的机构和场所及相应的人员与设备工具、技术资料等条件。规定的时间是指从寻找、识别故障开始，直至检修、调试、验收最后达到完全恢复正常功能为止的全部时间。规定的程序和方法是指按技术文件规定采用的维修工作类型、步骤和方法。

产品维修通常分为恢复性维修和预防性维修两种类型。恢复性维修是当产品发生故障后，使其恢复到规定状态所进行的全部活动。这些活动包括故障定位、故障隔离、故障排除、调准验证等活动。预防性维修是通过对产品进行系统的检测，发现故障征兆以防止故障发生，使其保持在规定状态所进行的全部活动。这些活动包括调整、润滑、定期检查和必要的修理等。

提高维修性的主要途径有：定期更换零部件或早期发现故障，进行维护保养；从设计和制造时就考虑使其结构易于早期发现故障和进行维修。

3. 保障性

产品的保障性是指产品的设计特性和计划的保障资源满足使用要求的能力，保障性在我国国防科技系统中被称为"综合保障工程"，国外称之为"综合后勤保障"或"后勤工程"。综合保障工程最初是针对武器装备的，是研究在获得装备的同时如何得到与其匹配的保障资源，建立保障系统，形成战斗力。现在，保障性的应用已从军事装备的保障扩展到一般产品，并从维修性工程中独立出来成为保障性工程。

综合保障工程的主要任务包括以下几方面：

① 策划并制订保障规划；

② 接口协调；

③ 人员保障；

④ 包括设备、备件等在内的硬件保障；

⑤ 包括规程、信息等在内的软件保障；

⑥ 包装、运输、储存、防护、环境等其他保障。

4. 测试性

测试是一个广义的概念，笼统地说，凡是对产品进行的各种检查、测量、试验都可以称为测试。在产品研制、生产、使用（含储存）、维修乃至报废过程都有测试。例如，在产品的研制和生产过程中，需要经常对零部件、组件乃至成品的性能或几何、物理参数等进行检查、测量和评定，以确定它们是否符合规定要求。在使用过程中，需要对产品进行故障检测，以便确定其状态，判断其是否可完成规定的功能。如有工作不正常迹象，就要进一步找出发生故障的部位隔离故障，以便排除故障把产品恢复到完好状态。

测试性是指能够及时并准确地确定产品的状态（可工作、不可工作或性能下降），并隔离其内部故障的一种设计特性。测试性主要表现在以下三个方面。

① 自检功能强。产品本身具有专用或兼用的自检硬件和软件，能自己监测工作状况，检测与隔离故障，而且故障检测率高，可指示故障与报警。虚警率低。

② 测试方便。测试设备或装置便于维修人员使用，方便检查和测试，可自动记录存储故障信息，可查询，故障显示清晰明确、便于理解，可按需要检查系统各部分并隔离故障等。

③ 便于使用外部测试设备进行检查测试。产品上有足够的测试点和检查通路，与自动测试设备或通用仪器接口简单、兼容性好，专用测试设备少等。

5. 可用性

可用性是指产品在所要求的外部资源得到保证的前提下，产品在规定的条件下和规定的时刻和时间区间内处于可执行功能状态能力。可用性是产品可靠性、维修性和保障性三种固有属性的综合反映。

外部资源不同于维修资源，它对于产品的可用性没有影响。当涉及"可用性"的测量时，优选术语是"瞬间可用性"。

6. 可信性

可信性是随着科学技术的发展而发展起来的。可信性仅用于非定量的一般性描述，是一个用于描述可用性及其影响因素的集合性术语。

可信性工作的目标是提高产品的可用性、任务成功性，减少人力和保障费用，达到最佳的费用—效能比。

影响可信性的主要因素有可靠性、维修性和保障性。对可信性的要求，就是对这些影响因素的要求。为了使人们确信产品满足规定的可信性要求所进行的有计划、有组织的活动称为可信性保证。为此而制定的一套文件称为"可信性保证大纲"，简称"可信性大纲"。可信性大纲包括必要的可信性组织机构及其职责、要求实施的工作项目、工作程序和需要配备的资源等。

二、可靠性度量

上述可靠性的相关概念只是对可靠性进行的定性描述。为了准确地度量和评价可靠性，需要对其相应能力进行定量描述。这些定量指标称为可靠性特征量，具体有可靠度、故障率（或失效率）、平均故障间隔时间（或失效前平均时间）、平均故障修复时间、维修度或可用度等。

1. 可靠度

可靠度是可靠性的量化指标，即系统或产品在规定条件和规定时间内完成规定功能的概率。可靠度是时间的函数，常用 $R(t)$ 表示，称为可靠度函数。

产品出故障的概率是通过多次试验中该产品发生故障的频率来估计的。例如，取 N 个产品进行试验，则该产品可靠度的观测值可用下式近似表示

$$R(t) = \frac{N_s(t)}{N} \tag{4-1}$$

式中，N 为产品总数；$N_s(t)$ 为工作到时刻 t 处于能完成规定功能的产品数。

与可靠度相对应的另一个指标是不可靠度 $Q(t)$，它是系统或产品在规定条件和规定时间内未完成规定功能的概率，即发生故障的概率，所以也称累积故障概率。其数学表达式为

$$Q(t) = \frac{N_f(t)}{N} \tag{4-2}$$

式中，$N_f(t)$ 为工作到时刻 t 已发生故障的产品数。

显然，可靠度与不可靠度之间具有下面的关系

$$R(t) + Q(t) = 1 \tag{4-3}$$

可靠度数值应根据具体产品的要求来确定，一般原则是根据故障发生后导致事故的后果和经济损失而定。

2. 故障率

故障率是一个条件概率，是指工作到 t 时刻尚未发生故障的产品，在该时刻后单位时间内发生故障的概率。它反映 t 时刻产品发生故障的速率，称为产品在该时刻的瞬时故障率，习惯称故障率。故障率也是时间的函数，记为 $\gamma(t)$，称为故障率函数。

故障率的观测值等于 N 个产品在 t 时刻后单位时间内的故障产品数 $\dfrac{\Delta N_f(t)}{\Delta t}$ 与在 t 时刻还能正常工作的产品数 $N_s(t)$ 之比，即

$$\gamma(t) = \frac{\Delta N_f(t)}{\Delta t} / N_s(t) \tag{4-4}$$

产品在其整个寿命期间内各个时期的故障率是不同的，其故障率随时间变化的曲线称为寿命的曲线，也称浴盆曲线。产品的失效过程可分为以下 3 个阶段。

① 早期故障期。产品在使用初期，由于材质、设计、制造、安装及调整等环节造成的缺陷，或检验疏忽等原因存在的固有缺陷陆续暴露出来，此期间故障率较高，但经过不断的调试和排除故障，加之相互配合件之间的磨合，使故障率较快地降下来，并逐渐趋于稳定运转。

② 偶发故障期。这个时期的故障率降到最低，且趋向常数，表示产品处于正常工作状态。这段时间较长，是产品的最佳工作期。这时发生的故障是随机的，是偶然原因引起应力增加，当应力超过设计规定的额定值时，就可能发生故障。

③ 磨损故障期。这个时期的故障迅速上升，因为产品经长期使用后，由于磨损和老化，大部分零组部件将接近或达到固有寿命期，所以故障率较高。

3. 平均寿命（或平均无故障工作时间）

对非维修产品称平均寿命，其观测值为产品发生失效前的平均工作时间，或所有试验产品都观察到寿命终了时，它们寿命的算术平均值；对于维修产品来说，称平均无故障工作时间或平均故障间隔时间，其观测值等于在使用寿命周期内的某段观察期间累积工作时间与发生故障次数之比。

4. 维修度

维修度是指维修产品发生故障后，在规定条件（备件贮备、维修工具、维修方法及维修技术水平等）和规定时间内能修复的概率，它是维修时间 t 的函数，用 $M(t)$ 表示，称为维修度函数。

5. 有效度

狭义可靠度 $R(t)$ 与维修度 $M(t)$ 的综合称为有效度，也称广义可靠度。其定义是对维修产品，在规定的条件下使用，在规定维修条件下修理，在规定的时间内具有或维持其规定功能处于正常状态的概率。

三、系统或产品的可靠性预计

产品的可靠性预计是根据零组部件的可靠性数据来预算产品的可靠性指标，如可靠度、故障率或平均寿命等。

可靠性预计的目的是为可靠性设计选择最佳设计方案提供可靠依据，且在产品定型投产之前就可以对新产品的可靠性作出估计，若达不到预定指标，就可以针对发现的问题及时进行改进设计，从而取得事半功倍的效果。

（1）串联系统的可靠性预计

串联系统的可靠性表示系统中所有单元均正常时，系统才能正常工作。

串联系统的可靠性有如下特点：

① 串联系统中单元数越多，则系统的可靠性越低；各单元本身的可靠性越低，则系统的可靠性越低；

② 串联系统的可靠性 $R_s(t)$ 总是小于系统中可靠度最低单元的可靠性 $R_i \min$，而且其寿命取决于该单元的寿命。

（2）并联系统的可靠性预计

并联系统可靠性表示系统中只要有一个单元能正常工作，系统就能正常工作。

并联系统的可靠性好像钢丝绳的可靠性，只有当所有钢丝绳均断裂，钢丝绳才能完全断开。当然，当断丝数达到一定数量就得降级使用或报废。钢丝绳的寿命是由寿命最长的那股钢丝决定的，故并联系统又称绳索模型。

（3）串—并联系统的可靠性预计

任何一个串—并联系统总可以看成是由一些串联式和并联式子系统组合而成。在进行串—并联系统的可靠性预计时，只要用上述方法分别求出各子系统的可靠度，就可以使系统可靠性框图逐步简化，最后总可以简化成一个简单的串联系统或并联系统，于是可求出整个系统的可靠度。

四、可靠性管理

（1）提高产品设计的可靠性

从设计方法上，应按照可测试性设计（DfT）、可诊断分析性设计（DfD）、可装配性设计（DfA）、可拆卸性设计（DfD）等方法提高产品的可靠性。

在元器件和标准件的选择上，应尽可能采用已标准化的元器件和零部件。在满足要求的前提下，尽可能把元器件、零部件数量降到最低，以使结构简单。

对可靠度要求非常高的产品，如航空航天用产品，应通过工作冗余或备份冗余来提高产品的冗余度。并联系统是典型的工作冗余，所有冗余同时处于工作状态，备份冗余只有当原来工作的冗余发生故障后才开始工作。

（2）可靠性分析

在产品可靠性分析的方法中，用得最多的是失效模式及影响分析（failure mode and

effect analysis，FMEA）和故障树分析（fault tree analysis，FTA）。

① 失效模式及影响分析。失效模式及影响分析就是通过对产品的系统研究，鉴别失效模式，判断失效影响，确定失效原因和机理的过程。失效模式即失效的表现形式，如短路、开路、断裂、过度耗损等。失效影响是失效对产品的使用、功能或状态所导致的结果，一般分为局部的、高一层次的和最终影响三级。失效原因是直接导致失效或引起功能降低并进一步发展成失效的那些因素。失效机理是引起失效的物理、化学、生物等方面的内在原因。

失效模式及影响分析是一种重要的可靠性定性分析方法。除用于确定失效的各种原因和所造成的影响外，还可用来检查系统设计的正确性，评价系统的可信性、安全性，为系统的维修性分析、保障性分析及测试性分析提供信息，为确定纠正措施的优先顺序提供依据。

② 故障树分析。故障树分析是通过对可能造成产品故障的硬件、软件、环境、人为因素进行分析，画出故障树，从而确定产品故障原因的各种可能组合方式和（或）其他发生概率的一种分析技术。故障树是一种倒立树状的逻辑图。它用一系列符号描述各种事件之间的因果关系。

故障树分析是一种系统安全性和可靠性分析的工具，主要用于评估设计方案的安全性，判明潜在的系统故障模式和灾难性危险因素，为制定使用、试验及维护程序提供依据，辅助事故调查。

（3）可靠性过程管理

可靠性管理应贯穿于规划、设计、试制、生产、使用全过程，它是产品整个生命周期的一项连贯性活动，不仅与设计者有关，而且与生产者和使用者密切相关。只有设计、生产、使用方面密切配合，不断提高产品可靠性指标，才能满足顾客需求，取得良好的经济效益。

在规划设计阶段，可靠性管理就是在全面分析顾客需求的基础上，提出产品的基本性能和主要特点，并提出可靠性指标，实施可靠性论证，进而提出对产品的技术要求，确定质量规格。

在生产过程，可靠性管理就是最大限度地排除和控制各种不可靠因素，借助专业质量管理工具，找出造成质量问题的人、机、料、法、测量和环境（5M1E）六个方面的必然性因素，消除必然性因素，使生产过程处于受控状态。

在售后服务过程，可靠性管理就是为顾客提供一套完整的使用维护资料，组织对顾客的培训，并及时将使用过程中所遇到的问题反馈给生产和工程设计部门，以便在以后的设计和制造过程中改进产品的性能和指标。

第四节
服务设计与质量控制

一、服务设计概述

1. 服务及其特点

（1）服务与服务包

服务是指为顾客提供的一种便利。服务由服务系统提供。该系统包括提供服务所需要的设施、人员、技术和流程等。现实中，很少有纯粹的服务，更多的是服务包。

所谓服务包，是指包括用于提供服务的资源、辅助物品、显性服务和隐性服务在内的统一体。资源是指提供服务所必需的场所、设施、设备、人员、物料等产品，即实物产品；辅助物品是指顾客购买和消费的物质产品；显性服务即可以用感官感觉到的服务的本质或核心特征，如平整的草坪、新潮的发型；隐性服务即服务的附属或非本质特征，如友好、礼貌、在高档酒店就餐时的身份象征等。

（2）服务的特点

与产品相比，服务有以下四个特点：

① 服务是无形的。通常地，产品可以触摸，服务无法触摸。如气氛、态度等可感受，无法触摸。

② 服务需求更具不确定性。例如，你很难预计某一天会有多少人光顾某电器在北京的旗舰店。同样，你无法预计某一天中会有多少顾客到麦当劳就餐。

③ 服务不能储存。一般地，接受服务与提供服务是同时进行的。这是服务与产品的最大不同之处，产品可以单独生产，单独销售，却很少能单独生产出服务，然后在另外的时间出售。这一特点决定了接受服务与提供服务的同时性，如教学、就诊、美容美发等。

④ 服务过程的可视性。一般地，服务过程是可见的。即使某些可以在后台进行的服务过程，为了博得顾客的满意，也倾向于展示给顾客。如拉面馆把拉面的制作过程展示给顾客，又长又细的拉面还没下锅，顾客已急不可待了。

2. 服务设计的基本要求

服务的上述特点决定了服务设计比产品设计更复杂，更困难。服务设计要满足以下四个基本要求：

① 与组织的使命和目标相一致。所设计的服务或服务系统要有利于实现组织的使命和目标。

② 有统一的服务宗旨。联邦快递的"使命必达"使顾客心里格外踏实，社区便民店应从各个方面达到便民效果，如为行动不方便的老人送货上门。

③ 所设计的服务对顾客来说是有价值的。所设计的服务是否有价值要以顾客的评判为准。豪华的装饰对到高档饭店就餐的顾客来说，是身份的体现；而对到快餐店就餐的顾客来说，并没有什么价值。

④ 所设计的服务是稳健的。无论是超市、医院，还是书店、高尔夫球场，至少要有与平均服务能力相匹配的设施、人员或其他资源。以民康大药房在华北地区的旗舰店为例，半年来每天售出的儿童感冒药都在100盒以下，但为了保证患者需要，配货量还是保持在了150盒以上。

3. 服务设计的有效性

为保证和提高所设计服务的有效性，应注意以下五个方面的问题：

① 一旦开始进行服务设计，领导应立即介入并支持服务设计活动；

② 确定服务标准，尤其是那些感受、气氛等难以度量的标准；

③ 确保服务人员的招聘、培训和薪酬制度与服务设计的目标相一致；

④ 建立可预测事件的处理流程和不可预测事件的紧急预案；

⑤ 建立监控、维持和改进服务的管理体系。

二、服务设计的一般方法

了解了同服务设计相关的原则、对象和流程，并不能保证就可以设计出合适、恰当的服务。服务设计的方法可以帮助我们认识和理解如何将这些原则和对象在服务设计相应的流程阶段得以实现，以及怎样才能使设计的服务满足并超越客户的需求。不同的设计阶段会分别用到相应的方法，按照它们的特点可以主要分为以下三种：

（1）服务流水线

制造系统因采用流水生产方式而使制造成本大为降低，在服务业，完全可以采用分工，并使用工具和设备专业化来建立类似的流水线，这里不妨称为"服务流水线"。

为使服务流水线方法获得成功，必须坚持以下四个原则。

① 充分授权。在一线的服务人员有紧急情况处置权。

② 劳动分工。把整个过程分为若干简单而具有重复性的工作。

③ 用技术代替人力。在与顾客接触程度低的环节采取机器代替原来的手工作业，不但可以提高效率，而且可以减少差错。

④ 服务标准化。尽可能把服务设计成事先设定好的常规工作，以便于稳定服务质量。

（2）把顾客作为服务主体

在服务过程中，不应把顾客作为被动的服务对象，当需要的时候，应把顾客作为服务主体，即尽可能地提高顾客参与服务系统的程度。从 20 世纪 80 年代以来，以人为本的方法就成为许多设计实践的中心组成部分。服务设计则更加着重强调这一点，要求真正了解顾客的期望和需求。它将人们作为共同设计者纳入到整个设计过程所有的阶段中来，并作为共同制造者，纳入到服务提供和发生的最终时刻。以人为本的服务设计方法从"人"的角度出发，考虑人们的目标、想法、行为内容、预期达到的效果以及人们希望体验的内容和过程。整个设计过程是反复迭代的，客户的需求和状态决定了服务设计过程中的一切，包括渐进性的改变和突破式的创新。

服务设计中的一个重要因素是要理解和体验客户享用服务的过程。

（3）预约与预订

顾客到达服务系统的随机性导致服务能力难以与顾客需求完全匹配。为此，常采用预约或预订的方法，以减少顾客的等待时间。此外，也可在需求处于淡季时，通过价格刺激来吸引顾客消费，这实际上也是一种预约，即把顾客"预约"到淡季，以平衡服务能力。

思考与练习

1. 简述 DfM 的内涵。
2. 简述 DfE 的基本要求。
3. 设计过程质量管理的主要内容有哪些？
4. QFD 的内涵是什么？
5. 简述质量屋的主要组成部分。
6. 简述构建质量屋的步骤。
7. 什么叫可靠性？
8. 如何提高产品设计的可靠性？

第五章

统计过程控制

|第一节|
控制图的基本原理

一、分析用控制图和控制用控制图概述

1. 分析用控制图和控制用控制图的含义

一道工序开始应用控制图时，几乎总不会恰巧处于稳态，也即总存在异因。如果就以这种非稳态状态下的参数来建立控制图，控制图界限之间的间隔一定较宽，以这样的控制图来控制未来，一定会导致错误的结论。因此，一开始总需要将非稳态的状态调整到稳态，这就是分析用控制图的阶段。等调整到稳态之后，才能延长控制图的控制线作为控制用控制图，这就是控制用控制图的阶段。故根据使用目的的不同，控制图可以分为分析用控制图和控制用控制图两类。

（1）分析用控制图

分析用控制图主要分析以下两个方面：

① 所分析的过程是否处于统计过程状态？

② 该过程的过程能力指数 C_p 是否满足要求？

维尔达（S. L. Wierda）把过程能力指数满足要求的状态称作技术稳态。由于 C_p 值必须在稳态下计算，故须先将过程调整到统计稳态，然后再调整到技术控制状态。

根据状态是否达到统计过程状态与技术控制状态，可以将它们分为以下四种情况。

① 状态 I：统计控制状态与技术控制状态同时达到，是最理想的状态；

② 状态 II：统计控制状态未达到，技术控制状态达到；

③ 状态 III：统计控制状态达到，技术控制状态未达到；

④ 状态 IV：统计控制状态与技术控制状态均未达到，是最不理想的状态。

从表 5-1 可见，从状态 IV 达到状态 I 的途径有二：状态 IV→状态 II→状态 I 或者状态 IV→状态 III→状态 I，究竟通过哪条途径应由具体的技术经济分析来决定。虽然从计算 C_p 值上讲，应该先达到状态 III，但是为了更加经济，宁可保持在状态 II 也是有的。当然，生产线的末道工序一般以保持状态 I 为宜。分析用控制图的调整过程即是质量不断改进的过程。

表 5-1　状态分类

技术控制状态 \ 统计控制状态	统计控制状态		统计控制状态
		是	否
技术稳态	是	Ⅰ	Ⅱ
	否	Ⅲ	Ⅳ

（2）控制用控制图

当过程达到了我们所确定的状态后，才能将分析用控制图的控制线延长作为控制用控制图。由于后者相当于生产中的立法，故由前者转为后者要有正式交接手续。

进入日常管理后，关键是保持所确定的状态。

经过一个阶段的使用后，可能又会出现新的异常，这时应查出异因，采取必要的措施，加以消除，以恢复统计过程控制状态。

2. 常规控制图的设计思想

常规控制图的设计思想是先确定犯第一类错误的概率 α，再看犯第二类错误的概率 β。

① 按照 3σ 方式确定 CL、UCL、LCL，就等于确定了 $\alpha_0 = 0.27\%$。

② 在统计过程中通常采用 $\alpha = 1\%$、5%、10% 三级，但休哈特为了增加信心把常规控制图的 α 取得特别的小，这样 β 就大了，这就需要增加第二类判异准则，也就是说，即使点不出界，当界内点排列不随机时也表示存在异常因素。

3. 控制图的结构和分类

控制图是一个统计工具，它是用来分析和了解过程变量的，用来确定过程执行这些变量的能力，用来监控这些变量对引起顾客（内部和外部）需求和过程绩效之间差异的影响。控制图需要一个管理者来确认和了解过程变异源并控制这些变异源，减少顾客需求和过程绩效之间的差异，即使所研究的过程处于稳定状态，这种减少也可以进行。

如图 5-1 所示，图上有中心线（CL，Central Line）、上控制限（UCL，Upper Control Limit）和下控制限（LCL，Lower Control Limit），并有按时间顺序抽取的样本统计量数值的描点序列，UCL 与 LCL 统称为控制线（Control Line）。若控制图中的描点落在 UCL 与 LCL 之外或描点在 UCL 与 LCL 之间的排列不随机，则表明异常。

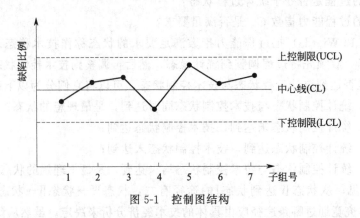

图 5-1　控制图结构

控制图是通过抽选样本并对过程特征进行测量来建立的。每一组测量叫做子组。控制限是基于发生在样本子组内的变异建立的，这样的话，子组之间的变异就会从控制限的计算中排除出去；一般过程变异就成了我们计算控制限所需要的变异了。控制限计算的前提假设是过程中没有特殊的变异。如果有一个特殊变异源存在，那么基于一般变异而建立起来的控制图会指出特殊变异在何时何地发生的。因此，控制图可以区别一般变异和特殊变异，并能够为管理者和工人提供对过程采取正确措施的依据。

一般来说，控制图的中心线使用过程的平均值估计代替，上控制限使用平均值加上 3 倍的标准差估计值；下控制限使用平均值减去 3 倍的标准差估计值。这些计算来自过程产出，并假设这个过程的产出不存在特殊的变异。关于它们的控制限，非随机波动的子组均值就是指特殊变异源的指示点。

4. 判异准则

判异准则有点出界和界内点排列不随机两类。由于对点子的数目未加限制，故后者的模式原则上可以有很多种，但是在实际中经常使用的只有明显意义的若干种。在控制图的判断中要注意对这些模式加以识别。

GB/T 4091—2001《常规控制图》中规定了 8 种判异准则。为了应用这些准则，将控制图等分为 6 个区域，每个区宽 1σ。这 6 个区的标号分为 A、B、C、C、B、A。其中两个 A 区、B 区、C 区都关于中心线 CL 对称（参见图 5-1～5-7）。需要指明的是这些判异准则主要适用于 $\overline{X}$ 图和单值 X 图，且假设质量特性 X 服从正态分布。

准则 1：一点落在 A 区以外（图 5-2）。在许多的应用中，准则 1 甚至是唯一的判异准则。准则 1 可对参数 μ 的变化或参数 σ 的变化给出信号，变化越大，则给出信号越快。准则 1 还可以对过程中的单个失控做出反应，如计算错误、测零误差、原材料不合格、设备故障等。在 3σ 原则下，原则 1 犯第一类错误的概率为 $\alpha_0 = 0.0027$。

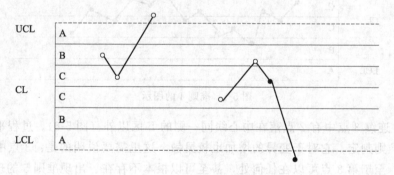

图 5-2　准则 1 的图示

准则 2：连续 9 点落在中心线同一侧（图 5-3）。此准则是为了补充准则 1 而设计的，以改进控制图的灵敏度。选择 9 点是为了使其犯第一类错误的概率 α 与准则 1 的 $\alpha_0 = 0.0027$ 大体相仿。出现图 5-3 准则 2 的现象，主要是过程平均值 μ 减小的缘故。

准则 3：连续 6 点递增或递减（图 5-4）。此准则是针对过程平均值的趋势进行设计的，它判定过程平均值的较小趋势要比准则 2 更为灵敏。产生趋势的原因可能是工具逐渐磨损、维修逐渐变差等，从而使得参数随时间而变化。

准则 4：连续 14 点相邻点上下交替（图 5-5）。本准则是针对由于轮流使用两台设备或由两位操作人员轮流进行操作而引起的系统效应。实际上，这就是一个数据分层不够的问题。选择 14 点是通过统计模拟试验而得出的，也是为了使其 α 大体与准则 1 的 $\alpha_0 = 0.0027$

相当。

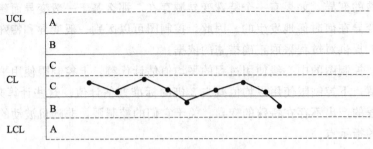

图 5-3   准则 2 的图示

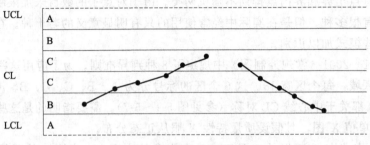

图 5-4   准则 3 的图示

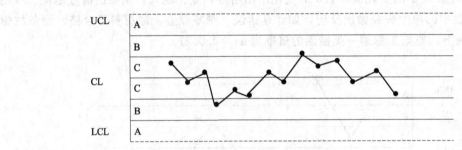

图 5-5   准则 4 的图示

　　准则 5：连续 3 点中有 2 点落在中心线同一侧的 B 区以外（图 5-6）。过程平均值的变化通常可由本准则判定，它对于变异的增加也较灵敏。这里需要说明的是：3 点中的 2 点可以是任意两点，至于第 3 点可以在任何处，甚至可以根本不存在。出现准则 5 的现象是由于过程参数 μ 发生了变化。

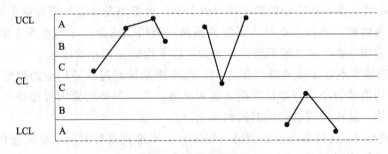

图 5-6   准则 5 的图示

准则 6：连续 5 点中有 4 点落在中心线同一侧的 C 区以外（图 5-7）。与准则 5 类似，这第 5 点可在任何处。本准则对于过程平均值的偏移也是较灵敏的，出现本准则的现象也是由于参数 μ 发生了变化。

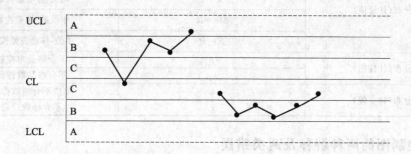

图 5-7　准则 6 的图示

准则 7：连续 15 点在 C 区中心线上下（图 5-8）。出现本准则的现象是由于 σ 变小。对于这种现象不要被它的良好"外貌"所迷惑，而应该注意到它的非随机性。造成这种现象的原因可能有数据虚假或数据分层不够等。在排除了上述两种可能之后才能总结现象减少标准差 σ 的先进经验。

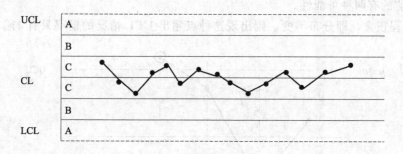

图 5-8　准则 7 的图示

准则 8：连续 8 点在中心线两侧，但无一在 C 区中（图 5-9）。造成这种现象的主要原因也是因为数据分层不够，本准则即为此而设计。

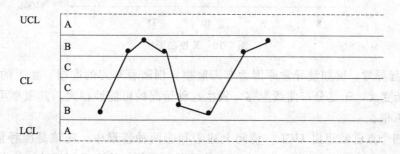

图 5-9　准则 8 的图示

5. 常规控制图的分类

常规控制图的分类参见表 5-2（根据 GB/T 4091—2001）。

表 5-2　常规控制图

分布	控制图代号	控制图名称
正态分布(计量值)	$\overline{X}-R$	均值-极差控制图
	$\overline{X}-s$	均值-标准差控制图
	$Me-R$	中位数-极差控制图
	$X-R$	单值-移动极差控制图
二项分布(计件值)	p	不合格品率控制图
	np	不合格品数控制图
泊松分布(计点值)	u	单位不合格数控制图
	c	不合格数控制图

二、控制图的两种解释及两类错误

1. 控制图的两种解释

（1）控制图的第一种解释

为了控制加工螺丝的质量，每隔 1h 随机抽取一个加工好的螺丝，测量其直径，将结果描点在图 5-10 中，并用直线将点连接，以便观察点的变化趋势。由图 5-10 可以看出，前 3 个点都在控制限之内，但是第四个点却超出了 UCL，为了醒目，把它用小圆圈圈起来，表示第四个螺丝的直径过分粗了，应该引起注意。现在对出现的这第四个点应作什么判断呢？摆在我们面前的有两种可能性。

① 若过程正常，即分布不变，则出现这种点超出 UCL 情况的概率只有 1‰左右。

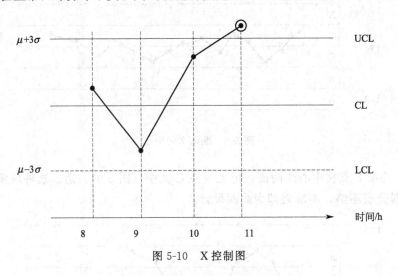

图 5-10　X 控制图

② 若过程异常，譬如设异常原因为车刀磨损，则随着车刀的磨损，加工的螺丝将逐渐变粗，μ 逐渐变大，于是分布曲线上移，发生这种情况的可能性很大，其概率可能为 1‰的几十乃至几百倍。

现在第四个点已经超出 UCL，请问上述①和②两种情形中，应该是哪种情形造成的？由于情形②发生的可能性要比情形①大几十倍乃至几百倍，故合乎逻辑地认为上述异常是由情形②造成的。于是得出结论：点出界就是判断异常。

用数学语言来说，这就是小概率事件原理：小概率事件在一次试验中几乎不可能发生，若发生即判断异常。控制图是假设检验的一种图上作业，在控制图上每描一点就是作一次假设检验。

(2) 控制图的第二种解释

现在换个角度来研究一下控制图原理。根据来源的不同，影响质量的原因（因素）可归结为 5M1E（人员、设备、原材料、工艺方法、测量和环境）。但从对产品质量的影响大小来区分，又可分为两类。偶因是过程固定的，始终存在，对质量的影响微小，但是难以除去，例如机床开动时的轻微振动等。异因则非过程固有，有时存在，有时不存在，对质量影响大，但不难除去，例如车刀磨损等。

偶尔引起质量的偶尔波动，异常引起质量的异常波动。偶尔波动是不可避免的，但对质量的影响一般不大。异常波动对质量的影响大，且可以通过采取恰当的措施加以消除，故在过程中异常波动及造成异常波动的异因区分是我们注意的对象。一旦发生异常波动，就应该尽快找出原因，采取措施加以消除。将质量波动区分为偶然波动与异常波动两类并分别采取不同的对待对策，这就是休哈特的贡献。

偶然波动与异常波动都是产品质量的波动，如何能发现异常波动的存在呢？我们可以这样设想：假设在过程中，异常波动已经消除，只剩下偶然波动，这当然是正常波动。根据这正常波动，应用统计学原理设计出控制图相应的控制界限，当异常波动发生时，点就会落在界外。因此点频频出界就表明存在异常波动。控制图上的控制限就是区分偶然波动与异常波动的科学界限。

根据上述，可以说休哈特控制图即常规控制图的实质是区分偶然因素与异常因素两类因素。

2. 控制图的两类错误

（1）第一类错误：虚发警报

过程正常，由于点偶然超出界外，根据点出界就判异，于是就犯了第一类错误。通常犯第一类错误的概率记以 α。第一类错误将造成寻找根本不存在的异因的损失。

（2）第二类错误：漏发警报

过程异常，但仍会有部分产品，其质量特性值的数值大小仍位于控制界限内。如果抽取到这样的产品，打点就会在界内，从而犯了第二类错误，即漏发警报。通常犯第二类错误的概率记以 β。第二类错误将造成不合格品增加的损失。

常规控制图共有三根线，一般基于正态分布控制图的 CL 居中固定，而且与 UCL 与 LCL 互相平行，故只能改动 UCL 与 LCL 二者之间的间隔距离。若此间隔距离增加，则 α 减少，β 增大，反之相反。故无论如何调整上下控制限的间隔，两种错误都是不可避免的。

解决办法是：根据使两种错误造成的总损失最小的原则来确定 UCL 与 LCL 二者之间的最优间隔距离。经验证明休哈特所提出的 3σ 方式较好，在不少情况下，3σ 方式都接近最优间隔距离。

三、控制图的应用

1. 控制图的重要性

控制图的重要性主要体现在以下几个方面。

① 它是贯彻预防原则的统计工序设计（Statistical Process Control，SPC）的重要工具；控制图可以用于直接控制和诊断过程，是质量管理七个工具的重要组成部分。

② 日本名古屋工业大学调查了 200 家日本中小型企业，结果发现平均每家工厂采用 137 张控制图。这个数字对推广 SPC 有一定的参考意义。

③ 有些大型企业应用控制图的张数是很多的，例如美国柯达彩色胶卷公司有 5000 名职工，一共应用了 35000 张控制图，平均每个职工 7 张，为什么要应用这么多张控制图呢？因为彩色胶卷的工艺很复杂，在胶卷的片基上需要分别涂上 8 层厚度为 $1\mu m$ 至 $2\mu m$ 的药膜；此外，对于种类繁多的化工原料也要应用 SPC 进行控制。我们并不单纯追求控制图张数的多少，但工厂中使用控制图的张数在某种意义上反映了管理现代化的程度。

2. 控制图的三种用途

控制图可以分为两类：属性控制图与变量控制图。在这两种情况下，就是要先度量后再检测一个特有的质量特征。这种检测可以用来：评估过程的历史状态；评估过去的当前状态；结合过程专家的观点来预测过程短期的未来状态。

（1）评估过去

运用控制图对成品的生产过程进行回顾检测可以回答该过程是否处于统计过程之中。当一个或更多的点在控制限外，或者违背本章所介绍的规则的任意一个，就表明缺乏控制，或者存在特殊变异源。如果找不到变异的特殊原因，我们就可以说被度量的特征处于统计控制之中，或者说是稳定的。

（2）评估当前

当评估一个过程的当前状态时，控制图具有两个主要的功能。第一个功能是保持过程运行中的统计状态，控制图可以在正常运行中产生"特殊原因"这样的信号。例如，这些信号可以引起人们对过程磨损或者空气适度的变化这些需要干预的因素的关注。这种情形下，控制图对保持一个现有过程的稳定性非常有用。第二个功能是防止管理者对一般变异因素反应过度，防止把综合数据中的一般原因作为变异的特殊原因来对待。如果一张控制图是综合数据（来自多种源头的数据，如多条产品线）生成的，那么它就不是一个检测变异原因的有效工具。相反，为了综合数据而制定的控制图是为了防止该过程的管理者干预过程实施。

（3）预期未来

最后，依靠一个过程稳定性的统计数据和关于影响该过程未来条件的过程理论知识，控制图可以预测一个过程的短期的未来状态。例如，如果一个过程是稳定的，过程专家也预测在将来没有产生特殊变异的来源，那么该专家就可以预测该过程在未来短期内会保持稳定。

第二节
属性控制图

属性控制图有两种类型，一种是计件值控制图，一种是计点值控制图。计件值控制图是处理在一系列拥有详细特征的子组中的单位比率和单位数目的图。计点值控制图处理在给定的机会域中一个特征单位发生的次数，机会域可能是一个收音机的波段、一系列波段、一个病房、一个航班的预定、一卷纸、一卷纸的一部分、一个时间段、一个地理区域、一段高速公路，或者任何可以用来观察时间的可见区域。

一、计件值控制图

1. p 控制图

p 控制图是用来控制要考察的特征单位比率的图。在 p 控制图中，子组容量可能发生变化，也可能保持不变。p 控制图可以用来控制不合格品或合格品、舍弃或不舍弃、接受或不接受。

接下来我们介绍一下常量子组容量的 p 控制图。常量子组容量是指抽取单位数相同样本，然后在控制图中为每一个子组进行分类。我们使用一个离散的、可计算的输出特征来建立 p 控制图，例如小于 30 天付款的客户比例、通信率、航班的时间调度中 15 分钟内到达的比例。

对于一个稳定的过程来说，数据分成两类暗示着每一个单位都大概有相同的概率落在其中任何一类。之所以说大概是因为即使是稳定的过程也会有偏差，p 控制图中的中心线记为 $\bar{p}$，不合格品的全部抽样比例如同式（5-1）给出的那样，在中心线加上和减去标准差的 3 倍便得到上控制限和下控制限〔式（5-2）和式（5-3）〕

$$CL(p) = \overline{P} = \frac{\text{所研究的全部在子组中的缺陷总数}}{\text{所研究的全部在子组中的单位总数}} \tag{5-1}$$

$$UCL(p) = \overline{p} + 3\sqrt{\frac{\overline{p}(1-\overline{p})}{n}} \tag{5-2}$$

$$LCL(p) = \overline{p} - 3\sqrt{\frac{\overline{p}(1-\overline{p})}{n}} \tag{5-3}$$

下面以一个装饰瓷砖的进口商为例来进行说明，在运输之前或者运输过程中一些瓷砖已经有裂缝或者破损，我们认为这些是没用的物件。裂缝或者破损瓷砖的比例被认为是固定的。每天从所有来自瓷砖卖家的瓷砖总体中抽取出有 100 张瓷砖的一个样本。表 5-3 是某一卖家 30 天的出货品种的样本。

用式（5-4）从这些数据中可以计算出裂缝或者破损的瓷砖的平均比例。这就是 p 控制图的中心线。

$$CL(p) = \overline{p} = 183/3000 = 0.061$$

然后运用式（5-2）和式（5-3）可以把上控制限和下控制限计算出来。一个负的下控制限是没有意义的，因此我们用 0 值来表示下控制限。

表 5-3 每日破损瓷砖

日期	样本容量	破损数目	比例	日期	样本容量	破损数目	比例
1	100	14	0.14	17	100	8	0.08
2	100	2	0.02	18	100	4	0.04
3	100	11	0.11	19	100	2	0.02
4	100	4	0.04	20	100	5	0.05
5	100	9	0.09	21	100	5	0.05
6	100	7	0.07	22	100	7	0.07
7	100	4	0.04	23	100	9	0.09
8	100	6	0.06	24	100	1	0.01
9	100	3	0.03	25	100	3	0.03
10	100	2	0.02	26	100	12	0.12
11	100	3	0.03	27	100	9	0.09
12	100	8	0.08	28	100	3	0.03
13	100	4	0.04	29	100	6	0.06
14	100	15	0.15	30	100	9	0.09
15	100	5	0.05	总计	3000	183	
16	100	3	0.03				

对于一个稳定过程，子组分数在 3σ 之外的概率是很小的。但是，如果过程不是处于统计控制状态，那么控制图为找出缺乏控制的位置提供了一个经济的依据。

对于 p 控制图，实际上对于任何属性控制图，一个稳定过程能够指示缺乏控制的确切概率是不可能计算的，因为即使一个稳定过程的平均值、离差和形态也存在变异。然而，这些确切值对一般应用来说并不是特别重要的，重要的是它们的值很小这个事实。因此如果一个点没有落在上下控制限之间，我们就推断它指示的是缺乏控制的状态。而且对于 p 控制图来说，在前面介绍的 6 个关于失控点的规则都可以应用。为了这样做，我们需要计算 A、B、C 区域的界限。

回忆一下前面的介绍，每一区域的宽度是一个标准差，或者是上控制限和中心线之间距离的 1/3，因此 B 区域和 C 区域的界限是在中心线一侧的一个标准差处。在这里，通过从中心线 $\overline{P}$ 加上或者减去 $\sqrt{\overline{p}(1-\overline{p})/n}$ 得到

$$\sqrt{\frac{\overline{p}(1-\overline{p})}{n}}=\sqrt{\frac{0.061\times(1-0.061)}{n}}=0.024$$

因此 　　　B 和 C 的上区域界限 $=\overline{p}+\sqrt{\dfrac{\overline{p}(1-\overline{p})}{n}}$ 　　　(5-4)

在例子中这个值为

$$0.061+0.024=0.085$$

B 和 C 的下区域界限 $=\overline{p}-\sqrt{\dfrac{\overline{p}(1-\overline{p})}{n}}$ 　　　(5-5)

在例子中这个值为

$$0.061-0.024=0.037$$

通过从中心线 $\overline{p}$ 中加上或者减去 2 倍的标准差，分别可以得到区域 A 和区域 B 的上界限和下界限

A 和 B 的上区域界限 $=\overline{p}+2\sqrt{\dfrac{\overline{p}(1-\overline{p})}{n}}$ 　　　(5-6)

A 和 B 的下区域界限 $=\overline{p}-2\sqrt{\dfrac{\overline{p}(1-\overline{p})}{n}}$ 　　　(5-7)

应用在例子中得到

$0.061+2\times0.024=0.109$ 和 $0.061-2\times0.024=0.013$

2. np 控制图

np 控制图与 p 控制图有相同的作用，不同的是 np 控制图用来控制拥有相同特征的单位数目而不是比率，而且 np 控制图只适用于常数子组。

如果数据看起来像计数点而不是比例，那么分类数据很容易理解，尤其是当属性控制图用来说明制图制作过程时，一些人不愿意处理分数，更愿意处理诸如缺陷数这样的整个数据。

np 值就是子组中拥有特殊特征的单位数量，例如缺陷单位的数量。传统上 np 控制图只是用在子组容量是恒定的时候，做法如同常量子组容量时的 p 控制图一样，在这种情况

下两种控制图可以互换。

与 p 控制图一样，对于一个稳定的过程数据分成两组，建议每一个单位拥有大概相同的概率落在其中任何一个类目中。在一系列固定容量 n 的子组里，不合格品的预计数字和平均值是 $n\bar{p}$，标准差是 $\sqrt{n\bar{p}(1-\bar{p})}$，这样就可以建立 np 控制图了。

建立 np 控制图收集的数据是一系列整数，每一个代表着在子组中不合格品（或者合格品）的数目。中心线、控制限和区域界限的计算方法同常量子组容量的 P 控制图是一样的。

中心线是每个子组中的整个不合格品（或者合格品）数据的平均值。对于之前讨论过的陶瓷进口商（数据见表 5-4），在 30 个子组中有 183 个裂缝或者破损的瓷砖，这代表着每天的平均值是 183/30＝6.1 个瓷砖。

表 5-4 每日破损瓷砖

日期	样本容量	破损数目	比例	日期	样本容量	破损数目	比例
1	100	14	0.14	17	100	8	0.08
2	100	2	0.02	18	100	4	0.04
3	100	11	0.11	19	100	2	0.02
4	100	4	0.04	20	100	5	0.05
5	100	9	0.09	21	100	5	0.05
6	100	7	0.07	22	100	7	0.07
7	100	4	0.04	23	100	9	0.09
8	100	6	0.06	24	100	1	0.01
9	100	3	0.03	25	100	3	0.03
10	100	2	0.02	26	100	12	0.12
11	100	3	0.03	27	100	9	0.09
12	100	8	0.08	28	100	3	0.03
13	100	4	0.04	29	100	6	0.06
14	100	15	0.15	30	100	9	0.09
15	100	5	0.05	总计	3000	183	
16	100	3	0.03				

$$\mathrm{CL}(np)=n\bar{p}=100\times\left[\frac{183}{3000}\right]=6.100$$

标准差为

$$\sqrt{n\bar{P}(1-\bar{P})}=\sqrt{100\times0.061\times(1-0.061)}=2.393$$

从中心线中加上或者减去 3 倍的标准差，分别得到上下控制限

$$\mathrm{UCL}(np)=n\bar{p}+3\sqrt{n\bar{P}(1-\bar{P})}$$

对于瓷砖进口商来说，这些值为

$$\mathrm{UCL}(np)=100\times0.061+3\sqrt{100\times0.061\times(1-0.061)}=13.280$$

$$\mathrm{LCL}(np)=100\times0.061-3\sqrt{100\times0.061\times(1-0.061)}=-1.080$$

因为 LCL 是负值，负值是没有意义的，用 O 来代替。

对于 p 控制图来说，B 区域和 C 区域的上下控制界限是通过中心线加上和减去一个标准差得到的，对于 $n\bar{p}$，有

$$\text{B 和 C 的上区域界限}=n\bar{p}+\sqrt{n\bar{p}(1-\bar{p})} \tag{5-8}$$

$$\text{B 和 C 的下区域界限}=n\bar{p}-\sqrt{n\bar{p}(1-\bar{p})} \tag{5-9}$$

这个例子中的 B 和 C 的上区域界限为

$$6.1+\sqrt{100\times0.061\times(1-0.061)}=8.493$$

$$6.1-\sqrt{100\times0.061\times(1-0.061)}=3.707$$

A 区域和 B 区域的上下区域界限通过中心线加上和减去 2 倍的标准差得到,对于 $n\bar{p}$,有

$$\text{A 和 B 的上下区域界限}=n\bar{p}+2\sqrt{n\bar{p}(1-\bar{p})} \qquad (5\text{-}10)$$

$$\text{A 和 B 的上下区域界限}=n\bar{p}-2\sqrt{n\bar{p}(1-\bar{p})} \qquad (5\text{-}11)$$

这个例子的结果为

$$6.1+2\sqrt{100\times0.061\times(1-0.061)}=10.887$$

$$6.1-2\sqrt{100\times0.061\times(1-0.061)}=1.313$$

当每一个单位都可以划分为合格或者不合格品时(或者是否具有显著特征),适合应用计件值控制图。从过程产出中挑选 n 个样本,这 n 个样本单位组成一个子组。

① 每一个单位必须可分类,要么具有显著特征,要么没有。例如,子组中的每一个单位可以分类为残品和非残品、合格品和不合格品。这些具有显著特征的单位的数量称为 X 点。

② 假设每一个单位是否具有显著特征是固定的。

③ 在给定的机会域中,一个既定具有显著特征的单位是独立的,它与其他单位是否具有显著特征没有关系。

如果数据满足这些条件,我们就可以使用 p 控制图或者 np 控制图,但是我们必须谨慎以免不正确地使用这些控制图。

在建立计件值控制图时,要有以下的步骤。

(1)计划

① 必须指定要应用控制图来检查的这个过程并为检查制定流程图;

② 必须明确控制图的目的;

③ 必须精心挑选和定义控制图的特征值;

④ 必须为子组的选择确定样式、容量和频数;

⑤ 必须确定图的类型(例如控制图或者 np 控制图);

⑥ 必须确定记录和创建控制图的表格。

(2)执行

① 数据必须要么人工记录在控制图上,要么用电脑记录在 Minitab 工作表中,运用 Minitab 来建立属性控制图;

② 必须计算每一个子组的特征单位的分数,要么人工,要么用 Minitab 软件;

③ 必须计算平均值,要么人工,要么用 Minitab 软件;

④ 必须计算控制限和区域界限并标注在控制图上,要么人工,要么用 Minitab 软件

⑤ 必须填充数据点到控制图上,要么人工,要么用 Minitab 软件。

(3)研究

① 为了得到缺少控制而带来的迹象,控制图必须经过检查,要么人工,要么用 Minitab 软件中"检验"命令;

② 控制图的所有方面都必须定期回顾并在需要时做合适的修改。

（4）行动

① 行动是为了通过降低带来偏差的任何可能因素使得进程在控制之下；

② 用行动来减少造成一般偏差的因素以达到无止境过程改进的目的；

③ 与实际的过程性能相比较，必须检查既定的规格标准；

④ 通过返回到计划阶段，控制图的目的必须重新审议。

二、计点值控制图

1. c 控制图

c 控制图用来控制恒定机会域中一个特征单位发生的次数。恒定的机会域中用来建立控制图的每一个子组都具有让特征单位产生相同的区域或者点数。例如，空调的缺陷数、某个工厂每个工作周的事故数和某个城市每周的死亡数，这些都是为了目标特征单位的发生提供了一个大概的恒定的机会域，这些机会域就是子组。

在大小上恒定的机会域要比变化的机会域容易管理，就像是常量子组容量的 p 控制图比变量子组容量的控制图容易管理一样。恒定的机会域可能是类似电视机的某个特殊样式的单位，一个特殊类型的医院病房，一个电路板，一张订购单，一个飞机座舱盖，$5m^2$ 的纸板，或者 5m 的电线。对于一个机会域来说当所有的条件都满足后，并且当子组容量保持恒定之后，开始使用 c 控制图。

机会域中的事件数目记作 c，即每一个机会域的计数点。连续的 c 值的次序按时间排列起来以备建立控制图。

考察的事件平均值就是控制图的中心线。中心线的计算公式为

$$\text{CL}(c) = \bar{c} = \text{所观察事件的总数／机会域的数目} \tag{5-12}$$

标准差是平均值的平方根 $\sqrt{\bar{c}}$。从中心线中加上或减去 3 倍标准差就得到上下控制限，因此

$$\begin{cases} \text{UCL}(c) = \bar{c} + 3\sqrt{\bar{c}} \\ \text{LCL}(c) = \bar{c} - 3\sqrt{\bar{c}} \end{cases} \tag{5-13}$$

（1）计数、控制限和区域

如同我们看到的 p 控制图和 np 控制图一样，当一个过程处于控制状态时，几乎没有任何点落在控制限之外。因此，当一个点落在控制限之外时我们会把它认为是一个缺乏控制的一个指示点并采取适当措施。当计算得到的下控制限是负值时，我们把 0 作为下控制限。这是因为如同 p 控制图和 np 控制图中事件的负值（例如一台收音机上有 -3 个缺陷）是没有意义的。

现在，考虑一家企业决定使用 c 控制图来追踪记录每天接到的关于某个特定产品信息的电话咨询数量。每一天代表着一个机会域。经过 30 天，接到了 1206 个电话咨询。平均每天 40.2 个，这个值就是 $\bar{c}$，运用式（5-13）可以得到上下控制限

$$\text{UCL}(c) = 40.2 + 3\sqrt{40.2} = 59.2$$

$$\text{LCL}(c) = 40.2 - 3\sqrt{40.2} = 21.2$$

发生在一个机会域中的实际计点总是整数，因此 59 这个点在控制限之内，而 60 这个点

超出了 UCL。从中心线加上或者减去 1 倍和 2 倍的标准差就分别得到区域 A、B、C 的区域界限。它们是

$$B 和 C 的下区域界限 = 40.2 - \sqrt{40.2} = 33.9$$
$$A 和 B 的下区域界限 = 40.2 - 2\sqrt{40.2} = 27.5$$
$$A 和 B 的上区域界限 = 40.2 + 2\sqrt{40.2} = 52.9$$
$$B 和 C 的上区域界限 = 40.2 + \sqrt{40.2} = 46.5$$

因为实际计点是整数，观测值落在区域中的情况如表 5-5 所示。

表 5-5　观测值落在区域中的情况（一）

区域	计点	区域	计点
上区域 A	53,54,55,56,57,58,59	下区域 C	34,35,36,37,38,39,40
上区域 B	47,48,49,50,51,52	下区域 B	28,29,30,31,32,33
上区域 C	41,42,43,44,45,46	下区域 A	22,23,24,25,26,27

每个区域包含一个合理的整数，可使用的大小上非常接近。但是如果过程平均值是 $\bar{c} = 2.4$ 的话，那么考虑一下所遇到的问题。得到

$$UCL(c) = 2.4 + 3\sqrt{2.4} = 7.0$$
$$LCL(c) = 2.4 - 3\sqrt{2.4} = -2.2（用 0 值）$$
$$B 和 C 的下区域界限 = 2.4 - \sqrt{2.4} = 0.9$$
$$A 和 B 的下区域界限 = 2.4 - 2\sqrt{2.4} = -0.7$$
$$A 和 B 的上区域界限 = 2.4 + 2\sqrt{2.4} = 5.5$$
$$B 和 C 的上区域界限 = 2.4 + 2\sqrt{2.4} = 3.9$$

像以前一样，因为计点是整数，观察值落在区域中的情况如表 5-6 所示。

表 5-6　观察值落在区域中的情况（二）

区域	计点	区域	计点
上区域 A	6,7	下区域 C	1,2
上区域 B	4,5	下区域 B	0
上区域 C	3	下区域 A	0

这些区域太过狭小，它们是没有实际意义的。例如上区域 C 只有一个可能的计数点 3。当平均计数点很小时，我们一般不用区域来寻找缺乏控制的指示点，而是集中考虑超出控制限的点，中心线上下点的趋势，在数据中跑上跑下的点作为缺乏稳定的指示点。在中心线以下 A、B、C 区域的使用没有实际的意义，中心线的确切值的确定需要有关过程的熟练知识和经验。凭经验来说，区域界限不应该用在那些平均计数点数小于 20.0 的 c 控制图中。再强调一下，没有知识和经验的替代品能够解决这件事。然而，随着观测值的减少，必须使用计量值控制图来进一步进行过程改进。

而且，当平均值很小时，需要很大的机会域来检测瑕疵。通过使用控制图将会很自然地进行质量改进。当需要用来寻找瑕疵的机会域变得不可接受时，属性控制图应该被抛弃转而使用计量值控制图，这经常用来解决 c 值很小的问题，同时这也是质量意识的另

一个阶段。

（2）建立 c 控制图：一个例子

以造纸厂生产线为例，生产流程的最终产品是纸张，并且纸张被线轴卷成一卷，一卷纸是一个产品，称作卷轴。纸张的产品质量检测就是检查每卷纸的缺陷数，检查了 25 卷纸的检测数据见表 5-7。

表 5-7　25 卷纸的缺陷数

卷数	缺陷数	卷数	缺陷数	卷数	缺陷数
1	4	10	6	19	3
2	5	11	6	20	7
3	5	12	7	21	4
4	10	13	11	22	8
5	6	14	9	23	7
6	4	15	1	24	9
7	5	16	1	25	7
8	6	17	6	总计	150
9	3	18	10		

从纸张缺陷产生来看，有足够多的卷轴连续生产出来，缺陷的产生是彼此独立的离散事件，因此可以用 c 控制图。

这个例子中，每一个卷轴的平均缺陷数为

$$CL(c) = \bar{c} = \frac{150}{25} = 6.00$$

标准差是 $\sqrt{6.00} = 2.45$。

应用式（5-13）计算出上下控制限

$$UCL(c) = 6.00 + 3 \times 2.45 = 13.35$$
$$LCL(c) = 6.00 - 3 \times 2.45 = -1.35（使用 0.00）$$

（3）小平均计数

c 控制图是很有用处的，但是当平均计点数很小的时候，作为计点出现的数据往往会很不对称。这将会导致调整过度（错误警报）或者调整不足（灵敏度不足）。

错误警报的表现是过程不存在特殊变异时控制图却指示过程存在特殊变异，通常这些指示是控制图中超过控制限的一些点。错误警报会导致一个稳定的过程发生动摇。工人们找出特殊变异的变异源进行原本不需要修改的修改，他们调整过程来消除不存在的特殊变异源，这将导致这个过程陷入混乱状态。而且错误警报会使工人们士气受挫，因为他们会认为他们付出了很多的努力却没有使过程改进。

在一些情况下，计算出的控制限可能不能够为指示某个特殊的变异源提供足够的敏感度，这将会导致丢失一次改进过程的机会。

为了避免上述两个问题，我们为 c 控制限设定了固定控制限，有时候也称为概率控制限。这些固定控制限为区别平均计数点小于 20 时的特殊变异和一般变异提供了很好的有效准则。表 5-8 给出了可以用在平均计数点数小于 20 的上下控制限的数值。

表 5-8　使用固定控制限的控制图

过程平均值	LCL	UCL	过程平均值	LCL	UCL
0～0.1	0	1.5	9.6～10.35	2.5	19.5
0.11～0.33	0	2.5	10.35～10.97	2.5	20.5
0.34～0.67	0	3.5	10.98～11.06	3.5	20.5
0.68～1.07	0	4.5	11.07～11.79	3.5	21.5
1.08～1.53	0	5.5	11.8～12.52	3.5	22.5
1.54～2.03	0	6.5	12.53～12.59	3.5	23.5
2.04～2.57	0	7.5	12.60～13.25	4.5	23.5
2.58～3.13	0	8.5	13.26～13.99	4.5	24.5
3.14～3.71	0	9.5	14.00～14.14	4.5	25.5
3.72～4.32	0	10.5	14.15～14.74	5.5	25.5
4.33～4.94	0	11.5	14.75～15.49	5.5	26.5
4.95～5.29	0	12.5	15.50～15.65	5.5	27.5
5.30～5.58	0.5	12.5	15.66～16.24	6.5	27.5
5.59～6.23	0.5	13.5	16.25～17.00	6.5	28.5
6.24～6.89	0.5	14.5	17.01～17.13	6.5	29.5
6.90～7.43	0.5	15.5	17.14～17.76	7.5	29.5
7.44～7.56	1.5	15.5	17.77～18.53	7.5	30.5
7.58～8.25	1.5	16.5	18.54～18.57	7.5	31.5
8.26～8.94	1.5	17.5	18.58～19.36	8.5	31.5
8.95～9.27	1.5	18.5	19.37～20.00	8.5	32.5
9.28～9.64	2.5	18.5			

在纸卷的例子中，中心线是 6.00，因此对于 c 控制图的应用控制限来自表 5-8 比较合适。因为 6.00 在 5.59～6.23 范围中，上下控制限的值分别取 13.5 和 0.5，这些值用来画 c 控制图。

值得注意的是，这些控制限几乎与运用式（5-13）计算出来的控制限一样：13.35 和 0.00。一般来说，因为时间值是一个整数，这两个控制图都可以找出相同的缺乏控制的指示点。在这个特例中控制图结果是相似的，但是使用固定控制限时计点 0 指示了缺乏控制，而使用 3σ 的控制限 0 点却不指示缺乏控制。

因为运用控制线公式计算出来的控制限和使用表 5-8 计算出来的控制限是类似的，一些使用者就会忽略这些表值，这很常见。然而这样做的危害是当平均计数点很小时，3σ 控制限会导致错误的指示点或者说不能为缺乏控制现象提供信号，这将导致对过程调整过度或者调整不足，其内部或者本身会使过程变得失控，或者导致那部分寻找根本不存在的特殊变异源的工人感到灰心丧气。

在处理 c 控制图时要特别注意：负责确定瑕疵数目的人必须对瑕疵的定义了如指掌。确定瑕疵的个人必须通过培训来理解过程的实质，如果不能够做到这样，一些被指定为下瑕疵的瑕疵并不一定就是瑕疵，一些真正的瑕疵可能会被忽略，因此瑕疵发生观测的独立性将会被损坏。这样，将会导致违背 c 控制图的根本假设的后果，要么产生一系列的错误警报，要么产生未能测出的失控行为。

（4）稳定一个过程：一个例子

一个洗衣机制造商通过检测产成品的缺陷数来发现生产过程中的质量问题，表 5-9 列示了 24 台机器上的缺陷数。

表 5-9　24 台机器上的缺陷数

机器号	缺陷数	机器号	缺陷数	机器号	缺陷数
1	62	10	71	19	70
2	60	11	43	20	18
3	36	12	39	21	44
4	39	13	51	22	20
5	36	14	75	23	18
6	47	15	49	24	26
7	33	16	52	总计	1100
8	32	17	62		
9	74	18	43		

控制图的中心限是 $\bar{c} = 1100/24 = 45.8$

应用式（5-2）和式（5-3）得到控制限：

$$LCL(c) = 45.8 - 3\sqrt{45.8} = 25.5$$

$$UCL(c) = 45.8 + 3\sqrt{45.8} = 66.1$$

过程不在控制状态，存在特殊的变异源。我们假设当地的操作员对最终的检查结果是负责任的，那么 9、10、14、19、20、22、23 这些点表示的特殊变异源被确定并采取相应的改进措施。当变异源清除后，相应的数据也从数据库删除，中心线和控制限计算如下：

$$\bar{c} = \frac{754}{17} = 44.4$$

$$LCL(c) = 44.4 - 3\sqrt{44.4} = 24.4$$

$$UCL(c) = 44.4 + 3\sqrt{44.4} = 66.1$$

应用新的控制限在另外 24 台机器中，表 5-10 列示了这些数据。

表 5-10　另外 24 台机器上的缺陷数

机器号	缺陷数	机器号	缺陷数	机器号	缺陷数
25	21	33	39	41	26
26	18	34	39	42	37
27	7	35	34	43	26
28	12	36	39	44	29
29	18	37	46	45	31
30	32	38	31	46	34
31	32	39	42	47	36
32	37	40	44	48	40

对于另外 24 台机器前 5 个数据点正好在控制下限之下。通过当地操作员的调查，发现这 5 台机器上的缺陷是由一个员工替代常规检查员计数的。这位员工没有进行严格的训练，不能够正确地辨别所有的缺陷数。操作员报告了管理层，管理层在政策上做出恰当的改变，这种情况就不再发生了，这些数据点现在可以从数据库中消除了。从机器数计点 30 开始，其后所有的点都在过程平均值之下，当地操作员决定要改变过程，于是需要从计点 30 开始建立一个修订的控制图。

2. u 控制图

u 控制图和 c 控制图的基本作用是一样的，但是 u 控制图经子机会域一般用于子组与子组之间会变化的时候。例如，检查从纸卷中挑选出污损纸张的面积的变化，或者货车运输的物件的变化对车身的损坏程度。

在很多的实际操作中，机会域的大小是变化的。一般当机会域保持恒定时建立和说明控制图是比较容易的，但是随着时间的变化，变异是在所难免的。例如，从卷纸中取下样本时可能需要人工从滚子上扯下来，以至于除去样本的机会域可能会改变。热传导器的无缝焊接的机会域会变化，主要取决于不同单位的焊接的长度和总数。一篇文章单词输入错误的数目的机会域随着文章的长度发生改变。当机会域变化时，最适合应用 u 控制图。

u 控制图和 c 控制图相类似的地方是，它们都是计量事件数目的控制图。例如在一个给定机会域上不合格品的数目。它们最根本的差异是，在建立 c 控制图时机会域在观测值之间保持恒定，然而对 u 控制图无须这样。u 控制图认为事件的数目（例如瑕疵或者其他的缺陷）是事件的发生所在的机会域总体比例的大小，尽管不同的观测值会有不同的机会域。

控制图的特征值 u 是事件数目和事件发生所在的机会域的比值。对于观测值 i，我们称事件数（如瑕疵数）为观测值 c_i，机会域是 a_i，因此 u_i 就是每个点的比值：

$$u_i = \frac{c_i}{a_i} \tag{5-14}$$

所有 u_i 的平均值 $\bar{u}$ 控制图的中心线

$$中心线(u_i) = \bar{u} = \frac{\sum u_i}{\sum a_i} \tag{5-15}$$

控制限位于每一个子组的中心线两侧的 3 倍标准差处。标准差由 u 的平均值除以子组机会域的值的平方根得出，即 $\sqrt{\bar{u}/a_i}$。因为子组之间的机会域在发生变化，标准差也在发生变化。这导致了控制限在子组之间也发生改变。

$$\begin{cases} LCL(u) = \bar{u} - 3\sqrt{\dfrac{\bar{u}}{a_i}} \\[3mm] UCL(u) = \bar{u} + 3\sqrt{\dfrac{\bar{u}}{a_i}} \end{cases} \tag{5-16}$$

当下控制限是负值时，用 0.00 代替。

建立一个 u 控制图：一个例子

考虑制造一定等级塑料产品的制造商的例子。塑料产品从滚卷上生产出来，每天取 5 次样本。因为过程的属性，每个样本的平方米在样本之间变化很大。因此，在这里使用 u 控制图。表 5-11 是对过去 30 次抽样的缺陷数的数据 c_i，应用式（5-14）计算每 $100m^2$ 中的缺陷数。

表 5-11　塑料卷的缺陷数

检查数	面积	机会域($100m^2$)a_i	缺陷数 c_i	100 平方米内的缺陷数 u_i
1	200	2.00	5	2.50
2	250	2.50	7	2.80
3	100	1.00	3	3.00
4	90	0.90	2	2.22
5	120	1.20	4	3.33
6	80	0.80	1	1.25

续表

检查数	面积	机会域(100m²)a_i	缺陷数 c_i	100 平方米内的缺陷数 u_i
7	200	2.00	10	5.00
8	220	2.20	5	2.27
9	140	1.40	4	2.86
10	80	0.80	2	2.50
11	170	1.70	1	0.59
12	90	0.90	2	2.22
13	200	2.00	5	2.50
14	250	2.50	12	4.80
15	230	2.30	4	1.74
16	180	1.80	4	2.22
17	80	0.80	1	1.25
18	100	1.00	2	2.00
19	140	1.40	3	2.14
20	120	1.20	4	3.33
21	250	2.50	2	0.80
22	130	1.30	3	2.31
23	220	2.20	1	0.45
24	200	2.00	5	2.50
25	100	1.00	2	4.80
26	160	1.60	4	1.25
27	250	2.50	12	4.80
28	80	0.80	1	1.25
29	150	1.50	5	3.33
30	210	2.10	4	1.90
总计	4790	$\sum a_i = 47.90$	$\sum c_i = 120$	

使用式（5-15）得到中心线：

$$中心线（u）＝缺陷的平均数/100＝\bar{u}＝\frac{120}{47.90}＝2.51$$

每一个子组的控制限是不同的，控制限必须用式（5-16）来对每一个子组分别逐个计算。表 5-12 为计算结果。

表 5-12 塑料卷缺陷的控制限

检查数 i	检查单位数 a_i	LCL	UCL
1	2.0	0	5.9
2	2.5	0	5.5
3	1.0	0	7.3
4	0.9	0	7.5
5	1.2	0	6.8
6	0.8	0	7.8
7	2.0	0	5.9
8	2.2	0	5.7
9	1.4	0	6.5
10	0.8	0	7.8
11	1.7	0	6.2
12	0.9	0	7.5
13	2.0	0	5.9
14	2.5	0	5.5

续表

检查数 i	检查单位数 a_i	LCL	UCL
15	2.3	0	5.6
16	1.8	0	6.1
17	0.8	0	7.8
18	1.0	0	7.3
19	1.4	0	6.5
20	1.2	0	6.8
21	2.5	0	5.5
22	1.3	0	6.7
23	2.2	0	5.7
24	2.0	0	5.9
25	1.0	0	7.3
26	1.6	0	6.3
27	2.5	0	5.5
28	0.8	0	7.8
29	1.5	0	6.4
30	2.1	0	5.8

对于 u 控制图人工计算区域界限会很烦琐，然而 Minitab 软件可以很简单地融合这些区域界限。

第三节

变量控制图

变量（度量）数据包括重量、长度、宽度、高度、时间、温度和电阻等这些数字量度。计数值数据只是把过程的产生划分为合格和不合格，或把缺陷进行计数，变量数据比计数值数据包含更多的信息。而且，因为变量控制图处理量度本身，所以它们并不掩盖有价值的信息，因而比计数值控制图功能更加强大。变量控制图使用数据中包含所有的信息，仅这一点就使得在有选择的情况下会更倾向于使用变量控制图。

变量控制图有三种类型：均值-极差控制图、均值-标准差控制图、单值-移动极差控制图。

一、均值-极差控制图

顾名思义，均值和极差控制图使用极差 R 来描述过程变异性和子组平均数来描述过程定位性。稳定过程产生于可以进行预期的子组，这样我们可以建立一个均值和极差控制图。均值和极差这两个特征可以通过相对简单的程序进行估计。对均值和 R 标准差的估计需要用到平均极差 $\overline{R}$。这不仅简化了估计过程，而且对怎样建立控制图和怎样进行分析产生了直接的影响。

二、均值-标准差控制图

均值和标准差控制图与均值和极差控制图两者是非常类似的，都提供了相同的一组信息，但是当子组包含的观察值在 10 个以及 10 个以上的时候使用均值和标准差控制图。

标准差一般比极差要小，使用较小的标准差要比花费很大来使用较大的子组容量和运用更复杂的计算来得值。均值和标准差控制图在较大的子组容量时使用，但大的子组容量并不是必要的。一个原因是标准差跟极差比较在总体标准差上并不是稳健的估计量，因为在总体形态上极差比标准差更容易转换。对于子组容量小于 10 的子组，极差是一个估计标准差的合理的统计量。而且极差比标准差更容易计算，这使得极差在很多的情况下更有优势。因此，当子组容量很小时，把极差用作是 σ 的估计值。当子组容量大于 10 时，一般使用标准差，因为随着子组容量的增大，标准差变成 σ 的一个统计上有效的估计量。当子组容量增大时，遇见极值的可能性增大，因此受数据中的极值影响较小的标准差优于极差变成 σ 的估计值。

之前更加倾向于使用极差是因为极差比子组的标准差更容易计算。随着软件使用的增加，避免进行烦琐计算的需要变得没有必要，勉强使用均值和标准差控制图的事情也不复存在。

三、单值-移动极差控制图

在制作控制图时遇到只有一个变量值可以定期观察的情形并不常见，可能测量需要相对较长的时间间隔，或者测量是具有破坏性的和昂贵的，或者可能他们代表的是一批产品，在这批产品中只有一个测量是合适的，例如单相化学处理过程的总体产出。无论什么情况，总会存在某些因素使得数据只能单个整体进行测量而不方便划分成子组。

单值和移动极差控制图有两个部分：一部分记录过程变异性；另一部分记录单个测量的过程平均值。这两部分一前一后使用有点像在 $\bar{x}$ 和 R 控制图中一样。在变异行的部分首先要确定稳定性，因为过程变异性的估计值是计算记录过程平均值的控制图中控制限的基础。

对变量的单一测量可以看作子组容量是 1。因此，在子组之间没有变异性，过程变异性的估计必须使用其他的方法，变异性的估计值是基于一系列的单一数值的点对点的变异，这个变异是通过移动极差进行测量的：

$$R = |x_i - x_{i-1}| \tag{5-17}$$

在单值和移动极差控制图中的移动极差部分估计值得使用移动极差的均值作为中心线，并把它作为整个过程变异估计值的基准：

$$\mathrm{CL}(移动极差) = R = \sum R / (k-1) \tag{5-18}$$

这里 k 指单个测量的数目。由于在第一个子组之前没有子组，第一个子组的移动极差不可能进行计算，只有 $k-1$ 的测量范围，因此 R 值的总和要除以 $(k-1)$。

子组极差的平均值由 $R = d_2\sigma$ 给出，标准差由 $\sigma_R = d_3\sigma$ 得出，在这里 σ 是过程的标准差。随后过程变异又应用到为控制图的移动极差部分的单值部分计算 3σ 控制限上。极差的控制限为

$$\mathrm{ULC}(移动极差) = D_4\overline{R} \tag{5-19}$$

$$\mathrm{LCL}(移动极差) = D_3\overline{R} \tag{5-20}$$

对于控制图的单值部分，中心线是单个测量值的平均值。通过加减 3 倍的单个测量值的标准差得到，标准差用 R/d_2 来估计

$$\mathrm{CL}(x) = \bar{x} = \sum x / k \tag{5-21}$$

$$\text{UCL}(x) = \bar{x} + 3(\bar{R}/d_2) \tag{5-22}$$

使用因子 E_2 来代替 $3/d_2$，那么控制上限的表达式变为

$$\text{UCL}(x) = \bar{x} + E_2\bar{R} \tag{5-23}$$

在这里 E_2 决定于子组容量的大小，可以在附录的控制图系数表中找到。这个例子中容量是 2，因为我们使用 2 个测量值来计算每一个移动极差值。于是

$$E_2 = 2.66$$

$$\text{UCL}(x) = \bar{x} + 2.66\bar{R} \tag{5-24}$$

类似地，下控制限这样得到

$$\text{LCL}(x) = \bar{x} - 2.66\bar{R} \tag{5-25}$$

第四节

工序能力测定与分析

一、工序能力的计算公式

工序能力是指工序处于控制状态下的实际加工能力，也即人员、机械设备、材料、方法、环境、测试等质量因素充分标准化，处于稳定状态下，工序所表现出来的保证工序质量的能力。工序能力取决于人、机、料、法、环、测试等质量因素，而与公差无关。工序能力是工序的固有属性。

从定量的角度看，工序能力就是在诸如因素处于控制状态下，工序所加工产品的质量特性值的波动幅度（分散性）。通常用标准偏差 σ 的 6 倍来表示工序能力的大小。即工序能力 PC $= 6\sigma$，σ 为工序的标准差。

研究表明，当工序处于控制状态时，工序质量特性值有 99.73% 落在 $\mu \pm 3\sigma$ 的范围内（μ 为总体均值），故 6σ 近似表示工序质量特征值的全部波动范围。

工序能力指数是表示工序能力满足工序质量标准（公差、工序质量规格）要求程度的量值。实际上是指过程结果质量要求的程度。

工序能力指数 C_p 表达式有以下三种情况：

1. 双向公差要求，μ 与 M 重合

如图 5-11 所示。有双向公差要求，而且 μ 与 M 重合。此时，工序能力指数的计算公式为

$$C_p = \frac{T}{6\sigma} = \frac{T_U - T_L}{6S} \tag{5-26}$$

式中，T 为公差幅度；T_U 为公差上限；T_L 为公差下限；σ 为总体标准差（实际中，用样本标准差 S 来估计）。

2. 双向公差要求，μ 与 M 不重合

如图 5-12 所示，有双向公差要求，而且 μ 与 M 不重合。此时，工序能力指数的计算公式为

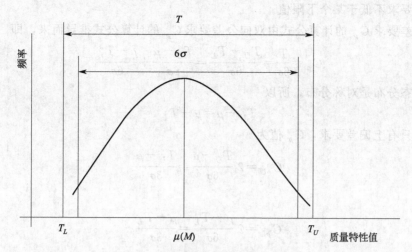

图 5-11　双向公差要求，μ 与 M 重合

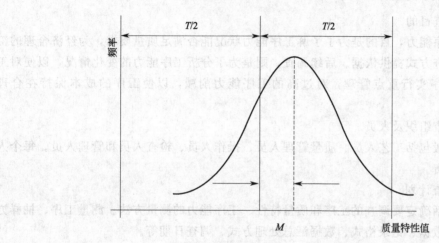

图 5-12　双向公差要求，μ 与 M 不重合

$$C_{pk} = C_p(1-k) \tag{5-27}$$

式中，k 称为相对偏移系数，计算公式为

$$k = \frac{|M-\mu|}{T/2} = \frac{E}{T/2} \tag{5-28}$$

式中，E 为偏移量。

实际中，常用 $\bar{x}$ 来估计 μ。

C_{pk} 的管理含义是：即使加工精度保持不变，当 μ 与 M 不重合时工序能力也会下降，偏差越大，工序能力越小。所以，在实际质量管理中，不但要控制加工精度，还要尽可能地把加工中心保持在一定的范围内。

3. 单向公差要求

在某些情况下，对产品质量只有上限要求，例如噪声，形位公差（同心度、平行度、垂直度、径向跳动等），原材料所含杂质等，只要规定一个上限就可以了；而在另一些情况下，对产品质量只有下限要求，例如机械工业产品的表面光洁度，机电产品的机械强度，寿命，可靠性等，要求不低于某个下限值。

单向公差要求 C_p 的计算公式由双向公差要求 C_p 的计算公式推导而来，即

$$C_p = \frac{T}{6\sigma} = \frac{T_U - T_L}{6\sigma} = \frac{T_U - \mu}{6\sigma} + \frac{\mu - T_L}{6\sigma} \qquad (5\text{-}29)$$

因为正态分布是对称分布，所以

$$T_U - \mu = \mu - T_L \qquad (5\text{-}30)$$

所以，只有上偏差要求，C_p 值为

$$C_{pU} = 2\frac{T_U - \mu}{6\sigma} = \frac{T_U - \mu}{3\sigma} \qquad (5\text{-}31)$$

同理得

$$C_{pL} = 2\frac{\mu - T_L}{6\sigma} = \frac{\mu - T_L}{3\sigma} \qquad (5\text{-}32)$$

二、工序能力调查

（1）明确调查目的

初次调查工序能力，目的是为了了解工序能力状况能否满足质量要求，为经济合理的工序设计、质量检查方式提供依据。后续调查，则是为了分析工序能力的变化情况，以便对工序能力较差的工序实行重点管理，对过高的工序能力削减，以使工序的成本保持在合理水平。

（2）确定调查组织及人员

调查人员一般包括工艺人员、质量管理人员、操作人员、检查人员和管理人员。每个人员均有明确的职责。

（3）制订调查计划

调查计划包括确定要调查的工序和质量特性、工序能力的测量方法、测量工序、抽样方法、样本大小、数据、记录格式、数据汇总处理方式、调查日期等。

（4）工序标准化

对被调查工序的设备、工装、材料、工作方法、操作者和工作现场布置等，作出具体的规定并实施管理。

（5）按标准实施

按标准实施就是严格按各项规定进行作业。

（6）数据收集

调查中抽取的样本数以 100～150 个为好，但至少不得少于 50 个。

（7）数据分析

运用数理统计方法（如直方图、控制图），对收集数据进行分析。

（8）判断

按照数据分析和制定的原则，判断所调查的工序是否处于受控状态。对达不到稳定状态的工序，则应找出原因，采取纠正和预防措施，使其达到并保持稳定状态，否则应该考虑修订标准。

（9）计算工序能力指数 C_p 值或 C_{pK}

C_p 是无偏移短期过程能力指数，C_{pK} 是有偏移短期过程能力指数。对大批量生产，可

计算 C_p 值；对其他生产类型，视需要和可能确定是否计算 C_p 值。

（10）处理

根据判断和分级进行处理，当工序能力充分或过于充分时，则采取相应措施，保持或工序能力；当工序能力不足时，想办法提高工序能力，并将取得的成果及正反两方面的经验教训纳入标准，实行标准化。

（11）写出调查报告

采用以上文字和图表的方式写出"工序能力调查报告"。

三、工序因素分析

对于工序能力调查中发现的工序能力不足的工序，都要进行工序因素分析。

工序因素分析就是要找出工序质量异常波动的主导因素，进而采取相应措施，消除异常，使工序处于稳定的受控状态。

工序因素分析步骤如下：

① 确定并解剖工序质量特性值的波动情况；

② 找出引起质量特性值波动的主导因素；

③ 对主导因素进行确认；

④ 制订控制主导因素的措施计划；

⑤ 实施控制措施并对其效果进行确认；

⑥ 将确认结果纳入文件，实施标准化管理。

工序因素分析中常用的表格是"工序质量分析表"。工序质量分析表是用来对需要控制的工序质量特性确定管理内容的，包括所要控制的因素、控制项目的界限、控制方法、检查方法及频次、责任者等内容。

在对主导因素进行确认后，就要着手编制必要的"工序质量分析表"。

必须注意的是，工序质量分析表直接指导生产，因此，要根据工序质量分析表中要控制的项目和要求，编制一系列各类指导现场生产用的文件。

主导因素是工序中对质量起支配作用的少数因素。主导因素取决于不同行业和不同产品。下列因素可能成为主导因素：

（1）定位装置为主导因素

如孔加工、注塑成型、五金冲压等工序，定位装置即为主导因素。如果定位装置正确，工作质量就符合标准，稳定且不随时间改变。

（2）机器设备为主导因素

在生产过程中，机器设备的技术完好的状态将随时间推移而产生磨损、升温（含机械和物理的），致使工序质量特性值发生变化。因此，对机器设备必须定期检查和调整。

（3）操作人员为主导因素

对于要求操作者有较高技艺或手工操作比重大的工序，操作人员的责任心和技能成为影响工序质量的关键因素。如电弧焊接、人工研磨、轧钢、喷漆、电子调谐、维修调整、检验、服务等工序工作，应通过强化质量意识、责任心、技能培训考核后颁布的等级证书等形式进行控制。

（4）原材料为主导因素

广义的原材料指原材料、零配件和元器件。对于装配、合成等工序，如机电设备、仪器仪表的装配，化工产品的合成，食品配制等，原材料对保证工序质量将起着主导作用。管理的重点在于坚持不合格原材料不投产，不合格元器件（零部件）不装配。

（5）信息为主导因素

这是指本工序质量取决于前道工序结果所传递的准确而及时的信息。如化工、纺织、冶金和轻工业中的酿酒、造纸等。控制重点是计量测试质量所提供的准确而及时的信息。

四、工序因素控制

1. 操作人员因素

凡是操作人员起主导作用的工序所生产的缺陷，一般可以由操作人员控制。

造成操作误差的主要原因有：质量意识差；操作时粗心大意；不遵守操作规程；操作技能低、技术不熟练以及由于工作简单重复而产生厌烦的情绪等。

防误和控制措施如下：

① 加强"质量第一、用户第一、下道工序是用户"的质量意识教育，建立健全质量责任制；

② 写明确详细的操作规程，加强工序专业培训，颁发操作合格证；

③ 加强检验工作，适当增加检验的频次；

④ 通过工种间的人员调整、丰富工作经验等方法，消除操作人员的厌烦情绪；

⑤ 广泛地开展 QCC（Quality Control Circle）品管圈活动，促进自我提高和自我改进能力。

2. 机械设备因素

主要控制措施有以下几点：

① 加强设备维护和保养，定期检查机器设备的关键进度和性能项目，并建立设备关键部位日点检制度，对工序至质量控制点的设备进行重点控制；

② 采取首个检验，核实定位或定量装置的调整量；

③ 尽可能地配置定位数据的自动显示和自动记录装置，减少对工人调整工作可依靠性的依赖。

3. 材料因素

主要控制措施有以下几点：

① 在原材料采购合同中明确规定质量要求；

② 加强原材料的进厂检验和场内自制零部件的工序和成品检验；

③ 合理选择供应商（包括"外协厂"）；

④ 搞好协作厂间的协作关系，督促、帮助供应商做好质量控制和质量保证工作。

4. 工艺方法因素

工艺方法包括工艺流程的安排、工艺之间的衔接、工序加工手段的选择（加工环境条件的选择、工艺装备配置的选择、工艺参数的选择）和工序加工的指导文件的编制（如工艺卡、操作流程、作业指导书、工序质量分析表等）。

工艺方法对工序质量的影响，主要来自两个方面：一是指定的加工方法、选择的工艺参数和工艺装备等的正确性和合理性；二是贯彻执行工艺方法的严肃性。

工艺方法的防误和控制措施如下：

① 保证定位装置的准确性，严格首件检验，并保证定位中心准确，防止加工特性值数据分布中心偏离规格中心；

② 加强技术业务培训，使操作人员熟悉定位装置的安装和调整方法，尽可能配制显示定位数据的装置；

③ 加强定型刀具或刃具的刃磨和管理，实行强制更换制度；

④ 积极推行控制图管理，以便随时采取措施调整；

⑤ 严肃工艺纪律，对贯彻执行操作规程进行措施调整；

⑥ 加强工具工装和计量器具管理，切实做好工装模具的周期检查和计量器具的周期校准工作。

5. 测量的因素

主要控制措施有以下几点：

① 确定测量任务及要求的准确度，选择适用的、具有所需准确度和精密度能力的测试设备；

② 定期对所有测量的试验设备进行确认、校准和调整；

③ 规定必要的校准规程。其内容包括设备类型、编号、地点、校验周期、校验方法、校验标准，以及发生问题时应采取的措施；

④ 保存校准记录；

⑤ 发现测量和试验设备未处于校准状态，立即评定以前的测量和试验结果有效性，并记入有关文件。

6. 环境的因素

所谓的环境，一般指生产现场的温度、湿度、噪声干扰、振动、照明、室内净化和现场污染程度等。

在确保产品对环境条件的特殊要求外，还要做好现场的整理、整顿和清扫工作，大力搞好清洁生产，为持久地生产优质产品创造条件。

五、提高工序能力指数的途径

1. 调整工序加工的分布中心，减少中心偏移量 ε

减少工序加工的中心偏移量有如下措施：

① 通过收集数据，进行统计分析，找出大量连续生产过程中由于工具磨损、加工条件随时间逐渐变化而产生偏移的规律，及时进行中心调整，或采取设备自动补偿偏移或刀具自动调整和补偿等；

② 根据中心偏移量，通过首件检验，可调整设备、刀具等的加工定位装置；

③ 改变操作者的孔加工偏向下差及轴加工偏向上差等的倾向性加工习惯，以规格中心值为加工依据；

④ 配制更为精确的量规，由量规检验改为量值检验，或采取高一等级的量具检测。

2. 提高工序能力，减少分散程度（即减少工序加工的标准排偏量）

提高工序能力、减少分散程度的措施有如下几点：

① 修订工序，改进工艺方法，修订操作规程，优化工艺参数，补充增添中间工序，推广用新材料、新工艺、新技术；

② 检修、改造或更新设备，改造、增添与公差要求相适应的精度较高的设备；

③ 增添工具工装，调高工具工装的精度；

④ 改变材料的进货周期，尽可能减少由于材料进货批次的不同而造成的质量波动；

⑤ 改造现有的现场环境条件，以满足产品对现场环境的特殊要求；

⑥ 对关键工序、特种工艺的操作者进行特殊培训；

⑦ 加强现场的质量控制。设置工序质量控制点或推行控制图管理，开展 QCC 品管圈活动，加强质检的工作。

3. 修订公差范围

修订公差范围，其前提条件是放宽公差范围不会影响产品质量。

在放宽公差范围不会影响产品质量这个前提下，可对不切实际的过高的公差要求进行修订，以提高工序能力。

应把减少中心偏移量作为提高工序能力指数的首要措施。只有当中心偏移量 $\varepsilon = 0$，而 C_p 值仍然小于 1 时，才考虑减少工序加工的分散程度或考虑是否有可能放宽公差的范围。

1. 质量控制图有几种类型？分别说明几种质量控制图的适用对象。

2. 根据正态分布曲线的性质说明分别发生第一类错误和第二类错误的原因。

3. 简述分析用控制图和控制用控制图的区别。

4. 变量控制图的类型及适用范围。

第六章

质量检验与抽样检验

质量检验概述

一、质量检验的概念

检验是（对某项实体）通过观察和判断，适当地结合测量、试验所进行的符合性评价。

质量检验就是对产品的一个或多个质量特性进行观察、测量、试验，并将结果和规定的质量要求进行比较，以确定每项质量特性合格情况的技术性检查活动。

质量检验的 5 个要点如下所示：

① 产品要满足顾客要求并符合法律法规的强制性规定，须对其技术性能、安全性能、互换性能及对环境和人身安全、健康影响的程度等多方面的要求作出规定，这些规定组成产品相应的质量特性。不同的产品会有不同的质量特性要求；同一产品的用途不同，其质量特性要求也会有所不同。

② 产品的质量特性要求一般都转化为具体的技术要求在产品技术标准和其他相关的产品设计图样、作业文件或检验规程中明确规定，成为质量检验的技术依据和检验后比较检验结果的基础。经对照比较，确定每项检验的特性是否符合标准和文件规定的要求。

③ 产品质量特性是在产品实现过程形成的，是由产品的原材料、构成产品的各个组成部分的质量决定的，并与产品实现过程的专业技术、人员水平、设备能力甚至环境条件密切相关。因此，需要从人、机、料、法、测、环等多方面进行控制和改进，同时还要对产品进行质量检验，判定产品的质量状态。

④ 质量检验是要对产品的一个或多个质量特性，通过物理的、化学的和其他科学技术手段和方法进行观察、试验、测量，取得证实产品质量的客观证据。因此，需要对测量设备和测量技术进行有效控制。

⑤ 质量检验的结果，要依据产品技术标准和相关的产品图样、过程（工艺）文件或检验规程的规定进行对比，确定每项质量特性是否合格，从而对单件产品或批产品质量进行判定。

二、质量检验的功能

（1）鉴别功能

根据技术标准、产品图样、作业（工艺）规程或订货合同的规定，采用相应的检测方法观察、试验、测量产品的质量特性，判定产品质量是否符合规定的要求，这是质量检验的鉴别功能。鉴别是"把关"的前提，鉴别可以判断产品质量是否合格。不进行鉴别就不能确定产品的质量状况，也就难以实现质量"把关"。鉴别主要由专职检验人员完成。

（2）"把关"功能

质量"把关"是质量检验最重要、最基本的功能。产品质量受人、机、料、法、测、环等多种因素影响存在波动，因此，必须通过严格的质量检验，剔除不合格品并予以"隔离"，实现不合格的原材料不投产，不合格的产品组成部分及中间产品不转序、不放行，不合格的成品不交付（销售、使用），严把质量关，实现"把关"功能。

（3）预防功能

检验的预防作用体现在以下几个方面：

① 通过产品检验验证过程是否受控，再进一步使用控制图有效控制过程来起预防作用；

② 通过过程（工序）作业的首检与巡检起预防作用；

③ 通过对原材料和外购件的进货检验以及对中间产品转序或入库前的检验，既起把关作用，又起预防作用。

（4）报告功能

为了使相关的管理部门及时掌握产品实现过程中的质量状况，评价和分析质量控制的有效性，把检验获取的数据和信息经汇总、整理、分析后写成报告，为质量控制、质量改进、质量考核以及管理层进行质量决策提供重要信息和依据。

三、质量检验的步骤

（1）检验的准备

① 熟悉检验标准和技术文件，确定测量的项目和量值；

② 确定检验方法，选择符合检验要求的计量器具和仪器设备；

③ 确定测量及试验条件、检验实物数量及抽样方案（批量）；

④ 将确定的检验方法和方案用技术文件形式作出书面规定，制定检验规程、检验指导书，或绘成图表形式的检验流程卡、工序检验卡等；

⑤ 对检验人员进行相关知识和技能的培训和考核。

（2）获取检测的样品

样品是检测的对象，质量特性客观存在于样品之中，排除其他因素的影响后，可以说样品就客观决定了检测结果。获取样品的途径有两种：一是送样；二是抽样。

（3）测量或试验

按检验方法和方案，对产品质量特性进行定量或定性的观察、测量、试验，得到需要的量值和结果。测量和试验前后，检验人员要确认检验仪器设备和被检物品试样状态正常，保证测量和试验数据的正确、有效。

（4）记录

对测量的条件、测量得到的量值和观察得到的技术状态用规范化的格式和要求予以记载或描述，作为客观的质量证据保存下来。质量检验记录是证实产品质量的证据，因此数据要客观、真实，字迹要清晰、整齐，不能随意涂改，需要更改的要按规定程序和要求办理。质量检验记录不仅要记录检验数据，还要记录检验日期、班次，由检验人员签名，便于质量追溯，明确质量责任。

（5）比较和判定

由专职人员将检验的结果与规定要求进行对照比较，确定每一项质量特性是否符合规定要求，从而判定被检验的产品是否合格。

（6）确认和处置

检验有关人员对检验的记录和判定的结果进行签字确认。对产品（单件或批）是否可以"接收""放行"做出处置。

① 对合格品准予放行，并及时转入下一作业过程（工序）或准予入库、交付（销售、使用）。对不合格品按其程度分别做出相应处置。

② 对批量产品，根据产品批质量情况和检验判定结果分别做出接收、拒收、复检处置。

第二节
抽样检验的基本原理

一、抽验检验的概念

按照规定的抽样方案，随机地从一批产品或一个生产过程中抽取少量个体（作为样本）进行的检验。

抽样检验的特点是：检验对象是一批产品根据抽样检验的结果应用统计原理推断产品批的接收与否。不过经检验的接收批中仍可能包含不合格品，不接收批中当然也包含合格品。

二、抽样检验的适用范围

① 破坏性检验，如产品的寿命试验等可靠性试验、材料的疲劳试验、零件的强度检验等。

② 批量很大，全数检验工作量很大的产品的检验，如螺钉、销钉、垫圈、电阻等。

③ 测量对象是散装或流程性材料，如煤炭、矿石、水泥、钢水，整卷钢板的检验等。

④ 其他不适用于使用全数检验或全数检验不经济的场合。

三、抽样检验的相关概念

① 单位产品。实施抽样检验而划分的单位体或单位量。单位产品应该根据检验目的来划分，如为检验饮料外包装的抗冲击性，可把一箱产品作为单位产品，对同样的饮料为检验产品是否包含有有害物质，就应该把一瓶饮料作为单位产品。

② 交检批。作为检验对象而汇集起来的一批产品。一个检验批应由基本相同的制造条件一定时间内制造出来的同种单位产品构成。

③ 批量指检验批中单位产品的数量。

④ 不合格。在抽样检验中，不合格是指单位产品的任何一个质量特性不符合规定要求。

不合格可以分为三类。

A 类不合格：单位产品的极重要的质量特性不符合规定，或单位产品的质量特性极严重不符合规定；

B 类不合格：单位产品的重要的质量特性不符合规定，或单位产品的质量特性严重不符合规定；

C 类不合格：单位产品的一般质量特性不符合规定，或单位产品的质量特性轻微不符合规定。

⑤ 不合格品。有一个或一个以上不合格的单位产品，称为不合格品。

不合格品可以分为三类。

A 类不合格品：有一个或一个以上 A 类不合格，也有可能还有 B 类不合格和或 C 类不合格的单位产品；

B 类不合格品：有一个或一个以上 B 类不合格，也有可能还有 C 类不合格，但没有 A 类不合格的单位产品；

C 类不合格品：有一个或一个以上 C 类不合格，但没有 A 类和 B 类不合格的单位产品；

a. 批不合格品率 p。

批的不合格品数 D 除以批量 N，即

$$p = \frac{D}{N}$$

b. 批不合格品百分数。

$$100p = \frac{D}{N} \times 100$$

c. 批每百单位产品不合格数。

批的不合格数 C 除以批量 N，再乘 100，即

$$100p = \frac{C}{N} \times 100$$

注意，前两种表示方法常用于计件抽样检验，后一种表示方法常用于计点检验。

⑥ 过程平均。在规定的时段或生产量内平均的过程质量水平，即一系列初次交检批的平均质量。与批质量的表示方法相同，但是意义不同，过程平均表示的是稳定的加工过程中一系列的平均不合格率，而不是某个交检批的质量。

⑦ 接收质量限 AQL。当一个连续系列批被提交验收抽样时，可允许的最差的过程平均质量水平。它是对生产方的过程质量提出要求，是允许的生产方过程平均（不合格品率）的最大值。

对于一个孤立批，为了抽样检验，限制在某一低接收概率的质量水平。它是在抽样检验中对孤立批规定的不应接收的批质量的最小值。

四、产品批质量的抽样验收判断过程

抽样检验的对象是一批产品，一批产品的可接受性即通过抽样检验判断本批产品的接受与否，可以通过样本批的质量指标来衡量。在理论上可以确定一个接受本批产品的质量标准 p_t，若是单个交检批质量水平 $p \leqslant p_t$，则这批产品不予接收。但实际中除非进行全检，否则不可能获得 p 的实际值，因此不能以此来对本批产品的可接受性进行判断。

在实际抽样检验过程中，将上述批质量判断规则转换为一个具体的抽样方案。最简单的一次抽样方案由样本量 n 和用来判定本批产品接收与否的接收数 Ac 组成，记为 (n, Ac)。

记 d 为样本中的不合格（品）数，令 $Re = Ac + 1$，称为拒收数。实际抽样检验对批质量的判断也即对批接受性的判断规则是：若 d 小于等于接收数 Ac，则接收该批产品；若 d 大于等于 Re，则不接收该批产品。

二次抽样对批质量的判断允许最多抽两个样本。在抽检过程中，如果第一个样本量 n_1 中的不合格（品）d_1 超过第一个接收数 Ac_1，则判断接收该批产品；如果 d_1 等于或大于第一个拒收数 Re_1，则不接收该批产品；如果 d_1 大于 Ac_1，但小于 Re_1，则继续抽取第二个样本，设第二个样本中不合格（品）数为 d_2，当 $d_1 + d_2$ 小于等于第二接收数 Ac_2 时，判断接收该批产品，如果 $d_1 + d_2$ 大于或等于第二个拒接收数 $Re_2 (= Ac_2 + 1)$，则判断不接收该批产品。

在抽样检验中抽样方案实际上是对交检批起到一个评判的作用，它的判断规则是如果交检批质量满足要求，即 $p \leqslant p_t$，抽样方案应以该概率接收该批产品，如果批质量不满足要求，就尽可能不接收该批产品。因此使用抽样方案的关键问题之一是确定批质量标准，明确什么样的批质量满足要求，什么样的批质量不满足要求，在此基础上找出合适的抽样方案。

五、抽样方案的特性

在抽样检验中，抽样方案的科学与否直接涉及生产方和使用方的利益，因此在设计、选择抽样方案的同时应对抽样方案进行评价，以保证抽样方案的科学合理。评价一个抽样方案有以下几种量，这些量表示抽样方案的特性。

1. 接收概率及抽检特性（*OC*）曲线

根据规定的抽样方案，把具有给定质量水平的交检批判为接收的概率称为接收概率。接收概率 P_a 是用给定的抽样方案验收某交检批，结果为接收的概率。当抽样方案不变时，对于不同的质量水平的批接收的概率不同。

接收概率的计算方法有三种。

（1）超几何分布计算

$$P_a = \sum_{d=0}^{Ac} \frac{\left(\begin{matrix} N-D \\ n-d \end{matrix} \right) \left(\begin{matrix} D \\ d \end{matrix} \right)}{\left(\begin{matrix} N \\ n \end{matrix} \right)} \tag{6-1}$$

此式是有限总体计件抽检时，计算接收概率的公式。其中，$\left(\begin{matrix} D \\ d \end{matrix} \right)$ 是指从批含有的不合格品数 D 中抽取 d 个不合格品的全部组合数；$\left(\begin{matrix} N-D \\ n-d \end{matrix} \right)$ 是指从批含有的合格品数 $N-D$ 中抽取 $n-d$ 个合格品的全部组合数；$\left(\begin{matrix} N \\ n \end{matrix} \right)$ 是指从批量为 N 的一批产品中抽取 n 个单位产品的全部组合数。

（2）二项分布计算法

超几何分布计算法可用于任何 N 与 n，但计算较为烦琐。当 N 很大（至少相对于 n 比较大，即 n/N 很小时），可用以下二项分布计算

$$P_a = \sum_{d=0}^{Ac} \left(\begin{matrix} n \\ d \end{matrix} \right) p^d (1-P)^{n-d} \tag{6-2}$$

式中，p 为批不合格品率（在有限总体中 $p = D/N$）。

此式实际上是无限总体计件抽检时计算接收概率的公式。在实际应用时，当 $\dfrac{n}{N} \leqslant 0.1$。

（3）泊松分布计算法

$$P_a = \sum_{d=0}^{Ac} \frac{(np)^d}{d!} e^{-np} \tag{6-3}$$

此式是计点抽检时计算接收概率的公式。

2. 抽样检验的风险

在抽样检验中，通过 OC 曲线可以评价抽样方案的判别能力，但一个抽样方案如何影响生产方和使用方的利益可以通过两类风险进行具体分析：一类是生产方风险；另一类是使用方风险。

（1）生产方风险

采取抽样检验时，生产方和使用方都要冒一定的风险。因为抽样检验是根据一定的抽样方案从批中抽取样本进行检验，根据检验结果及接收准则来判断该批是否接收。由于样本的随机性，同时它仅是批的一部分，通常还是很少的一部分，所以有可能做出错误的判断。本来质量好的批，有可能被批判为不接收；本来质量差的批，又有可能被判为接收。

生产方风险是指生产方所承担的批质合格而不能接受的风险，又称为第一类错误的概率，一般用 α 表示。

（2）使用方风险

使用方风险是指使用方所承担的接收质量不合格批的风险，又称为第二类错误的概率，一般用 β 表示。

抽样检验中的上述两类风险都是不可避免的，要采用抽样方案生产和使用方都必须承担各自的风险。关键的是双方应明确各自承担的风险极限。对于双方来说，什么样的质量水平是合格的批，在此质量水平下，生产方风险最大不超过多少；何种质量水平是不可接受的批，在此质量水平下，使用方能承受多大的风险。在这个基础上比较备选方案的接收概率和 OC 曲线可以找到合适的抽样方案。如果要想同时满足双方的利益，同时减少双方的风险，唯一的办法就是增大样本量，但这样又势必提高检验成本，所以抽样方案的选择实际上是双方承担的风险和经济的平衡。

3. 平均检验总数与平均检出质量

在抽样检验中，经检验的批在修理或替代样本中的不合格品后应予整批接收；而对于不接收的批应予以降级、报废或对整批进行逐个筛选，即对所有的产品进行全检，并将检出的所有的不合格品进行修理或用合格品替换。这中间有两个指标能够说明抽样方案的特性，即平均检验总数与平均检出质量。

（1）平均检验总数（ATI）

平均检验总数是平均每批的总检验数目，包括样本量和不接收批的全检量，这个指标衡量了检验的经济性。

使用抽样方案 (n, Ac) 抽检不合格品率为 p 的产品，当批的接收概率为 $L(p)$ 时，对于接收批，检验量即为样本量 n；对于不接受批，实验检验量为 N，因此该方案的平均检验总数为

$$\mathrm{ATI} = nL(p) + N[1 - L(p)] = n + (N - n)[1 - L(p)] \tag{6-4}$$

（2）平均检出质量

平均检出质量是指检验后的批平均质量，记为 AOQ。当使用抽样方案 (n, Ac) 抽样不合格品率为 p 的产品时，若检验的总批数为 k，由于不接收批中的所有的产品经过全检不

存在不合格品，而在平均 $kL(p)$ 接受批中，有 $(N-n)p$ 个不合格品，因此抽样方案的平均检出质量为

$$\text{AOQ}=\frac{kL(p)\times(N-n)p}{kN} \tag{6-5}$$

当 n 相对于 N 很小时，$N-n\approx N$，从而

$$\text{AOQ}=pL(p) \tag{6-6}$$

平均检出质量是衡量抽样方案质量保证能力的一个指标，它衡量的就是检验合格入库的所有产品的不合格品率大小。在企业中平均检出质量上限 AOQL 是一个很常见的指标，如企业质量目标规定出厂合格品率为 99%，实际上规定 AOQL=1%，如果顾客提出进货合格率为 98%，则 AOQL=2%。

如何满足 AOQL 这个指标有两个途径：第一，也是最根本的途径就是减少过程的不合格率，如果过程不合格品率非常小，既可以满足 AOQL 要求，也可以减少小样本量和反检费用；如果过程不合格品率非常小，既可以满足 AQQL 要求，也可以减少小样本量和反检费用。第二，如果过程不合格品率达不到要求，只能靠检验来保证出厂质量。

第三节
计数抽样方案

一、计数标准型抽样方案

1. 计数标准型抽样检验的含义

计数标准型抽样检验就是同时规定对生产方的质量，p_0 与 p_1，$p_0<p_1$，希望不合格率为 p_1 的批尽可能不被接受，设其接受概率 $L(p_1)=\beta$；希望不合格品率为 p_0 的批尽可能高概率接收，设其不接收概率 $1-L(p_0)=\alpha$。一般规定 $\alpha=0.05$，$\beta=0.1$。这样这种抽样方案的 OC 曲线应通过 A、B 两点，如图 6-1 所示。

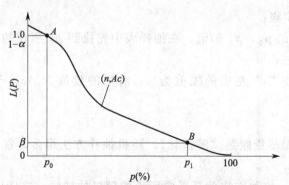

图 6-1　计数标准型抽样检验

A—生产方风险点；B—使用方风险点；p_0—生产方风险质量；
p_1—使用方风险质量；α—生产方风险；β—使用方风险

p_0 称为生产方风险质量，是与规定的生产方风险 α 相对应的质量水平；p_1 为使用方风

险质量，是与规定的使用方风险 β 相对应的质量水平。p_0、p_1 是计数标准型两个抽样方案的重要参数。

在 OC 曲线上对应于规定的生产方风险质量和生产方风险的点为生产方风险点，对应于规定的使用风险质量和使用方风险的点称为使用方风险点。在对孤立批进行风险检验时，如果一个抽样方案把 A、B 控制住了，就等于既保护了生产方的经济利益，又满足使用方对产品批的使用要求。

2. 抽样程序

（1）确定质量标准

对于单位产品，应明确规定区分合格品与不合格品的标准。

（2）确定 p_0、p_1

p_0、p_1 值应由供需双方协商决定。作为选取 p_0、p_1 的标准，取 $\alpha=0.05$，$\beta=0.10$。

确定 p_0 时，应考虑不合格或不合格品类别及其对顾客损失的严重程度。通常，A 类不合格或不合格品的 p_0 值要选得比 B 类小；而 B 类不合格或不合格品的值 p_0 又应选得比 C 类的要小。

p_1 的选取，一般应该使 p_1 和 p_0 隔开一定的距离，即要求 $p_1 > p_0$，p_1/p_0 过小，会增加抽检产品的数量，使检验费用增加，但 p_1/p_0 过大，又会放松对质量的要求，从而对使用方不利。因此，以 $\alpha=0.05$ 和 $\beta=0.10$ 为准，IEC 推荐 p_1 可以是 p_0 的 1.5、2.0、3.0 倍。而有些国家则认为应取 $p_1=(4\sim10)p_0$。

总之，决定 p_0、p_1 时，要综合考虑生产能力、制造成本、产品不合格对顾客的损失、质量要求和检验费用等因素。

（3）批的组成

如何组成检验批，对于质量保证有很大的影响。组成批的基本原则是：同一批内的产品应当是在同一制造条件下生产的。

一般按包装条件及贸易习惯组成的批，不能直接作为检验批。批量越大，单位产品所占的检验费用的比例就越小。

（4）搜索抽样方案

求（n，Ac）的步骤：

① 根据事先规定的 p_0、p_1 的值，在抽样表中先找到 p_0 所在的行和 p_1 的所在的列，然后求出它们相交的栏；

② 栏中标点符号"，"左边的数值为 n，右边的数值为 Ac，于是得到的抽样方案（n，Ac）。

（5）样本的抽取

这一程序的关键是尽量做到"随机化"。随机抽样方法很多，常见的抽样方法有以下几种。

① 简单随机抽样。这种方法就是平常所说的随机抽样法，之所以叫简单随机抽样法，就是总体中每个个体被抽到的机会是相同的。为实现抽样的随机性，可以采取抽签、查随机数量表，或掷随机数骰子等方法。例如，要从 100 件产品中随机抽取 10 件组成样本，可以把这 100 件产品从 1 开始编号一直编到 100 号，然后用抽签的办法，任意抽出 10 张，假如抽到的编号是 3、7、15、18、23、35、46、51、72、89 这 10 个，于是就把这 10 个编号的

产品组成样本，这就是简单随机抽样法。这个办法的优点是抽样误差小，缺点是抽样手续比较繁杂。在实际工作中，真正做到总体中的每个个体被抽到的机会完全一样是不容易的，往往是由各种客观条件和主观心理等许多的因素综合影响造成的。

② 系统抽样法。系统抽样法又叫做等距抽样法或机械抽样法。例如从 100 件产品中抽取 10 件作为样本，首先将 100 件产品进行 1，2，3，…，100 顺序编号；然后用抽签或查随机数量表的方法确定 1～10 号中的哪一件产品入选样本（此处假定是 3 号）；进而，其余依次入选样本的产品编号是：13 号、23 号、33 号、43 号、53 号、63 号、73 号、83 号、93号；最后由编号 03、13、23、33、43、53、63、73、83、93 的 10 件产品组成样本。

由于系统抽样的抽样起点一旦被确定后（如抽到了第 3 号），整个样本也就完全被确定，因此这种抽样方法容易出现大的偏差。比如，一台织布机出了毛病，恰好是每隔 50m（周期性）出现一段疵布，而检验人员又正好是每隔 50m 抽一段进行检查，抽样的起点正好碰到有瑕疵的布段，这样一来，以后抽查的每一段都有瑕疵，进而就会对整匹布甚至整个工序的质量得出错误的结论。总之，当总体含有一种周期性的变化，而抽样间隔又同这个周期相吻合时，就会得到一个偏倚很大的样本。因此，在总体会发生周期性变化的场合，不宜使用这种抽样的方法。

③ 分层抽样法。分层抽样法也叫类型抽样法。它是从一个可以分成不同子总体（或称为层）的总体中，按规定的比例从不同层中随机抽取样品（个体）的方法。比如，有甲、乙、丙三个工人在同一台机器设备上加工同一种零件，他们加工完了的零件分别堆放在三个地方，如果现在要求抽取 15 个零件组成样本，采用分层抽样法，应从堆放零件的三个地方分别随机抽取 5 个零件，合起来一共 15 个零件组成样本。这种抽样方法的优点是，样本的代表性比较好，抽样误差比较小。缺点是抽样手续较简单随机抽样还要烦琐些。这个方法常用于产品质量验收。

④ 整群抽样法。整群抽样法是将总体分成许多群，每个群由个体按一定方式结合而成，然后随机地抽取若干群，并由这些群中的所有个体组成样本。这种抽样法的背景是：有时为了实施上的方便，常以群体（公司、工厂、车间、班组、工序或一段时间内生产的一批零件等）为单位进行抽样，抽到的群体就全面检查，如对某种产品来说，每隔 20h 抽出其中 1h 的产量组成样本；或者是每隔一定时间（如 30min、1h、4h、8h 等）一次抽取若干个（几个、十几个、几十个等）产品组成样本。这种抽样方法的优点是，抽样实施方便。缺点是，由于样本只来自个别几个群体，而不能均匀地分布在总体中，因而代表性差，抽样误差大。这种方法常用在工序控制中。

（6）样本的检验

根据规定的质量标准，测试与判断样本中每个产品合格与否，记下样本中不合格品数 d。

（7）批的判断

$d \leqslant Ac$，批合格；$d > Ac$，批不合格。

（8）批的处置

① 判为合格的批即可接收。至于样本中已发现的不合格品是直接接收、退货，还是换成合格品，这要按事先签订的合同来定。

② 对于判为不接收的批，全部退货。但是，也可以有条件地接收，不过这要由事先签订的合同来定。

二、计数调整型抽样检验

1. 计数调整型抽样检验概述

使用抽样检验，应减少抽样方案的两类风险。但要想同时减小抽样方案的两类风险，只有增加样本量，从而提高检验成本。如果能根据生产过程质量来选择宽严程度不同的抽样方案，即当加工过程质量比较理想时，减少样本量，提高检验经济性；而一旦发现过程质量变坏，则增加样本量，以降低使用方风险，这就是调整型抽样方案的设计思想。

计数调整型抽样检验是根据过去的检验情况，按一套规则随时调整检验的严格程度，从而改变也即调整抽样检验方案。计数调整型抽样方案不是一个单一的抽样方案，而是由一组严格度不同的抽样方案和一套转移规则组成的抽样体系。

因为计数调整型方案的选择完全依赖于产品的实际质量，检验的宽严程度就反映了产品质量的优劣，同时也为使用方选择供货方提供依据。

美国军用标准 MIL—STD—105D 是较早使用的调整型抽样标准，也是应用最为广泛的调整型抽样标准。它是 1945 年由哥伦比亚大学统计研究小组为美国海军制定的抽样表。后经多次修改，由国际标准化组织在 1974 年发布为国际标准 ISO 2859，我国参照这个标准制定了 GB/T 2828《逐批检查计数抽样程序及抽样表（适用于连续批的检查）》，在 1981 年首次发布，并于 1987 年发布了修订版。国际标准化组织后来对 ISO 2859 做了重大修订，将该标准作为计数抽样检验程序系列标准的一部分，编号为 ISO 2859—1：1999。我国发布了与此等同的国家标准 GB/T 2828.1—2012，全称为《计数抽样检验程序第 1 部分：按接收质量限（AQL）检索的逐批检验抽样计划》。

以 GB/T 2828.1 为代表的计数调整型抽样检验的主要特点有如下几点：

（1）主要适用于连续批检验

连续批是由同一生产厂家在认为相同条件下连续生产的一系列的批。如果一个连续批在生产的同时提交验收，在后面的批生产前，前面批的检验结果可能是有用的，检验结果在一定程度上可以反映后续生产的质量。当前面批的检验结果表明过程已经变坏，就有理由使用转移规则来执行一个更为严格的抽样程序；反之若前面批的检验结果表明过程稳定或有所好转，则有理由维持或放宽抽样程序。GB/T 2828.1 是主要用于连续批的抽样标准。

与此相对应的是对孤立批的抽样检验，在某些情形，GB/T 2828.1 也可用于孤立批的检验（该标准中的 12.6），但一般地，对孤立批的检验应采用 GB/T 2828.2。

（2）关于接收质量限（AQL）及其作用

在 GB/T 2828.1 中，接收质量限 AQL 有特殊意义，起着极其重要的作用。接收质量限是当一个连续批被提交验收抽样时，可允许的最差过程平均质量水平。它反映了使用方对生产过程质量稳定性的要求，即要求在生产连续稳定的基础上的过程不合格品率的最大值。如规定 AQL＝1.0(%)，是要求加工过程在稳定的基础上最大不合格品率不超过 1.0%，则要求过程不合格品率为 0.27%，此时设计抽样方案可以规定 AQL 为 0.27%。

在 GB/T 2828.1 中，AQL 也被作为一个检索工具。使用这些按 AQL 检索的抽样方案，来自质量等于或好于 AQL 的过程的检验批，其大部分将被接收。AQL 是可以接收和不可以接收的过程平均之间的界限值。AQL 不应与实际的过程质量相混淆，在 GB/T 2828.1 中，为避免过多批不被接收，要求过程平均质量比 AQL 值更好，如果过程平均不比 AQL 一贯地好，将会转移到加严检验，甚至暂停检验。

接收质量限 AQL 用不合格品百分数或每百单位产品不合格数表示，当以不合格品百分数表示质量水平时，AQL 值不超过 10％，当以每百单位不合格数表示时，可使用的 AQL 值最高可达每百单位产品中有 1000 个不合格。

在 GB/T 2828.1 中 AQL 的取值从 0.01 至 1000 共 31 个级别，它的数值和样本量一样都是根据优先数系的原则设计的。如果 AQL 的取值与表中所给数据不同，不能使用该抽样表，因此在选取 AQL 值时应和 GB/T 2828.1 抽样表中一致。

2. 计数调整型抽样方案的基本思想

产品的验收是动态的，应根据生产过程的稳定性来调整检验的宽严程度。当供方提供的产品批质量较好时，可以放宽检查。反之，则加严检查。正是基于这种思想，计数调整型抽样方案根据产品质量变化情况，事先规定调整规则，随时调整抽样方案。当批的质量处于正常情况下采用一个正常的抽样方案；当批的质量变差时，改用一个加严的抽样方案；当批的质量变好时，可采用一个放宽的抽样方案。这种动态的抽样方案特别适用于连续多批的产品检验，通过对供应方的激励或约束，促成其提高产品质量的稳定性。

3. GB/T 2828.1 的使用程序

计数调整型抽样标准 GB/T 2828.1 由三部分组成：正文、主表和辅助图表。正文中主要给出了本标准所用到的一些名词术语和实施检验的规则。主表部分包括样本量字码表和正常、加严和放宽的一次、二次和五次抽样表。辅助图表部分主要给出了方案的 OC 曲线、平均样本量 ASN 曲线和数值。

根据 GB/T 2828.1 规定，抽样标准的使用程序如下：

（1）质量标准和不合格分类的确定

明确规定区分质量特性合格标准或判别不合格的标准。根据产品特点和实际需要将产品分为 A、B、C 类不合格或不合格品。

（2）抽样方案检索要素的确定

在使用 GB/T 2828.1 时，要检索出适用的抽样方案，必须首先确定如下要素：接收质量限 AQL 样本量、检验水平、检验合格程度、抽样类型。

（3）抽检方案的检索

抽样方案的检索首先根据批量 N 和检验水平从样本量字码表中检验出相应的样本量字码，再根据样本量字码和接收质量限 AQL，利用附录的抽检表检索抽样方案。

（4）样本的抽取

样本的抽取原则与方法与标准型抽样检验基本相同。标准规定一般地应按简单随机抽样从批中抽取样本。但当批是由子批或（按某种合理准则可识别的）层组成时，应使用分层抽样。在分层抽样中，各子批或各层的样本量与子批或层的大小成比例。

样本应在批生产出来以后或在批生产期间抽取。当使用二次或多次抽样时，每个后继的样本应从同一批的剩余部分中抽取。

（5）抽样方案及对比的可接收性的判断

在 GB/T 2828.1 中的抽样方案包括一次、二次及多次（五次）抽样。根据样本中的不合格（品）数及接收准则来判断是接收批、不接收批还是需要抽取下一个样本。

例如对于五次抽样方案，至多抽取 5 个样本就必须做出对批可接收性的判断，即做出

"接收"还是"不接收"批的结论。

对于产品具有多个质量特性且分别需要检验的情形，只有当该批产品的所有抽样方案检验结果均为接收时，才能判定该批产品最终接收。

（6）转移规则

GB/T 2828.1规定了三种对抽样方案的使用法，或称三种状态，即正常检验、加严检验与放宽检验。当过程平均优于接收质量限时的抽样方案的使用即为正常检验，此时抽样方案具有保证生产方以高概率接收而设计的接收准则。加严检验使用的抽样方案比正常检验的抽样方案的接收准则更为严格；而放宽检验则是一种比正常检验抽样方案的样本量小，而接收准则和正常检验相差不大的抽样方案的使用方法。

（7）交检批的处理

对判为接收的批，使用方应整批接收，但使用方有权不接收样本中发现的任何不合格品，生产方必须对这些不合格品加以修理或用合格品替换。

对于不接收的产品批可以降级、报废（以合格品代替不合格品）处理。负责部门应明确规定对不接收批的再检验是采用正常检验还是加严检验，再检验是针对所有不合格项还是针对最初造成的不合格类别。再检验应在确保不接收批的所有产品被重新检测或重新试验，且确信所有不合格品或不合格项已被校正的基础上进行。再次提交检验时应注意，若造成产品批不被接收的不合格类型的校正会对其他不合格项产生影响时，再检验应针对产品的所有不合格类型进行。

（8）进一步的信息

GB/T 2828.1在给出各种抽样方案的同时也给出了表示各抽样方案的主要特性的图表。

4. 抽样方案的检索要素

过程平均是在规定的时段或生产量内平均的过程水平。在 GB/T 2828.1 中，过程平均是指过程处于统计控制状态期间的质量水平。在实际中过程平均往往要从样本中估计。

必须注意，如果采用二次抽检或多次抽检，在估计过程平均时只能使用第一个样本。估计过程平均不合格品率的目的，是为了估计在正常情况下所提供的产品的不合格品率。如果生产条件稳定，这个估计值 p 可用来预测最近将要交检的产品不合格品率，应当剔除在不正常情况下获得的检验数据。经过返修或挑选后，再次交检的批产品检验数据，不能用来估计过程平均的不合格品率。另外，当对样本中部分样品的检验结果足以做出接收或不接收决定时，为节省检验工作量即停止检验样本中的其余样品的这种截尾检验结果，也不能用来估计过程平均。

① 批数

用于估计过程平均不合格品率的批数，一般不应少于 20 批。如果是新产品，开始时可以用 5～10 批的抽检结果进行估计，以后应当至少用 20 批。一般来讲，在生产条件基本稳定的情况下，用于估计过程平均不合格品率的产品批数越多，检验的单位产品数量越大，对产品质量水平的估计越可靠。

② 接收质限 AQL 的确定

接收质量限 AQL 是对生产方过程平均的要求，在确定 AQL 时应以产品为核心，应考虑所检产品特性的重要程度（及其不合格率对顾客带来的损失和对顾客满意度的影响），并应根据产品的不合格分类分别规定不同的 AQL 值。对于同一不合格类的多个项目也可规定一个 AQL 值，在规定时注意，项目越多，AQL 值应越大。

在确定 AQL 时也要考虑产品用途，如对于同一种电子元器件，一般用于军用设备比用于民用设备所选的 AQL 值应小些；产品的复杂程度、发现缺陷的难易程度均影响 AQL 的取值，产品复杂程度大或缺陷只能在整机运行时才发现时，AQL 值应小些。在确定 AQL 值时，也必须考虑产品对下道工序的影响和产品的价格，产品对下道工序影响越大，AQL 取值越小；产品越贵重，不合格造成的损失越大，AQL 应越小。

AQL 的确定应同时考虑检验的经济性，如产品检验费用、检验时间和是否是破坏性检验，因在 GB/T 2828.1 中，AQL 值越小，在批量、检验水平、检验严格程度和抽样类型不变时，样本量越大，检验越不经济。因此，AQL 的确定应考虑与其他检索要素相一致。如对某产品进行破坏性检验，交检批量 $N=100$，检验水平规定为特殊检验水平 S-1，AQL$=$0.1%，此时检索出的抽样方案为（125，0），即进行全数检验。此时检验水平和接收质量限相矛盾，出于经济性考虑，增大 AQL 值，通过比较 OC 曲线选择合理的方案。

在制定 AQL 值时除考虑上述因素外，还要兼顾生产企业和同行业生产的实际特点，要考虑同行业是否能满足要求，如果不能满足过高的要求，产品批大量不接收，会影响使用方如期接收产品，并造成双方的经济损失。

在确定 AQL 值时应兼顾企业其他的与质量有关的要求和指标，如企业的质量目标（出厂合格品率 99%）、用户或企业对过程能力的要求（如规定过程能力指数 C_p 或 C_{pk} 不能小于 1.33）和用户提出的该零件在用户生产线上的废品率不超过 1% 等均是对产品质量提出的要求，在确定 AQL 值时应与这些指标统一起来，不能相互矛盾。

在确定 AQL 值时还应注意：AQL 是对生产方过程质量提出的要求，不是针对个别批质量的要求，因此不是对每个交检批均制定 AQL 值，在使用 GB/T 2828.1 时，AQL 一经确定，不能随意改变。

③ 批量

批量是指提交检验批中单位产品的数量。从抽样检验的观点来看，大批量的优点是，从大批中抽取大样本是经济的，而大样本对批质量有着较高的判别力。当 AQL 相同时，样本量在大批中的比例比在小批中的比例要小。但是大批量不是无条件的，应由生产条件和生产时间基本相同的同型号、同等级、同种类（尺寸、特性、成分等）的单位产品数组成。

在 GB/T 2828.1 抽样系统中，规定的是批量范围，由"2~8""9~15"…"150001~500000""500000 及其以上"等 15 档组成。

批量与检验批密不可分。检验批可以和投产批、销售批、运输批相同或不同。批的组成、批量及提出以及识别批的方式，应由供货方与订货方协商确定。必要时，供货方应对每个提交检验批提供适当的储存场所，提供识别批质量所需的设备，以及管理和取样所需的人员。

④ 检验水平（IL）的选择

检验水平是抽样方案的一个事先选定的特性，主要作用于明确 N 和 n 间的关系，当批量 N 确定时，只要明确检验水平，就可以检索到样本量字码和样本量 n。批量 N 和样本量 n 间的关系更多的是靠经验确定的，它的确定原则是批量 N 越大，样本量 n 也相对应地高一些，但是样本量不与批量成比例。一般的，N 越大，样本量的比值 n/N 就越小。也就是说，检验批量越大，单位检验费用越小，所以方案的设计鼓励在过程稳定的情况下组大批交检。

在 GB/T 2828.1 中，检验水平有两类：一般检验水平分和特殊检验水平，一般检验水平包括Ⅰ、Ⅱ、Ⅲ三个检验水平。无特殊要求时均采用水平Ⅱ。特殊检验（又称小样本检验水平）规定了S-1、S-2、S-3和S-4四个检验水平，一般用于检验费用较高并允许有较高风险的场合。对于不同的检验水平，样本量也不同，GB/T 2828.1中，检验水平Ⅰ、Ⅱ、Ⅲ的样本量比例为0.4∶1∶1.6。可见，检验水平Ⅰ比检验水平Ⅱ判别能力低，而检验水平Ⅲ比检验水平Ⅱ判别能力高。检验水平Ⅲ能给予使用方较高的质量保证，另外不同的检验水平对使用方风险的影响远远大于对生产方风险的影响。

选择检验水平应考虑以下几点：产品的复杂程度与价格，构造简单、价格低廉的产品检验水平应低些，检验费用高的产品应选择低检验水平；破坏性检验选低水平或特殊检验水平；生产的稳定性差或新产品应选高检验水平，批与批之间的质量差异性大必须选高水平，批内质量波动幅度小，可采用低水平。

⑤ 检验严格程度的规定

GB/T 2828.1规定了三种严格程度不同的检验，这里的严格度是指提交批所接受检验的宽严程度不同。三种检验分别是：正常检验、加严检验和放宽检验。正常方案是指过程平均优于AQL时使用的抽样方案，此时的抽样方案使过程平均优于AQL的产品批以高概率接收，加严检验是比正常检验更严厉的一种抽样方案，当连续批的检验结果已表明过程平均可能劣于AQL值时，应进行加严检验，以更好地保护使用方的利益。放宽检验的样本量比相应的正常检验方案小，因此其鉴别能力小于正常检验，当系列批的检验结果表明过程平均好于可接收质量限时，可使用放宽检验，以节省样本量。

在检验开始时，一般采用正常检验，加严检验和放宽检验应根据已检信息和转移规则选择使用。

⑥ 抽样方案类型的选取

GB/T 2828.1中分别规定了一次、二次和五次三种抽样方案类型，对于同一个AQL值和同一个样本量字码，采用任何一种抽检方案类型，其OC曲线基本上是一致的。选择抽样方案类型主要考虑的因素有：产品的检验和抽样的费用，一次抽样方案的平均样本量是固定的，而二次（和五次）的平均样本量低，与一次抽样方案相比节省样本量，但二次（和五次）抽样方案所需的时间、检验知识和复杂性都要比一次抽样高。另外，从心理效果上讲，二次（和五次）抽样比一次抽样好，因此往往使用方愿意采用二次或更多次抽样方案。因此，选择抽样方案类型时应将上述因素综合加以考虑。在使用GB/T 2828.1时注意，使用一次抽样方案没有接收的批不能继续使用二次抽样方案判定。

⑦ 检验批的组成

GB/T 2828.1规定，检验批可以是投产批、销售批、运输批，但每个批应该是同型号、同等级、同种类的产品，且由生产条件和生产时间基本相同的单位产品组成。

5. 抽检方案的检索方法

抽样方案的检索首先根据批量N和检验水平从样本量字码表中检验出相应的样本量字码，再根据样本量字码和接收质量限AQL，利用附录的抽检表检索抽样方案。

（1）一次抽样方案的检索

由样本量字码读出样本量n，再从样本量字码所在行和规定的接收质量限所在列相交处，读出判定数组［Ac，Re］。

【例1】 某电器件的出厂检验中采用GB/T 2828.1，规定AQL＝1.5（%），检验水平＝

Ⅱ，求：$N=2000$ 时正常检验一次抽样方案。

答：首先查附表的样本量字码表，查到对应批量 2000 和一般检验水平Ⅱ对应的字码为 K；然后查附表的正常检验一次抽样方案（主表），查对应样本量字码 K 和 AQL＝1.5 的抽样方案，可得样本量为 125，接收数为 5，拒绝数为 6。

【例 2】 某零件的检验中采用加严检验，规定 AQL＝0.25％，检验水平为Ⅰ，求 $N=1000$ 时的一次加严抽样方案。

答：参照【例 1】的检索方法，查样本量字码表和加严检验一次抽样方案，可得抽样方案为（80，1，2）。

（2）次抽样方案的检索

【例 3】 若 $N=2000$，规定 AQL＝1.5(％)，检验水平为Ⅱ，求二次抽样方案。

答：参照【例 1】的检索方法，查样本量字码表和正常检验二次抽样方案，可查得抽样方案为：第一次抽样方案（80，2，5），第二次抽象方案（80，6，7）。

6. 抽样方案的转移规则

GB/T 2828.1 规定了两种对抽样方案的使用法，或称三种状态，即正常检验、加严检验与放宽检验。当过程平均优于接收质量限时的抽样方案的使用即为正常检验，此时抽样方案具有保证生产方以高概率接收而设计的接收准则。加严检验使用的抽样方案比正常检验的抽样方案的接收准则更为严格；而放宽检验则是一种比正常检验抽样方案的样本量小、而接收准则和正常检验相差不大的抽样方案的使用方法。

（1）从正常检验转到加严检

GB/T 2828.1 中规定无特殊情况检验一般从正常检验开始，只要初检（即第一次提交检验，而不是不接收批经过返修或挑选后再次提交检验）批中，连续 5 批或不到 5 批中就有 2 批不接收，则就从下批起转到加严检验。

（2）从加严检验转到正常检验

进行加严检验时，如果连续 5 批初次检验接收，则从下批起恢复正常检验。

（3）从正常检验转到放宽检验

从正常检验转为放宽检验必须同时满足下列三个条件，缺一不可。

① 当前的转移得分至少是 30 分。这里转移得分是在正常检验情况下，用于确定当前的检验结果是否足以允许转移到放宽检验的一种指示数。

② 生产稳定。

③ 负责部门认为放宽检验可取。

其中转移得分的计算一般是在正常检验一开始进行，在正常检验开始时，转移得分设定为 0，而在检验每个后继的批以后应更新转移得分。当使用一次抽样方案时，计算方法如下：当根据给定的条件查得的抽样方案的接收数为 0 或 1 时，如果该批产品接收，转移得分加 2 分；否则将转移得分重新设定为 0。

例如当使用一次正常抽样方案（50，0）对产品进行连续验收时，样本中不合格数依次为：0，0，1，0，0，0，0，0，0，0，0，0，0，0，0，0，0，0，0，0。转移得分相应为：2，4，0，2，4，6，8，10，12，14，16，18，20，22，24，26，28，30。据此结果，下一批产品的检验应使用一次放宽检验方案。

当抽样方案的接收数等于或大于 2 时，如果当 AQL 加严一级后该批产品也被接收，转移得分加 3 分；否则重新设定为 0。

【例 4】 若对某产品进行连续验收，规定 AQL＝1.0(％)，检验水平为Ⅱ。批量 $N＝$ 1000，按照一次抽样方案进行检验，共进行了 15 个批次的抽样检验，样本中不合格品数依次为：1，2，1，1，2，1，1，1，0，1，1，0，1，0，1，试对抽样过程进行解释，并给出每批的转移得分情况。

答：参照【例 1】的检索方法，查得该产品的一次正常抽样方案为（80，2，3），一次加严抽样方案为（80，1，2），一次放宽抽样方案为（32，1，2）。

根据检验结果和一次正常抽样方案判定 15 批产品全部接收，但其中第 2 批和第 5 批 AQL 加严一级未被接收，由此每批的转移得分依次为：3，0，3，6，0，3，6，9，12，15，18，21，24，27，30。根据检验结果，可知下一批应使用一次放宽抽样检验方案验收。

（4）从放宽检验转到正常检验

进行放宽检验时，如果出现下面任何一种情况，就必须转回正常检验。①有 1 批检验不接收；②生产不稳定或延迟；③负责部门认为有必要恢复正常检验。

（5）暂停检验

加严检验开始，累计 5 批加严检验不接收时，原则上应停止检验，只有在采取了改进产品质量的措施之后，并经负责部门同意，才能恢复检验。此时，检验应从加严检验开始。

在使用 GB/T 2828.1 的转移规则时，应注意由正常检验转为加严检验是强制执行的，而由正常转为放宽检验是非强制的。在生产过程质量变坏时，只有通过转为加严检验才能保护使用方的利益。

【例 5】 对批量为 4000 的某产品，采用 AQL＝1.5(％)，检验水平为Ⅲ的一次正常检验，找出不同的抽样检验方案，试探讨检验的宽严调整。

答：参照【例 1】的检索方法，查得该产品的一次正常抽样方案为（315，10，11），一次加严抽样方案为（315，8，9），一次放宽抽样方案为（125，6，7）。

在检验开始时，正常采用一次正常抽样方案，并按照方案的转移规则调整抽样方案。要特别注意的是，GB/T 2828.1 中规定，加严检验是强制的，是为了保护使用方利益的，如果不按规则进行转移，则有可能接收较多不合格批；放宽检验是非强制的，如果出现下面任何一种情况：有 1 批检验不接收、生产不稳定或延迟、负责部门认为有必要，就要恢复正常检验。

【例 6】 对某产品进行连续验收，当批时 $N＝500$，检验水平为一般水平Ⅲ，AQL＝ 100(％) 时，一次正常抽样方案为（13，21），一次加严抽样方案为（13，18）。若该企业使用一次正常方案连续验收 20 批产品，样本中出现的不合格数为：20，21，22，23，20，19，21，20，23，22，20，21，19，20，21，22，23，21，20，21。试对该批次产品的质量和检验过程进行评估。

答：按照一次正常抽样方案，根据连续 20 批的检验结果，可以判定第 3、4、9、10、16、17 批不合格，应拒绝接收，其他批次接收。

该产品的不合格率为所有检验的不合格数除以检验总数，即

$$不合格率＝419/(20×13)×100\%＝161.15\%$$

该产品的不合格率远高于 AQL，产品的质量很差。

GB/T 2828.1 中规定，在一次正常抽样检验中如果在 5 个批次或者不到 5 个批次中出现

2 批不合格，就应该强制转入加严检验，即五二规则。从检验过程而言，该产品的检验过程不符合没有转入加严检验，不符合 GB/T 2828.1 的规定，应该整改抽样检验方案。

三、孤立批检验及 GB/T 2828.2—2008 的使用

1. GB/T 2828.2—2008 的特点

（1）孤立批及对孤立批的检验

孤立批是相对于连续批而言的，它是脱离已生产或汇集的批系列，不属于当前检验批系列的批。在生产实际中，孤立批通常是指生产不稳定的情况下生产出来的产品批，或者对生产过程质量不太了解的产品批，包括新产品试制或过程调试中的试生产批及从连续稳定生产的供应商处采购的一批或少数批产品。此时抽样方案的设计往往从使用方的利益出发，着眼于更好地保护使用方的利益，即不符合质量要求的产品批不予接收。GB/T 2828.2—2008《计数抽样检验程序第 2 部分：按极限质量（LQ）检索的孤立批检验抽样方案》是适用于孤立批抽样检验的标准，它是参照国际标准以极限质量 LQ 检索的孤立批抽样方案 ISO 2859-2：1985 设计的，专门用于孤立批的抽样检验。

（2）以极限质量 LQ 为质量指标

对一个产品批来说，是否被接收，关键取决于生产方或使用方验收时对检验批的质量要求。在 GB/T 2828.2—2008 中规定了极限质量 LQ，它是与较低的接收概率相对应的质量水平，是使用方所不希望的质量水平。在孤立批抽样方案中确保当产品批的质量水平接近极限质量时批被接收的概率很小。因此孤立批的抽样方案是通过控制使用方风险来实现对批的质量保证的。

（3）根据产品的来源不同将检验分成两种模式

由于产品批的来源不同，孤立批抽样方案 GB/T 2828.2—2008 提供了两种抽样模式：模式 A 是在生产方和使用方均为孤立批的情形下使用，如单件小批生产、质量不稳定产品批、新产品试制的产品批的验收模；模式 B 针对来自稳定的生产过程的少数几批产品的验收，即对生产方是连续批，而使用方由于对这种产品采购的产品批数较少，对它而言应视为孤立批。

2. GB/T 2828.2—2008 的使用

孤立批抽样检验方案 GB/T 2828.2—2008 的抽样检验程序如下。

① 规定单位产品需检验的质量特性，并规定不合格的分类。

② 根据产品批的来源选择合适的抽样模式，GB/T 2828.2—2008 有两种抽样模式，即模式 A 和模式 B。

③ 规定检索方案所需的要素，检索抽样方案。

不同的抽检模式所需规定的检索要素是不同的，对于模式 A 必须规定极限质量 LQ、批量 N 和抽样类型。极限质量的规定方法与 AQL 相似，因为它们均是对质量水平提出的要求，只不过极限质量 LQ 是批不可容许的质量水平，因此对于不同种产品 LQ 值的大小应与以往规定的 AQL 值拉开一定距离，如果两个值太接近，会使检索出抽样方案样本量过大；如果两个水平相差太远，又会使抽样方案过于宽松。批量 N 的大小根据生产实际组批，组批的要求与前面的内容相同。在孤立抽样检验两种模式均给出了一次和二次抽样方案，抽样类型的选取与 GB/T 2828.1 相同。

【例7】 某企业欲对新产品试制过程中的一批产品进行验收，产品批量 $N=50$，若规定 $LQ=20(\%)$，求适用的一次抽样方案。

答：由于该产品批是新产品试制，对生产方和使用方来说都是孤立批，因此适于使用模式 A。根据孤立批抽样方案 GB/T 2828.2—2008 模式 A 的一次抽样表（表6-1）可查得抽样方案为（10，0）。在查表时，需注意到如果样本量 n 超过批量 N 或标示 ∗ 的区域，则进行 100% 检验。

表 6-1　GB/T 2828.2—2008 模式 A 一次抽样方案主表

批量（N）		极限质量 LQ(不合格品百分数或每百单位不合格数)									
		0.50	0.80	1.25	2.00	3.15	5.00	8.00	12.50	20.00	31.50
16~25	n	∗	∗	∗	∗	∗	∗	17	13	9	6
	Ac							0	0	0	0
26~50	n	∗	∗	∗	∗	∗	28	22	15	10	8
	Ac						0	0	0	0	0
51~90	n	∗	∗	∗	50 ∗ ∗	44	34	24	16	10	8
	Ac				0	0	0	0	0	0	0
91~150	n	∗	∗	90 ∗ ∗	80	55	38	26	18	13	13
	Ac			0	0	0	0	0	0	0	1
151~280	n	200	170	130	95	65	42	28	20	20	13
	Ac	0	0	0	0	0	0	0	0	1	1
281~500	n	280	220	155	105	80	50	32	32	32	32
	Ac	0	0	0	0	0	0	0	0	3	5
501~1200	n	380	255	170	125	125	80	50	32	32	32
	Ac	0	0	0	0	1	1	1	1	3	5
1201~3200	n	430	280	200	200	125	125	80	50	80	80
	Ac	0	0	0	1	1	3	3	3	10	18
3201~10000	n	450	315	315	200	200	200	125	80	80	80
	Ac	0	0	1	1	3	5	8	5	10	18
10001~35000	n	500	500	315	315	315	315	200	125	125	80
	Ac	0	1	1	3	5	10	10	10	18	18
35001~150000	n	800	500	500	500	500	500	315	200	125	80
	Ac	1	1	3	5	10	18	18	18	10	18
150001~500000	n	800	800	800	800	800	500	315	200	125	80
	Ac	1	3	5	10	18	18	18	18	18	18
500001 或以上	n	1250	1250	1250	1250	800	500	315	200	125	80
	Ac	3	5	10	18	18	18	18	18	18	18

【例8】 某企业从连续生产的企业采购一批产品，批量 $N=10000$，$LQ=20(\%)$ 时，检验水平为 Ⅱ，求适用的一次抽样方案。

答：由于该产品批是从连续生产的企业采购的，对生产方来说是连续批，而对使用方来说是孤立批，因此适于使用模式 B。根据孤立批抽样方案 GB/T 2828.2 模式 B 的一次抽样表可查得抽样方案为（200，0），由表中还可查得，与极限质量 $LQ=2.00(\%)$ 相对应地接收概率最大为 0.089，生产方风险为 5% 时对应的质量水平为 0.178%，如果认为接收概率合适，可以使用此方案验收。

计量抽样方案

一、计量抽样检验的概念

与只记录所检个体是否只有某种特性或属性，如单位产品的合格或不合格的计数方法不同，所谓计量是指在连续尺度下，测量和记录被检个体的特性值。计量抽样检验（sampling inspection by variables）是定量地检验从批中随机抽取的样本，利用样本数据计算统计量，并与判定标准比较，以判断产品批是否合格的活动。

二、计量抽样检验的优缺点

计量抽样检验的优点：计量型数据比计数型数据包含更多的信息，因而，计量抽样检验与计数抽样检验相比，除了能判断批合格与否外，还能提供更多关于被检特性值的加工信息。计量抽样检验应更值得质量管理人员关注的是它可用较少的样本量达到与计数抽样检验相同的质量保证，可给生产者和使用者带来更大的经济效益。

计量抽样检验的缺点：使用计量抽样检验必须针对每一个特性制定一个抽样方案，因此在产品所检特性较多时，使用计量抽样较为烦琐；另外，在使用计量抽检时，要求每个特性值的分布应服从或近似服从正态分布，因为计量抽样检验方案的设计是基于质量特性值服从正态分布的基础之上的，因此使计量抽样检验的应用受到一定的限制。

三、计量抽样检验的特点及分类

计量抽样检验具有以下特点：

① 需要事先知道质量特性值的分布；

② 与计数抽样相比，计量抽样给出的质量信息更多，是根据不同质量指标的样本均值或样本标准差来判断一批产品是否合格，而不是根据样本中的缺陷数来判断一批产品是否合格；

③ 在保证同样质量要求的前提下，计量抽样所需的样本量比计数抽样少，可以节省时间、减少费用，特别适用于具有破坏性的检验项目或检验费用较大的检验项目；

④ 一个抽样方案只能用于一个质量指标的检验。

根据对质量目标值的期望，可把计量抽样方案分为下公差界限、上公差界限和双公差界限 3 类抽样方案。

① 求下公差界限的抽样方案。对于某些质量特性，希望其测定值越小越好。为保证接收产品的质量设定一个下限值，当批平均水平小于这一限值时，即为劣质批，以低概率接收。这种抽样方案用于检测产品寿命，营养成分的含量等质量指标。

② 要求上公差界限的抽样方案。对某些质量特性，希望其测定值越大越好。为保证接收产品的质量设定一个上限值，当批平均水平大于这一限值时，即为劣质批，以低概率接

收。这种抽样方案用于检测辐射、有害成分的含量等质量指标。

③ 要求双向公差界限的抽样方案。对于某些质量特性，希望其测定值落在一定的范围之内。为保证接收产品的质量，同时设定一个下限值和上限值，当批平均水平超过这一限定范围时，为劣质批，以低概率接收。这种抽样方案用于检测直径、硬度等质量指标。

四、计量抽样检验的基本原理

在计量抽样检验中，产品特性值 X 是否合格有三种判定方法：

① 给定 X 的上规范限 T_U，如 $X > T_U$ 则为不合格品；

② 给定 X 的下规范限 T_L，$X < T_L$，则为不合格品；

③ 给定 X 的上、下规范限 T_U、T_L，如 $X > T_U$ 或 $X < T_L$，则为不合格品。

计量抽样检验的判决思想如下：

设 $X \sim N(\mu, \sigma)$，则超过上限 T_U 的不合格品率为

$$P_U = (X > T_U) = 1 - \Phi\left(\frac{T_U - \mu}{\sigma}\right) \tag{6-7}$$

即给定 T_U 后，X 超过 T_U 的不合格品率 P_U 取决于

$$\frac{T_U - \mu}{\sigma}$$

同样，低于下限 T_L 的不合格品率为

$$P_L = P(X < T_L) = 1 - \Phi\left(\frac{\mu - T_L}{\sigma}\right) \tag{6-8}$$

即给定 T_L 后，X 低于 T_L 的不合格品率 P_L 取决于 $\dfrac{\mu - T_L}{\sigma}$ 这里的 $\Phi(u)$ 是标准正态分布的累积分布函数。

式中的 $\dfrac{T_U - \mu}{\sigma}$ 和 $\dfrac{\mu - T_L}{\sigma}$ 越大，超过上规范限 T_U 的不合格品率 P_U 或低于下规范限 T_L 的不合格品率 P_L 越小，因此可规定一个接收常数 k：

若 $\dfrac{T_U - \mu}{\sigma}$ 或 $\dfrac{\mu - T_L}{\sigma} \geq k$，认为检验批质量水平符合要求，接收该批产品；

若 $\dfrac{T_U - \mu}{\sigma}$ 或 $\dfrac{\mu - T_L}{\sigma} < k$，认为检验批质量水平不符合要求，不接收批产品；

在抽样检验中，批质量特性值的均值 μ 和标准差 σ 不一定已知，因此可用样本数据估计总体参数。

当 σ 已知时，令

$$Q_U = \frac{T_U - \bar{X}}{\sigma}; \quad Q_L = \frac{\bar{X} - T_L}{\sigma}$$

当 σ 已知时，令

$$Q_U = \frac{T_U - \bar{X}}{S}; \quad Q_L = \frac{\bar{X} - T_L}{S}$$

注意，当 σ 未知，用 S 估计总体参数 σ 时，k 值大小与 σ 已知时不等。

其中 $\overline{X}$ 为样本均值，S 为样本标准差。由此可知 Q_U 或 $Q_L \geqslant k$ 批接收；Q_U 或 $Q_L < k$ 批不接收。

思考与练习

1. 某电器件的出厂检验中采用 GB/T 2828.1，规定 AQL= 1.5 (%)，检验水平= Ⅱ，求：N= 2000 时正常检验一次抽样方案。

2. 某零件的检验中采用加严检验，规定 AQL= 0.25%，检验水平为 Ⅰ，求 N= 1000 时的一次加严抽样方案。

3. 某零件的批量为 N= 30，规定 AQL= 6.5 (%)，采用特殊检验水平 S-2，试给出正常、加严和放宽检验的一次抽样方案。

4. 某 N= 500，规定 AQL= 250（%），规定采用检验水平Ⅱ，给出一次正常、加严和放宽检验的抽样方案。

5. 若 N= 2000，规定 AQL= 1.5（%）不合格品，检验水平为Ⅱ，求二次抽样方案。

6. 设产品批量 N= 2000，规定 AQL= 10 (%)不合格品，并采用检验水平为 S-4，要求给出二次正常、加严、放宽抽样方案。

7. 某企业从连续生产的企业采购一批产品，批量 N= 10000，LQ= 20 (%)时，检验水平为Ⅱ，求适用的一次抽样方案。

第七章

质量改进

第一节
质量改进的基本原理

一、质量改进的概念

为向组织及其顾客提供增值效益，在整个组织范围内所采取的提高活动和过程的效果与效率的措施。

要理解质量改进的概念，可以从质量改进与质量控制的区别入手。质量改进和质量控制是不同的，它们之间虽然存在一定的关系，但是并不相同，两者之间主要有以下的区别与联系：

（1）定义的区别

GB/T 19000—2016 标准对质量改进与质量控制的定义分别为：质量改进是质量管理的一部分，致力于增强满足质量要求的能力；质量控制是质量管理的一部分，致力于满足质量要求。

质量控制是消除偶发性问题，使产品质量保持在规定的水平，即质量维持；而质量改进是消除系统性的问题，使现有的质量水平在受控的基础上得以提高，达到一个新水平。

（2）实现手段的区别

当产品或服务质量不能满足规定的质量要求时，质量控制可以使之满足质量要求，从而提高质量水平；当产品质量已满足规定要求时，质量改进则致力于满足比规定要求更高的要求，从而不断提高顾客满意度。

质量改进是通过不断采取纠正和预防措施来增强企业的质量管理水平，使产品的质量不断提高；而质量控制主要是通过日常的检验、试验调整和配备必要的资源，使产品质量维持在一定的水平。

（3）两者的联系

质量控制与质量改进是互相联系的。质量控制的重点是防止差错或问题的发生，充分发挥现有的能力；而质量改进的重点是提高质量保证能力。首先要搞好质量控制，充分发挥现有控制系统能力，使全过程处于受控状态；然后在控制的基础上进行质量改进，使产品从设计、制造、服务到最终满足顾客要求，达到一个新水平。没有稳定的质量控制，质量改进的效果也无法保持。

著名质量专家朱兰的三部曲（质量策划、质量控制和质量改进）表现了质量控制与质量改进的关系，如图7-1所示。

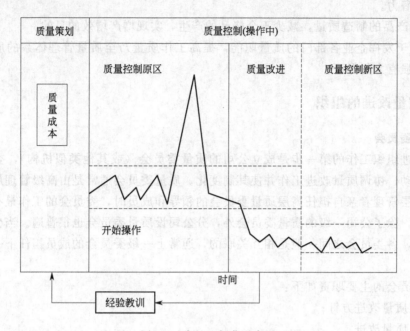

图 7-1　朱兰三部曲示意图

二、质量改进的必要性

目前，我国企业更迫切需要开展质量改进，以提高产品的质量水平，提高顾客的满意程度，不断降低成本，增强市场竞争力。单从技术的角度看，质量改进的必要性体现在以下几个方面。

在我们使用的现有技术中，需要改进的地方很多，如：

① 新技术、新工艺、新材料的发展，对原有的技术提出了改进要求；

② 技术与不同企业的各种资源之间的最佳匹配问题，也要求技术必须不断改进。

优秀的工程技术人员也需不断学习新知识，增加对过程中一系列因果关系的了解。技术再先进，方法不当、程序不对也无法实现预期目的。在重要的地方，即使一次质量改进的效果很不起眼，但是日积月累，将会取得意想不到的效果。如果从生产设备、工艺装备、检测装置、人力资源等不同角度考察，再加上顾客质量要求的变化，同样会发现质量改进的必要性。

三、质量改进的重要性

质量改进是质量管理的重要内容，其重要性体现在以下几方面：

① 质量改进具有很高的投资收益率。俗话说"质量损失是一座没有被挖掘的金矿"，而质量改进正是要通过各种方法把这个金矿挖掘出来。因此，有些管理人员甚至认为"最赚钱的行业莫过于质量改进"。

② 可以促进新产品开发，改进产品性能，延长产品的寿命周期。由于全新的新产品毕竟数量比较少，大部分新产品都属于改进型新产品，所以质量改进也是推出新产品的主要途径和手段。

③ 通过对产品设计和生产工艺的改进，更加合理、有效地使用资金和技术力量，充分挖掘企业的潜力。

④ 提高产品的制造质量，减少不合格品的产生，实现增产增效的目的。

⑤ 有利于发挥企业各部门的质量职能，提高工作质量乃至质量管理体系的质量，为产品质量提供强有力的保证。

四、质量改进的组织

1. 质量委员会

质量改进组织工作的第一步是成立公司的质量委员会（或其他类似机构），委员会的基本职责是推动、协调质量改进工作并使其制度化。质量委员会通常是由高级管理层的部分成员组成，上层管理者亲自担任高层质量委员会的领导和成员时，委员会的工作最有效。在较大的公司中，除了公司一级的质量委员会外，分公司设质量委员会也很普遍。当公司设有多个委员会时，各委员会之间一般是相互关联的，通常上一级委员会的成员担任下一级委员会的领导。

质量委员会的主要职责如下：

① 制定质量改进方针；

② 参与质量改进；

③ 为质量改进团队配备资源；

④ 对主要的质量改进成绩进行评估并给予公开认可。

2. 质量改进团队

质量改进团队不在公司的组织结构图中，是一个临时性组织，团队没有固定的领导。尽管质量改进团队在世界各国有各种名称，例如质量控制小组（quality control，QC）、质量改进小组、提案活动小组等，但基本组织结构和活动方式大致相同，通常包括组长和成员。

（1）组长的职责

组长通常由质量委员会或其他监督小组指定，或者经批准由团队自己选举。组长有以下几种不同的职责：

① 与其他成员一起完成质量改进任务；

② 保证会议准时开始、结束；

③ 做好会议日程、备忘录、报告等准备和公布工作；

④ 与质量委员会保持联系；

⑤ 编写质量改进成果报告。

（2）成员的职责

① 分析问题原因并提出纠正措施；

② 对其他团队成员提出的原因和纠正措施提出建设性建议；

③ 防止质量问题发生，提出预防措施；

④ 将纠正和预防措施标准化；

⑤ 准时参加各种活动。

|第二节|
质量改进的方法

一、质量改进的过程——PDCA 循环

1. PDCA 的含义

质量改进要遵循 PDCA 循环的原则，即策划（Plan）、实施（Do）、检查（Check）、处置（Act）。PDCA 的四个阶段如图 7-2 所示。

PDCA 循环最早由统计质量控制的奠基人休哈特提出，戴明将其介绍到日本，并由日本人进一步充实了 PDCA 循环的内容，所以有人也把它称为戴明环。

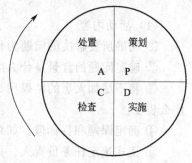

图 7-2 PDCA 循环

2. PDCA 的内容

第一阶段是策划：制定方针、目标、计划书、管理项目等；

第二阶段是实施：按计划实地去做，去落实具体对策；

第三阶段是检查：对策实施后，把握对策的效果；

第四阶段是处置：总结成功的经验，实施标准化，以后就按标准进行。对于没有解决的问题，转入下一轮 PDCA 循环解决，为制定下一轮改进的策划提供资料。

3. PDCA 的特点

① PDCA 循环是完整的包含了四个阶段的循环。

② PDCA 循环中存在着大环套小环的现象。即在 PDCA 的某一阶段也会存在制订实施计划、落实计划、检查计划的实施进度和处理的小 PDCA 循环，如图 7-3 所示。

③ PDCA 是不断上升的循环，每循环一次，产品质量、工序质量或工作质量就提高一步，PDCA 是不断上升的循环，见图 7-4 所示。

二、质量改进的步骤及注意事项

质量改进的过程是 PDCA 循环，可分为若干步骤完成，过去我们习惯的说法是"四阶段、八步骤"，随着 ISO 9000 标准的颁布实施，"四阶段、七步骤"的说法逐渐为大家所接受。以下是质量改进的步骤及注意事项。

1. 选择课题

企业需要改进的问题会有很多，经常提到的不外乎是质量、成本、交货期、安全、激励、环境六方面。选择课题时，通常也围绕这六个方面来选，如降低不合格品率、降低成本、保证交货期等。

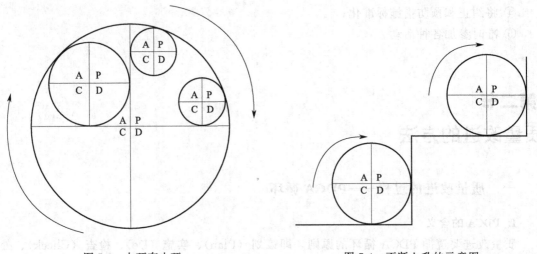

图 7-3　大环套小环　　　　　　　　图 7-4　不断上升的示意图

（1）活动内容

① 明确所要解决的问题为什么比其他问题重要。

② 确定问题的背景是什么以及到目前为止问题的情况是怎样的。

③ 将不尽如人意的结果用具体的语言表现出来，具体有什么损失，并说明希望改进到什么程度。

④ 确定课题和目标值。如果课题过大，可将其分解成若干个小课题，逐一改进解决。

⑤ 正式选定任务负责人。如果是改进小组就确定组长和组员。

⑥ 如果有可能，对改进活动的费用做出预算。

⑦ 拟定改进活动的时间表，初步制定改进计划。

（2）注意事项

① 我们周围有着大小数不清的问题，为确定最主要的问题，应该最大限度地灵活运用现有的数据，从众多的问题中选择一个作为课题，并说明理由。

② 解决问题的必要性必须向有关人员说明清楚，否则会影响解决问题的有效性，甚至半途而废、劳而无功。

③ 设定目标值的根据必须充分，合理的目标值是经济上合理、技术上可行的。设立的目标值要具有挑战性、通过改进是能够达到的，以激励改进小组的信心、提高积极性。

④ 要制定改进计划，明确解决问题的期限。预计的效果再好，不拟定具体的时间往往会被拖延，被那些所谓"更重要、更紧急"的问题代替。

2. 掌握现状

质量改进课题确定后，就要了解把握当前问题的现状。

（1）活动内容

① 抓住问题的特征，需要调查若干要点，例如时间、地点、问题的种类、问题的特征等。

② 解决质量问题要从人（Man）、机（Machine）、料（Material）、法（Method）、测（Measurement）、环（Environment）等（简称 5M1E）不同角度进行调查。

③ 去现场收集数据中没有包含的信息。日本企业强调的"三现主义"（现场、现物、现

实）反映了到现场了解问题的必要性。

（2）注意事项

① 解决问题的突破口常常就在问题内部。例如：质量特性值的波动太大，其影响因素也必然存在大的波动。质量特性值的波动和影响因素的波动之间必然存在关系，这是把握问题主要影响原因的有效方法。而观察问题的最佳角度随问题的不同而不同，但不管什么问题，通常都会调查四方面内容，即时间、地点、种类、特征。调查表是把握问题现状的有效工具。以提高产品合格品率为例。

② 从时间角度分析。早晨、中午、晚上，不合格品率有什么差异？星期一到星期五（双休日的情况下），每天的合格品率都相同吗？是不是星期一的不合格品率较高等。当然还可以从星期、月、季节、季度、年等不同角度观察结果。对调查表中的数据按不同的时间进行分层。

③ 对不同时间不合格品的调查，可以使用不合格原因调查表。

④ 从导致产品不合格的部位出发。从部件的上部、侧面或下部零件的不合格情况来考虑，可采用不合格位置调查表把握现状。

如：烧制品在窑中位置的不同（门口附近、窗边、炉壁附近、炉的中央等），产品不合格品率有何不同；还可以依照方位（东、南、西、北）、高度（顶部、底部）等不同角度进行分析；产品几何尺寸较大的情况下，可从前面、中央、后部去考虑；产品形状复杂的情况下，不合格部位是在笔直的部位还是拐角部位等。

⑤ 对种类的不同进行调查。同一个工厂生产的不同产品，其不合格品率有无明显差异；与过去生产过的同类产品相比，其不合格品率有无明显差异。

关于种类还可以从生产标准、等级的角度去分层考虑，是成人用还是儿童用、男用还是女用、内销还是外销等。

⑥ 可从特征考虑。以产品不合格品项目——针孔（细小的气孔）为例：发现针孔时，其形状是圆的、椭圆的、带角的还是其他形状的；大多数针孔的排列有无特征；是笔直地还是弯曲地排列；是连续的还是间断的，等等。再加上何种情况下，针孔的大小会发生怎样的变化；是在全部还是特定的部位出现；针孔附近有无异样的颜色或异物存在。

3. 分析问题原因

（1）活动内容

分析问题原因是一个设立假说，验证假说的过程。

① 设立假说（选择可能的原因）。首先搜集关于可能原因的全部信息。然后运用"掌握现状"阶段掌握的信息，剔除已确认为无关的因素，重新整理余下的因素。

② 验证假说（从已设定因素中找出主要原因）。首先搜集新的数据或证据，制定计划来确认原因对问题的影响；然后综合全部调查到的信息，决定主要影响原因。最后如条件允许，可以将问题再现一次。

（2）注意事项

必须科学地确定原因。质量改进的过程中，如果问题的原因是通过问题解决者们的讨论，或是由某个个人决定，由于没有对提出的假说进行验证，这样得出的结论往往会是错误的。考虑原因时，通常通过讨论其理由，并应用数据或去现场来验证假说的正确性。这时很容易将"设立假说"和"验证假说"混为一谈。验证假说时，不能用建立假说的材料，需要采用新的数据或材料来证明。要有计划、有依据地运用统计方法进行验证，重新收集验证假说的数据。有时，也可以直接到现场验证。

① 因果图是建立假说的有效工具，图中所有因素都被假设为问题的原因。

图中各影响因素应尽可能写得具体。对所有认为可能的原因都进行调查，其效率可能会很低，必须根据收集的数据削减影响因素的数目。可利用"掌握现状"阶段中分析过的信息，将与结果波动无关的因素舍去。要始终记住：因果图最终画得越小（影响因素少），往往越有效。

因果图中所有因素引起质量问题的可能性并不一定都相同。必要时，根据"掌握现状"阶段得到的信息进一步分析，根据可能性的大小排序。

② 验证假说必须根据重新实验和调查所获得的数据有计划地进行。

验证假说就是核实原因与结果间是否存在关系，关系是否密切。常使用排列图、相关及回归分析、方差分析等统计手法。通过大家讨论由多数意见决定是一种民主的方法，但缺乏科学性，只是"主观意识"，许多事实表明，最后全员一致同意了的意见也是错误的。

以提高产品的质量为例，导致产品质量问题出现的主要原因可能是一个或几个，其他原因也或多或少会对不合格品的出现产生影响。然而，对所有影响因素都采取措施既不现实，也无必要，应首先对主要因素采取对策。所以，首先要判断影响问题的主要原因。

利用质量问题的再现性实验（试验）来验证影响原因要慎重进行。某一产品中采用了非标准件而产生不合格品，不能因此断定非标准件就是不合格品的原因。再现的质量问题还必须与"掌握现状"时查明的问题一致，具有同样的特征。有意识地再现质量问题是验证假说的有效手段，但要考虑到人力、时间、经济性等多方面的制约条件。

日本玉川大学著名质量管理专家谷津进教授曾将质量的步骤形象地用图 7-5 表示。

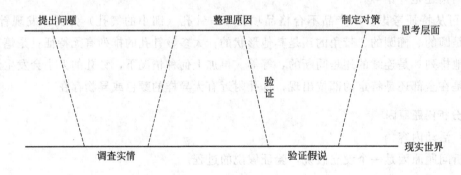

图 7-5　分析解决问题的过程

4. 拟定对策并实施

原因分析出来以后，就要制定对策并予以实施。

（1）活动内容

① 将现象的去除（应急对策）与原因的消除（永久对策）严格区分开。

② 采取的对策尽量不要引起副作用（其他质量问题）。如果产生了副作用，应考虑换一种对策或消除副作用。

③ 先准备好若干对策方案，调查各自利弊，最终选择参加者都能接受的方案。

（2）注意事项

① 对策有三种，第一种是去除现象（应急对策），第二种是消除引起结果的原因，防止再发生（永久对策），第三种是隔断因果关系，见图 7-6。

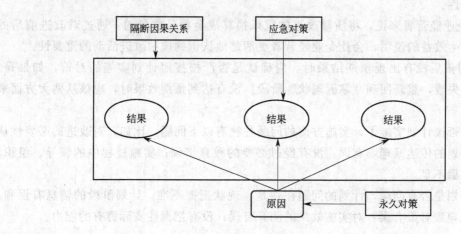

图 7-6 三种对策

生产出不合格品后，返修得再好也只能是应急对策，不能防止不合格品的再次出现。解决不合格品出现的永久对策是，除去产生问题的根本原因，防止再生产不合格品。因此，一定要严格区分这两种不同性质的对策。

应急对策是一种临时措施，是在问题发生的根本原因尚未找到之前，为消除该问题而采取的临时应急措施；而永久对策是通过现象观察、数据分析等一系列手段，找到问题产生的根本原因之后所取的对策。当然，第三种对策也是常用的措施，例如通过建造洁净车间来隔断外部空气中各种灰尘对产品质量的影响。

② 采取对策后，常会引起别的问题，因为质量和过程的许多特性都是相互关联的。为此，必须从多种角度对措施、对策进行彻底而广泛的评价。有时由于市场对某一质量问题投诉强烈，企业立刻制定了一项针对性对策，但是实施后却影响了另外一些性能，导致新一轮投诉，这种现象在我国企业也并非少数。

③ 采取对策时，有关人员必须通力合作。采取对策往往要带来许多工序的调整和变化，如果可能，应多方听取有关人员的意见和想法。当同时存在几个经济合理、技术可行的方案时，可以通过民主讨论来促使各方达成共识，确定最终方案。

5. 确认效果

对质量改进的效果要进行确认，确认的失误会误认为问题已得到解决，从而导致问题再次发生。反之，也可能导致对质量改进的成果视而不见，从而挫伤了持续改进的积极性。

（1）活动内容

① 使用同一种图表（如排列图、调查表等）将采取对策前后的质量特性值、成本、交货期等指标进行比较。

② 如果改进的目的是降低不合格品率或降低成本，则要将特性值换算成金额，并与目标值比较。

③ 如果有其他效果，不管大小都要列举出来。

（2）注意事项

① 本阶段应确认在何种程度上做到了防止质量问题的再发生。用于改进前后比较的图表最好前后一致，如果现状分析用的是排列图，确认效果时也必须用排列图。这样会更加直观，具有可比性。

② 对于企业经营者来说，将质量改进的成果换算成金额是重要的。通过对改进前后的损失降低和产生效益的说明，会让企业经营者更清楚地认识到该项改进活动的重要性。

③ 采取对策后没有出现预期结果时，应确认是否严格按照计划实施的对策，如果是，就意味着对策失败，重新回到"掌握现状"阶段。没有达到预期效果时，应该从两大方面来考虑。

首先是是否按计划实施了，实施方面的问题往往有以下问题：比如，对改进的必要性认识不足；对计划的传达或理解有误；没有经过必要的教育培训；实施过程中的领导、组织、协调不够；资源不足。

然后是计划是否有问题，计划的问题往往是：现状把握不准；计划阶段的信息有误和/或知识不够，导致对策有误；对实施效果的测算有误；没有把握住实际拥有的能力。

6. 防止再发生和标准化

对质量改进有效的措施，要进行标准化，纳入质量文件，以防止同样的问题再次发生。

（1）活动内容

① 为改进工作，应再次确认 5W1H，即 What（什么）、Why（为什么）、Who（谁）、Where（哪里）、When（何时做）、How（如何做），并将其标准化，制定成技术或管理标准。

② 开展有关标准的准备工作。

③ 实施教育培训。

（2）注意事项

为防止同样的质量问题再次发生，纠正措施必须标准化，其主要原因是：

① 没有标准，问题会再次发生。

② 没有明确的标准，新员工在作业中很容易出现同样的问题。标准化工作并非制定几个标准就算完成，必须使标准成为员工的新习惯。因此为了贯彻实施标准，必须对员工进行知识和技术的教育和培训。

作业层次的标准化是表示作业顺序的一种方法。单就 How（如何做）规定出的有关内容就可认为是标准了，含有 4W1H（除去"为什么"Why）的话，就可以认为非常全面了。对于完成作业的方法，没有"为什么"也许是可以接受的，但对于员工却是不可缺少的内容，因为他们需要了解为什么要这么做。尤其是对于现阶段我国企业的员工，如果向其充分说明作业标准的必要性，那么可以大幅度提高员工按新标准作业的成功率。

导入新标准时有时会产生差错，其主要原因是标准没有充分地准备和宣贯。实施新标准意味着作业方法将发生改变，这时会引起许多细小的差错。尤其对于将工作划分成许多具体操作，系统性很强的作业现场，如果一部分工作做了调整，而另一部分未做相应调整，问题就出现了。因此，导入新标准时，要将原标准撤出作业现场，并向员工进行新标准的宣贯。

反复、充分地教育培训对标准的顺利实施是必要的。要就新标准要求的有关内容和技能进行教育培训，否则即使标准再完备也无法保证其得到严格遵守，无法防止同样的质量问题再次出现。

7. 总结

对改进效果不显著的措施及改进实施过程中出现的问题，要予以总结，为开展新一轮的质量改进活动提供依据。

（1）活动内容

① 找出遗留问题；

② 考虑解决这些问题后下一步该怎么做；

③ 本次质量改进活动过程中，哪些问题得到顺利解决，哪些尚未解决汇总数据并思考原因。

（2）注意事项

① 在质量、成本、交货期、安全、激励和环境的改进活动中，将不合格品率降为零或一步就达到国际先进水平是不可能的，因此，质量改进活动要长期持久地开展下去。开始时就定下一个期限，到时候进行总结，哪些完成了，哪些未完成，完成到什么程度，及时总结，然后进入下一轮的质量改进活动中去。

② 应制定解决遗留问题的下一步行动方案和初步计划。

三、质量改进的障碍

虽然质量改进有严密的组织，有一定的实施步骤，并在一些公司取得了成果，但多数公司的情况并不尽如人意，有的是由于企业不知道如何去改进，也有的是由于某些内在因素阻碍了企业将质量改进常年进行下去。在进行质量改进前，有必要先了解一下开展质量改进活动主要会有哪些障碍。

1. 对质量水平的错误认识

有些企业，尤其是质量管理做得较好的企业，往往认为自己的产品质量已经不错了，在国内已经名列前茅，产品质量没有什么可改进的地方。即使有，投入产出比也太小，没有进行质量改进的必要了。但实际情况是，它们与世界上质量管理优秀的企业相比，无论是在实物水平上还是在质量管理水平上都存在很大差距。这种错误认识是质量改进的最大障碍。

2. 对失败缺乏正确的认识

有些人认为质量改进活动的某些内在因素决定了改进注定会失败，例如：人力资源方面、基础设施方面存在的制约条件，这一结论忽视了那些成功的企业所取得的成果（这些企业的成功证明了这些成果不是遥不可及的）。此外，成功的企业还发表了如何取得这些成果的过程，这为其他企业提供了可吸取的经验和教训。事实上我国某些行业的企业所拥有的设备甚至超过了国外的一些同行，但在实物质量上却依然存在不小的差距。

3. "高质量意味着高成本"的错误认识

有些管理人员认为："提高质量要以增加成本为代价"。他们认为提高质量只能靠加强检验、使用价格更为昂贵的原材料或购进精度更高的设备。如果质量的提高是基于产品指标水平的提高，从这一点上讲，质的提高可能会造成成本的增加，因为提高产品特性通常是需要投入，但是他们没有看到质量水平提高带来的增值和市场的扩大。如果质量的提高是基于废品损失、市场投诉、返工返修等浪费的减少，那么成本会大幅度降低。

4. 对权力下放的错误理解

企业领导们都知道"一个好的管理者应该懂得如何放权"。但是在质量改进的推进过程中，部分企业却做得不够好。这些企业的管理者试图将自己在质量改进方面的职责全部交给下属来做，使自己能有更多的时间来处理其他的工作；或者他们对下级或基层员工的能力信任度不够，从而在改进的支持和资源保障方面缺乏力度，使质量改进活动难以正常进行。但成功的企业却不这样做，管理者均负责改进相应的决策工作，并承担某些不能下放的职责。

管理者必须参与质量改进活动，只参与意识教育、制定目标而把其余工作都留给下属是不够的。下述管理者的职责是"不宜下放的"。

① 参与质量委员会的工作。这是上层管理者最基本的参与方式。

② 批准质量方针和目标。越来越多的企业已经或者正在制定质量方针和目标，这些方针和目标在公布前必须获得上层管理者的批准。

③ 提供资源。只有为质量改进提供必要的资源，包括人、工作条件、环境等，才能保证质量改进的顺利实施。

④ 予以表彰。表彰通常包括某些庆祝活动，这类活动为管理者表示其对质量改进的支持提供了重要的机会。

⑤ 修改工资及奖励制度。目前大部分公司的工资及奖励方法不包含质量改进内容，或奖励的力度和合理性方面存在问题，所以要组织修改这些制度。

5. 员工的顾虑

进行质量改进会对企业文化产生深远的影响，远不止表面上精神所发生的变化。例如会增添新的工种；岗位责任中会增添新的内容；企业管理中会增添团队精神这一概念；质量的重要性得到承认，而其他工作的重要性相对降低；公司会要求为实施上述改变而进行培训等。总的来说，它是一种巨变，打破了企业原有的平静。

对员工而言，这一系列变化所带来的影响中，他们不愿意的莫过于使他们的工作和地位受到了威胁。比如，降低长期浪费会减少返工的需要，这样从事返工作业的人就会失去工作，而这类工作的取消又会对其主管人员的工作或地位构成威胁。

然而，质量改进是保持竞争力的关键所在。如果不前进，所有的人都将失去工作机会。因此，企业应该进行改进，只是在改进的同时，要认识到员工的顾虑，和他们进行沟通，解释为什么要进行改进。同时，通过企业发展和事业的拓展来促进员工的就业。

四、持续的质量改进

改进过程不是一次性工作，持续开展质量改进活动是非常重要的。古语云："滴水穿石"，公司要获得成功就要持续进行质量改进，这也是 ISO 9000:2000 所强调的质量管理八项原则之一。持续改进必须做好以下几方面的工作。

1. 使质量改进制度化

要使公司的质量改进活动制度化，应做到如下几方面工作：

① 公司年度计划应包括质量改进目标，使质量改进成为员工岗位职责的一部分。

② 实施上层管理者审核制度，即 ISO 9000 质量体系中要求的管理评审，使质量改进进度和效果成为审核内容之一。

③ 修改技术评定和工资、奖励制度，使其与质量改进的成绩挂钩。

2. 检查

上层管理者按计划定期对质量改进的成果进行检查是持续进行年度质量改进的一个重要内容。如果不这样做，那么质量改进活动同那些受到检查的活动相比，就无法获得同样程度的重视。

（1）检查结果

根据不同的结果安排不同的检查方式。对于非常重要的项目，要进行更加细致的检查。

（2）检查的内容

进度检查的大部分数据来自质量改进团队的报告，质量改进成果报告通常要求明确下列内容：

① 改进前的废品或其他问题，如时间、效率的损失总量；

② 如果项目成功，预计可取得的成果；

③ 实际取得的成果；

④ 成本投入及利润；

⑤ 其他方面的收获（如：学习成果、团队凝聚力、工作满意度等）。

（3）成绩评定

检查的目的之一是对成绩进行评定，这种评定除针对项目外，还包括个人，而在组织的较高层次，评定范围扩大到主管和经理，此时评定必须将多个项目的成果考虑进来。

3. 表彰

通过表彰，被表彰的员工了解自己的努力得到了承认和赞赏，并使他们以此为荣，获得别人的尊重。

4. 报酬

报酬在以往主要取决于一些传统指标的实现，如成本、生产率、计划和质量等。而为了体现质量改进是岗位职责的一部分，评定中必须加进一项新指标，即持续质量改进指标。质量改进不是一种短期行为，是组织质量管理的一项新职能，对原有的文化模式造成了冲击，对公司保持其竞争力至关重要，因此必须反映到岗位责任和工资及奖励制度中去。否则，员工工作表现的评定将仍根据其对传统目标的贡献，而使持续质量改进得不到足够的重视而受挫。

5. 培训

培训的需求非常广泛，因为质量改进是公司质量管理的一项重要职能，对所有人提出了新的任务要求，要承担这些新的任务，就需要大量的知识和技能的教育培训。

| 第三节 |
质量改进常用的工具

一、因果图

1. 因果图的定义

导致过程或产品问题的原因可能有很多因素，通过对这些因素进行全面系统地观察和分析，可以找出其因果关系。因果图就是一种简单易行的方法。

因果图是一种用于分析质量特性（结果）与可能影响质量特性的因素（原因）之间的因果关系的一种工具。它可用于以下几个方面。

① 分析因果关系；

② 表达因果关系；

③ 通过识别症状、分析原因、寻找措施，促进问题解决。

因果图主要用于分析质量特性与影响质量特性的可能原因之间的因果关系，通过把握现状、分析原因、寻找对策来促进问题的解决。

2. 因果图的绘制

绘制因果图是质量问题能否顺利解决的关键。然而，绘制因果图不是一件轻而易举的工作，通常绘制的方法有两种，逻辑推理法和发散整理法。在介绍因果图的绘制方法之前，我们用示例来说明因果图的结构。

（1）因果图示例

有关运动员比赛成绩不好的因果图示例如图 7-7 所示，由于篇幅有限，没有对影响原因进行具体描述，例如："睡眠时间不够"表示为"时间"；"缺乏有效的训练计划"表示为"计划"。在实际应用时应该完整、准确地对影响原因进行描述。

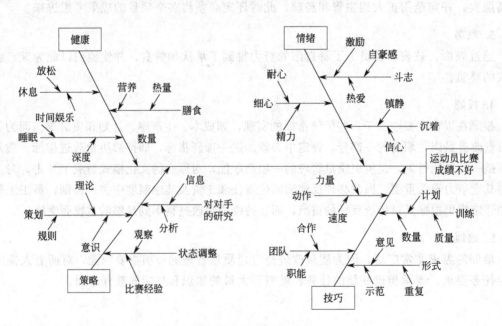

图 7-7 因果图示例

（2）利用逻辑推理法绘制因果图的步骤

第一步，确定质量特性（结果），可根据具体需要选择因果图中的"结果"。

第二步，将质量特性写在纸的右侧，从左至右画一箭头（主骨），将结果用方框框上；接下来列出影响结果的主要原因作为大骨，也用方框框上。

第三步，列出影响大骨（主要原因）的原因，也就是第二层次原因，作为中骨；接着用小骨列出影响中骨的第三层次的原因，如此类推。

第四步，根据对质量特性影响的重要程度，将认为对质量特性有显著影响的重要因素标出来。

第五步，在因果图上记录必要的有关信息。

一开始使用这种方法可能感到比较困难，这时，最好的办法就是看一看质量特性有没有波动，如果数据表明存在波动，就要思考为什么会存在波动。

当要画某种不合格的因果图时，比如，可能会从数据中发现每周内不同的日期里，这种不合格发生的次数有所不同，如果这种不合格在星期一发生的次数比其他日期次数多，就可以换个角度考虑，"为什么会产生不合格？""为什么这种不合格在星期一发生的次数比其他日期多？"这样可以找出星期一与其他日期不同的原因，最终发现产生不合格的原因。

用这种思考方法，确定结果和第一层次原因（主骨）、大骨和中骨、中骨和小骨之间的关系，构成了逻辑上的因果关系。

因果分析图完成以后，下一步就是要评价各因素的重要程度。因果图中所有的因素与结果不一定紧密相关，将对结果有显著影响的因素做出标记。

最后在因果图上标明有关资料，如产品、工序或小组的名称、参加人员名单、日期等。

（3）利用发散整理法绘制因果图的步骤

第一步，选题，确定质量特性；

第二步，尽可能找出所有可能会影响结果的因素；

第三步，找出各原因之间的关系，在因果图上以因果关系箭头连接起来；

第四步，根据对结果影响的重要程度，将认为对结果有显著影响的重要因素标出来；

第五步，在因果图上标上必要的信息。

因果图方法的显著特点是包括两个活动：一个是找出原因；另一个是系统整理这些原因。查找原因时，要求开放式的积极讨论，最有效的方法是"头脑风暴法"，用过去的说法就叫"诸葛亮会"。

绘制因果图时，影响结果的原因必须从小骨到中骨，从中骨到大骨进行系统整理归类。

这种因果图绘制方法先放开思路，进行开放式、发散性思维，然后根据概念的层次整理成因果图的形状。可以利用亲和图帮助整理，逐渐整理出不同层次，最后形成中骨、小骨结构。

以上两种因果图的绘制方法可以结合起来使用。

3. 因果图的注意事项

（1）绘制因果图的注意事项

① 确定原因时应通过大家集思广益，充分发扬民主，以免疏漏。

必须确定对结果影响较大的因素。如果某因素在讨论时没有考虑到，在绘图时当然不会出现在图上。因此，绘图前必须让有关人员都参加讨论，这样，因果图才会完整，有关因素才不会疏漏。

② 尽可能具体地确定原因。

如果质量特性很抽象，分析出的原因只能是一个大概。这里，尽管图中的因果关系从逻辑上说没什么错误，但对解决问题用处不大。

③ 有多少质量特性，就要绘制多少张因果图。

比如，同一批产品的长度和重量都存在问题，必须用两张因果图分别分析长度波动的原因和重量波动的原因。如果只用一张因果图来分析许多因素，势必使因果图大而复杂，无法管理，无法对症下药，难以解决质量问题。

④ 验证。

如果分析出的原因不能直接采取对策，说明问题还没有分析到位。要想改进取得效果，必须对原因进行细分，直至能采取措施为止。不能采取措施的因果图只能算是练习。这也是丰田公司提倡的"问五个为什么"的原因所在。

实际上，注意事项的内容分别要实现"重要的因素不要遗漏"和"不重要的因素不要绘制"两方面要求。正如前面所述，最终的因果图往往越小越有效。

(2) 使用因果图的注意事项

① 在数据的基础上客观地评价每个因素的重要性。

每个人要根据自己的技能和经验来评价各因素，这一点很重要，但不能仅凭主观意识或印象来评议各因素的重要程度。用数据来客观评价因素的重要性比较科学又符合逻辑。

② 因果图使用时要不断加以改进。

质量改进时，利用因果图可以帮助我们弄清楚因果图中哪些因素需要检查。同时，随着我们对客观的因果关系认识的深化，必然导致因果图发生变化，例如：有些需要删减或修改，有些需要增加。要重复改进因果图，得到真正有用的因果图，这对解决问题非常有用。同时，还有利于提高技术熟练程度，增加新的知识和解决问题的能力。

二、排列图

1. 排列图的定义

质量问题是以质量损失（不合格项目和成本）的形式表现出来的，大多数损失往往是由几种不合格引起的，而这几种不合格又是少数原因引起的。因此，一旦明确了这些"关键的少数"，就可消除这些原因，避免由此所引起的大量损失。排列图是识别"关键的少数"原因的一种有效工具。

排列图是为了对发生频次从最高到最低的项目进行排列而采用的一种简单图示技术。排列图建立在帕累托原理的基础上，主要的影响往往是由少数项目导致的，通过区分最重要的与较次要的项目，可以用最少的努力获取最佳的改进效果。

排列图按下降的顺序显示出每个项目（例如不合格项目）在整个结果中的相应作用。相应的作用可以包括发生次数、有关每个项目的成本或影响结果的其他指标，用矩形高度表示每个项目相应的作用大小，用累计频数表示各项目的累计作用。

2. 排列图的绘制

第一，确定所要调查的问题以及如何收集数据。

① 选题，确定所要调查的问题是哪一类问题，如不合格项目、损失金额、事故等。

② 确定问题调查的期间，如自3月1日至4月30日止。

③ 确定哪些数据是必要的，以及如何将数据分类，如：按不合格类型分、按不合格发生的位置分、按工序分、按机器设备分、按操作者分或者按作业方法分等。数据分类后，将不常出现的项目归到"其他"项目。

④ 确定收集数据的方法以及在什么时候收集数据。通常采用调查表的形式收集数据。

第二，设计一张数据记录表，如表7-1所示，这是某铸造企业在调查铸件质量问题时的案例。

表 7-1 不合格项调查表

不合格类型	记号	小计
断裂	正正	10
擦伤	正正正正正正正正丁	42
污染	正一	6
弯曲	正正正正正正正正正正正正正正正正正正正正正	104
裂纹	丅	4
砂眼	正正正正正	20
其他	正正丅	14
合计		200

第三，将数据填入表中，并合计。

第四，制作排列图用数据表，表中列有各项不合格数据，累计不合格数，各项不合格所占百分比以及累计百分比，如表 7-2 所示。

表 7-2 排列图数据表

不合格类型	不合格数	累计不合格数	比率(%)	累计比率(%)
弯曲	104	104	52	52
擦伤	42	146	21	73
砂眼	20	166	10	83
断裂	10	176	5	88
污染	6	182	3	91
裂纹	4	186	2	93
其他	14	200	7	100
合计	200		100	

第五，按数量从大到小顺序，将数据填入数据表中。"其他"项的数据由许多数据很小的项目合并在一起，将其列在最后，而不必考虑"其他"项数据的大小。

第六，画两根纵轴和一根横轴，左边纵轴，标上件数（频数）的刻度，最大刻度为总件数（总频数）；右边纵轴，标上比率（频率）的刻度，最大刻度为 100%。左边总频数的刻度与右边总频率的刻度（100%）高度相等。横轴上将频数从大到小依次列出各项。

第七，在横轴上按频数大小画出矩形，矩形的高度代表各不合格项频数的大小。

第八，在每个直方柱右侧上方，标上累计值（累计频数和累计频率百分数），描点，用实线连接，画累计频数折线（帕累托曲线）。

第九，在图上记入有关必要事项，如排列图名称、数据、单位、作图人姓名以及采集数据的时间、主题、数据合计数等。

根据表 7-2 的数据制作出的排列图如图 7-8 所示。

3. 排列图的分类

正如前面所述，排列图是用来确定"关键的少数"的方法，根据用途，排列图可分为分析现象用排列图和分析原因用排列图。

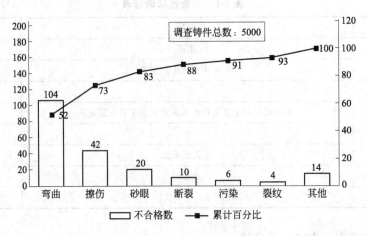

图 7-8　排列图

（1）分析现象用排列图

这种排列图与以下不良结果有关，用来发现主要问题。

① 质量：不合格、故障、顾客抱怨、退货、维修等。

② 成本：损失总数、费用等。

③ 交货期：存货短缺、付款违约、交货期拖延等。

④ 安全：发生事故、出现差错等。

（2）分析原因用排列图

这种排列图与过程因素有关，用来发现主要问题。

① 操作者：班次、组别、年龄、经验、熟练情况以及个人本身因素。

② 机器：机器、设备、工具、模具、仪器。

③ 原材料：制造商、工厂、批次、种类。

④ 作业方法：作业环境、工序先后、作业安排、作业方法。

4. 排列图的注意事项

（1）制作排列图的注意要点

① 分类方法不同，得到的排列图不同。通过不同的角度观察问题，把握问题的实质，需要用不同的分类方法进行分类，以确定"关键的少数"，这也是排列图分析方法的目的。

② 为了抓住"关键的少数"，在排列图上通常把累计比率分为三类：在 $0\%\sim80\%$ 间的因素为 A 类因素，也即主要因素；在 $80\%\sim90\%$ 间的因素为 B 类因素，也即次要因素；在 $90\%\sim100\%$ 间的因素为 C 类因素，也即一般因素。

③ 如果"其他"项所占的百分比很大，则分类不够理想。如果出现这种情况，是因为调查的项目分类不当，把许多项目归在了一起，这时应考虑采用另外的分类方法。

④ 结果数据是质量损失（金额），画排列图时质量损失在纵轴上表示出来。

（2）使用排列图的注意要点

如果希望问题能简单地得到解决，必须掌握正确的方法。

排列图的目的在于有效解决问题，基本点就是要求我们只要抓住"关键的少数"。如果某项问题相对来说不是"关键的"，我们希望采取简单的措施就能解决。

引起质量问题的因素会很多，分析主要原因经常使用排列图。根据现象制作出排列图，确定要解决的问题之后，必然就明确了主要原因所在，这就是"关键的少数"。

排列图可用来确定采取措施的顺序。一般地，把发生率高的项目减低一半要比把发生问题的项目完全消除更为容易。因此，从排列图中矩形柱高的项目着手采取措施能够事半功倍。

对照采取措施前后的排列图，研究组成各个项目的变化，可以对措施的效果进行验证。利用排列图不仅可以找到一个问题的主要原因，而且可以连续使用，找出复杂问题的最终原因。

5. 排列图和因果图结合使用

要解决质量问题，可将几种方法结合起来使用。将排列图和因果图结合起来特别有效，下面是一个典型的示例。

（1）选题

例如，某制造工序，用排列图确定主要不合格项目，收集了两个月的不合格品数据，对其进行了分类并绘制了排列图，如图 7-9 所示。从图中可以发现尺寸不合格数量最大，占不合格品总数的 48.89％，因此就把重点放在减少尺寸不合格数上。

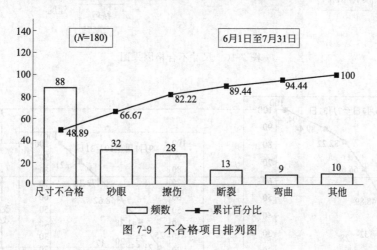

图 7-9　不合格项目排列图

（2）分析和对策

车间所有人员都参与讨论尺寸波动的原因，画出了因果图，并调查了所有零件尺寸的波动情况，探讨各因素对尺寸不合格的影响，如图 7-10 所示。通过现场调查和其他方法对各种原因进行验证，找到了主要原因，制定了对策并予以落实。

（3）改进的效果

进行改进后，收集 9 月 1 日至 10 月 31 日的数据，制作排列图比较结果。图 7-11 的两张排列图清晰地表明，经过改进，产品尺寸的不合格数减少了，由 88 件降到 20 件。同样两个月时间内，不合格的零件数由 180 件减少到 116 件。

三、直方图

1. 直方图的定义

直方图是对定量数据分布情况的一种图形表示，由一系列矩形（直方柱）组成。它将一批数据按取值大小划分为若干组，在横坐标上将各组为底作矩形，以落入该组的数据的频数或频率为矩形的高。通过直方图可以观测并研究这批数据的取值范围、集中及分散等分布情况。

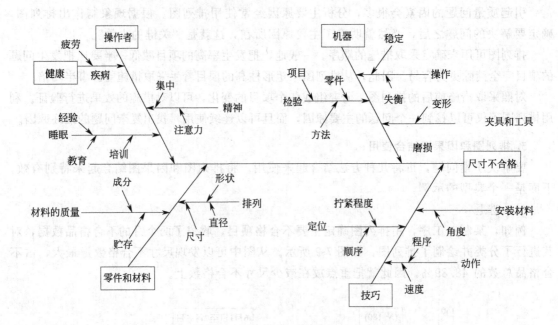

图 7-10　尺寸不合格因果图

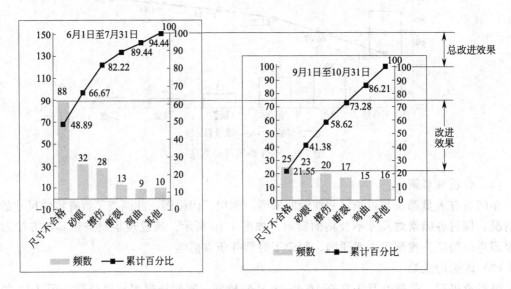

图 7-11　改进前后不合格项目排列图比较

直方图根据使用的各组数据是频数还是频率分为频数直方图与频率直方图，在表示分布时又分为一般直方图与累积直方图两种。作为质量改进的一种工具，在本章中我们主要讨论一般的频数或频率直方图。

2. 直方图的分类与使用

（1）直方图的常见类型

通常直方图有以下几种类型：标准型、锯齿型、偏峰型、陡壁型、双峰型、孤岛型，如图 7-12 所示。

根据直方图的形状，可以对总体进行初步分析。

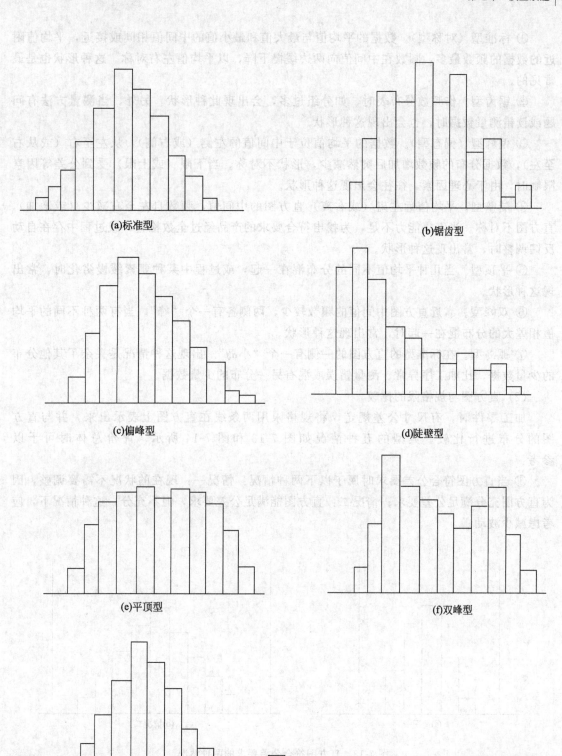

图 7-12 直方图的常见类型

① 标准型（对称型）。数据的平均值与最大值和最小值的中间值相同或接近，平均值附近的数据的频数最多，频数在中间值向两边缓慢下降，以平均值左右对称。这种形状也是最常见的。

② 锯齿型。作频数分布表时，如分组过多，会出现此种形状。另外，当测量方法有问题或读错测量数据时，也会出现这种形状。

③ 偏峰型（偏态型）。数据的平均值位于中间值的左侧（或右侧），从左至右（或从右至左），数据分布的频数增加后突然减少，形状不对称。当下限（或上限）受到公差等因素限制时，由于心理因素，往往会出现这种形状。

④ 陡壁型。平均值远左离（或右离）直方图的中间值，频数自左至右减少（或增加），直方图不对称。当工序能力不足，为找出符合要求的产品经过全数检查，或过程中存在自动反馈调整时，常出现这种形状。

⑤ 平顶型。当几种平均值不同的分布混在一起，或过程中某种要素缓慢劣化时，常出现这种形状。

⑥ 双峰型。靠近直方图中间值的频数较少，两侧各有一个"峰"。当有两种不同的平均值相差大的分布混在一起时，常出现这种形状。

⑦ 孤岛型。在标准型的直方图的一侧有一个"小岛"。出现这种情况是夹杂了其他分布的少量数据，比如工序异常、测量错误或混有另一分布的少量数据。

（2）直方图与规格限的比较

加工零件时，有尺寸公差规定，将规格限用两条线在直方图上表示出来，并与直方图的分布进行比较。典型的五种情况如图 7-13 和图 7-14 所示。评价总体时可予以参考。

① 当直方图符合公差要求时属于以下两种情况：情况一：现在的状况不需要调整，因为直方图充分满足公差要求；情况二：直方图能满足公差要求，但不充分，这种情况下，应考虑减少波动。

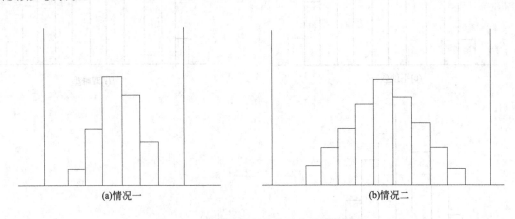

(a)情况一　　　　　　　　(b)情况二

图 7-13　直方图符合公差要求的两种情况

直方图符合公差要求

② 当直方图不满足公差要求时属于三种情况（图 7-14）：情况三：必须采取措施，使平均值接近规格的中间值；情况四：要求采取措施，以减少变差（波动）；情况五：要同时采取前两种措施，既要使平均值接近规格的中间值，又要减少波动。

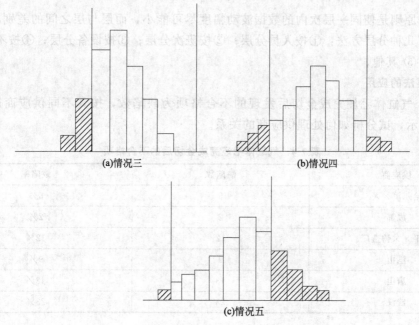

(a)情况三　　(b)情况四

(c)情况五

图 7-14　直方图不符合公差要求的三种情况

四、检查表

检查表又称调查表、核对表，它是用来收集和整理数据的，并在此基础上进行原因的粗略分析。

常用的调查表有以下两种：①不合格品项目调查表；②缺陷位置调查表。

【例 1】在磨床上加工某零件外圆，由甲乙两工人操作各磨 100 个零件（表 7-3），共产生废品 45 件，试分析废品产生的原因。

表 7-3　废品不合格检查表

检查项目	甲	乙	合计
表面粗糙度	100	100	200
度不合格	2	1	3
圆柱度超出规范	1	2	3
锥度不合格	3	18	21
碰伤	17	1	18
小计	23	22	45

答：若只对工人，不对不合格原因进行分层，两工人的废品率相差无几，找不出重点；若只对不合格原因，不对工人进行分层，则会得到主要因素为锥度不合格、碰伤两个原因。对工人及不合格原因分层后：甲工人主要因素为碰伤；乙工人主要因素为锥度不合格。

五、分层法

1. 分层法的概述

分层法又叫分类法或分组法，就是按照一定的标准，把收集到的数据加以分类整理的一种方法。

分层的目的在于把杂乱无章的数据加以整理，使之能确切地反映数据所代表的客观事实。

分层的原则是使同一层次内的数据波动幅度尽可能小，而层与层之间的差别尽可能大，通常有以下几种分层方法：①按人员分层；②按班次分层；③按设备分层；④按不同供应商物料分层；⑤ 其他。

2. 分层法的应用

【例2】气缸体毛坯完成金切后发现的不合格项为缺陷数，按其不同供应商进行分层，如表 7-4 所示，试分析如何处理供应商的关系。

表 7-4　气缸体毛坯完成金切后的不合格项

供应商	缺陷数	缺陷率
哈尔滨××	6	6％
成都	2	2％
四平××铸造厂	12	12％
昆山	9	9％
唐山	48	48％
武汉	23	23％

答：从不合格产品的占比排序来看，不合格产品的主要来源是唐山和武汉，应该重点监控这两个城市厂家的铸件质量，提升铸件质量水平。

六、散布图

散布图又称为相关图，它是用来研究两个变量之间是否存在相关关系的一种图形。在质量问题的原因分析中，常会接触到各个质量因素之间的关系。这些变量之间的关系往往不能进行解析描述，不能由一个（或几个）变量的数值精确地求出另一个变量的值，称为非确定性关系（或相关关系）。散布图就是将两个非确定性关系变量的数据对应列出，标记在坐标图上，来观察它们之间的关系的图表。

散布图由一个纵坐标、一个横坐标和很多散布的点组成。散布图的作图步骤：首先是收集数据，然后是打点，从而形成几种典型相关关系，如图 7-15 所示。

【例3】炼钢是一个氧化降碳的过程，钢水含碳量的多少直接影响冶炼时间的长短，必须掌握钢水含碳量和冶炼时间的关系，如果已测得炉料熔化完毕时钢水的含碳量 x 与冶炼时间 y（从炉料熔化完毕到出钢的时间）的一列数据，如表 7-5 所示。

表 7-5　含碳量与冶炼时间的抽样统计情况

组号	1	2	3	4	5	6	7	8	9	10
含碳量 x/(0.01％)	104	180	190	177	147	134	150	191	204	121
冶炼时间 y/min	100	200	210	185	155	135	170	205	235	125

根据样本数据，提出以下要求：

（1）画出散点图。

（2）如果 y 与 x 具有线性相关关系，求回归直线方程。

（3）预测当钢水含碳量为 160 个 0.01％时，应冶炼多少时间？

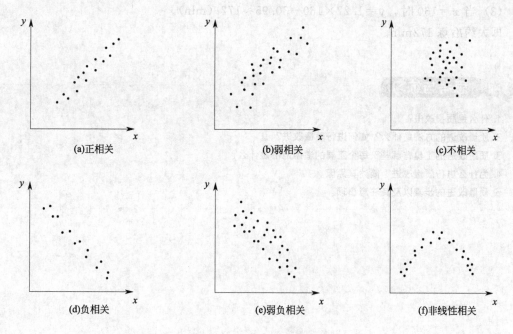

图 7-15 几种典型的散布图

答：解决这类问题是需要研究两个来变量间的关系。首先要收集数据，现在从生产中收集到表 7-5 所示的数据。一般情况下，我们把收集到的数据记为 (x_i, y_i)，$i=1, 2, \cdots, n$，在本例中 $n=10$。

（1）以 x 轴表示含碳量，y 轴表示冶炼时间，可作散布图如图所示：

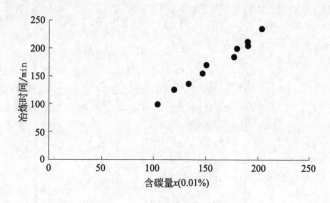

图 7-16 含碳量与冶炼时间的散布图

（2）设所求的回归直线方程为 $\hat{y}=bx+a$。

$$b=\frac{\sum\limits_{i=1}^{10}x_iy_i-10\overline{x}\ \overline{y}}{\sum\limits_{i=1}^{10}x_i^2-10\overline{x}^2}\approx 1.27$$

$$a=\overline{y}-b\ \overline{x}\approx -30.95$$

即所求的回归直线方程为 $\hat{y}=1.27x-30.95$。

（3）当 $x=160$ 时，$\hat{y}=1.27\times160-30.95\approx172$（min）。

即大约冶炼 172min。

思考与练习

1. 什么是质量改进？

2. 质量改进的方法是什么？如何进行质量改进？

3. 质量改进的工具有哪些？每个工具的适用范围是什么？

4. 为什么进行质量改进？简述其原因。

5. 质量改进的步骤以及其注意事项。

第八章

六西格玛管理

·

|第一节|

六西格玛管理概述

一、六西格玛管理的产生

20 世纪 60 年代，美国质量管理专家菲根堡姆系统地提出了全面质量管理的概念。之后，日本的企业普遍接受了菲根堡姆的质量管理理论，并结合自己的实践进行了创新。由于质量的改进，日本企业大举占领了美国的市场份额，许多美国企业面临着生死存亡的问题。

摩托罗拉公司同样面临着生死存亡的考验。20 世纪 70 年代，当一家日本公司从摩托罗拉手中买走摩托罗拉在美国的一家电视机制造厂之后，在很短的一段时间内，像变魔术一样，电视机的缺陷率只有在摩托罗拉的管理下的 1/20。1974 年世界上最早生产电视机的厂家摩托罗拉正式告别电视机的生产。之后，通用电气也放弃了电视机的生产，甚至整个美国都放弃了电视机的生产。难道电视机市场已经饱和，已经无利可图了吗？显然不是。东芝、索尼等公司在电视机市场上赚得盆满钵满；中国的电视机因为物美价廉而销往印度和越南，甚至大洋彼岸。难道危机只来自电视机市场吗？显然不是。20 世纪 70 年代初期，摩托罗拉已经成为全球无线通信的领导者，并与德州仪器公司和英特尔公司一起争夺半导体产品的最大销售商的位置。1974 年，8 个最大的半导体销售厂商有 5 个来自美国，3 个来自欧洲，但很快半导体市场的竞争变得异常激烈起来，仅仅在 5 年后的 1979 年，8 个最大的芯片生产商中就有 2 个来自日本。

面对危机四伏的市场环境，面对自身的业务危机，摩托罗拉的领导人把眼光盯到了企业的内部，并疾呼"我们的质量糟透了"。正是在这个背景下，在摩托罗拉公司首席执行官罗伯特·鲍勃·高尔文的领导下，启动了一项质量管理创新计划，这一计划有以下 4 个要点。

① 提升全球竞争力。与竞争对手相比，设计面向全球市场的产品，确保企业的优胜地位。

② 开展顾客完全满意活动。吸取全面质量管理之精华，将质量循环的原则和方法引入摩托罗拉的企业文化。

③ 质量改进。将改进目标定为 5 年内提高 100 倍，将质量改进目标与所有管理人员的

奖励计划挂钩，这一创意播下了六西格玛理念的火种。

④ 成立摩托罗拉培训与教育中心。使员工的能力满足质量管理流程与管理方式发生巨大的变化的需求。培训与教育中心形成了摩托罗拉大学的雏形。

与此同时，摩托罗拉的高级工程师比尔·史密斯提出了六西格玛的概念，并在通信业务部由乔治·费歇尔组织实施六西格玛改进计划。

随后在高尔文的大力支持下，六西格玛在全公司范围内得到了推广和实施。六西格玛产生的强大动力为摩托罗拉带来了巨大的成果：1988 年美国政府把马尔科姆·鲍德里奇国家质量奖颁发给了摩托罗拉，从 1987 年到 1997 年的 10 年间，公司的销售额增长了 5 倍，利润每年增加 20％，通过实施六西格玛管理所带来的收益累计达到 140 亿元，股票的价格平均每年上涨 21.3％。

摩托罗拉公司的成功经验深深触动了时任联合信号公司首席执行官的阿里·博西迪。1992 年，博西迪将六西格玛引入联合信号公司。"我们不但要给人们提出目标，还要提供合适的工具和方法"，联合信号的管理层如是说。博西迪最大的成功在于把联合信号真正的集合成一个整体，在整个公司范围内形成了统一的语言和文件，并把组织变革、领导力提升、企业文化变革融入到六西格玛中去。

博西迪成功了，六西格玛改变了联合信号的经营与运作的方式。公司的收益从 1991 年的 3.42 亿美元增长到 1997 年的 11.7 亿美元。在短短的 6 年内，几乎翻了两番，而且连续 31 个季度保持了每股利润 13％以上的增长，公司的股价增长了 8 倍。

真正把六西格玛这一高度有效的质量管理战略变成管理哲学和实践，从而形成一种企业文化的是杰克·韦尔奇领导下的通用电气。该公司 1996 年初把六西格玛作为一种管理战略列在其三大公司战略举措之首（另外两个是全球化和服务），在公司全面推行六西格玛的流程变革方法，首创了"倡导者""黑带大师""黑带""绿带"的组织形式，并以通用电气所特有的方式推行六西格玛管理。六西格玛上述角色的名称借用的是柔道、空手道中获得不同段位所佩戴的腰带。六西格玛战略与空手道有相似之处，两者都依赖系统的、强化的脑力和技术训练，依靠力量、速度，果断、准确、快速地完成任务。

通用电气的六西格玛管理计划演化成顾客满意计划，演化成利润增长计划，公司的面貌从此焕然一新。从实施六西格玛方法的第一年起，公司收益的增长速度就不断地加快：1999 年的收益是 107 亿美元，比 1998 年增了 15％，其中，因实施六西格玛而获得的收益就达到了 15 亿美元，到 21 世纪初，这个数字就达到了 50 亿美元。从 1981 年韦尔奇入主通用电气以来，在短短的 20 年里，通用电气的股票市值达到 4500 亿美元，增长了 30 多倍。

二、六西格玛管理的含义

六西格玛管理是通过过程的持续改进，追求卓越质量，提高顾客满意度，降低成本的一种突破性质量改进方法论，是根据组织追求卓越领先目标，针对重点管理项目自上而下进行的管理变革和改进活动。

（1）六西格玛是高标准的质量水平

"σ"是希腊字母，在统计学中常用来表示数据的离解程度，称为标准差。σ之前的系数在统计学中表示 σ 水平。考虑到不同工作的复杂程度，即出错机会，给出百万机会缺陷数的概念。如果某项工作每 100 万次出错机会实际出现错误为 66807 次，就认为这项工作的质量标准为 3σ，如果某项工作每 100 万次出错机会实际出现错误只有 3、4 次，就认为这项工作

达到 6σ 水平。6σ 质量水准的缺陷率大约减少到 3σ 质量水准的 $1/20000$，即 6σ 比 3σ 质量水准提高了 2 万倍。

由此可见，6σ 是一个近乎完美的质量水准。对组织来说，某一项或某几项工作达到 6σ 水准并不难，但是要求组织内部主要业务都达到 6σ 则很难。

（2）六西格玛管理是一个科学的管理方法体系

六西格玛管理法是一个以质量为主线，以顾客需求为中心，利用对数据和事实的分析，提升一个组织的业务流程能力的管理方法体系。这一方法体系包括一组强大的系统工具箱。首先，这些方法是针对流程改进的，六西格玛管理在 DMAIC（DMAIC：六西格玛管理中流程改善的重要工具，是指定义（Define）、测量（Measure）、分析（Analyze）、改进（Improve）、控制（Control）五个阶段的过程改进方法，一般用于对现有流程的改进，包括制造过程、服务过程及工作过程等）的各个阶段使用大量的工具。其次，这些方法是基于数据和事实驱动的，所有的方法都需要数据或信息作为基础。

三、六西格玛的相关术语

六西格玛有很多的技术术语，组织的最高领导层、执行委员会的成员、各过程所有者以及倡导者都必须理解和掌握这些技术术语。绿带、黑带和黑带大师是六西格玛技术术语的专家。

① 单位：一个单位是指六西格玛项目所研究的一个对象（例如，产品或者部件、服务或者服务步骤、时间段）。

② 缺陷产品：一个不合格的单位是一个缺陷产品。

③ 缺陷：一个缺陷是指一个单位产品中许多可能的质量特性中有一个不合格，导致顾客不满意。对于每个单位产品，每一个质量特性由顾客需要转换变为工程规格来进行定义。对每个单位产品的每一个缺陷进行操作定义十分的重要，例如，如果一个文件中一个单位拼写错误，这个单词就被视作一个缺陷。

④ 缺陷机会：一个缺陷机会是指出现缺陷最根本的地方。在一个定义的单位产品里可能有很多的缺陷机会。例如，一个服务可能有四部分，如果每个部分有 3 个出现缺陷的机会，那么这项服务就有 12 个缺陷机会。缺陷机会的数量通常与研究中单位产品的复杂性相关，也就是说，如果这个研究中的单位产品越复杂，出现缺陷的机会越大。

⑤ 单位缺陷数（DPU）：单位缺陷数是指在一个指定数量的单位产品中，一个单位出现缺陷的平均数，也就是说，n 个单位缺陷的总缺陷数除以 n。在一个 50 页的文档中，一个单位产品就是一页文档；如果整个文档有 150 个拼写错误，那么 DPU 就是 $150/50$ 或者说是 3；在 10 份 50 页的文档中有 75 个拼写错误，那么 PDU 就是 $75/10$ 或者说 7.5。

⑥ 机会缺陷率（DPO）：机会缺陷率是指缺陷数量除以出现缺陷机会的数量。拿上面那个服务的例子来说，一个单位有 12 个出现缺陷的机会。如果 100 次服务中出现 20 个错误，DPU 就是 0.2。但是，一个单位有 12 个出现缺陷的机会，这就是说 100 个单位的缺陷机会是 1200 个，因此 DPO 就是 $20/1200$ 或者说是 0.0167。DPO 也可以用 DPU 除以缺陷机会总数得到。

⑦ 百万机会缺陷数（DPMO）：DPMO 等于 DPO 乘 100 万。因此，拿上面的例子来说，DPMO 就是 0.0167×1000000，或者说每百万机会的缺陷数是 16700。

⑧ 观测合格率：观测合格率是指单位总数中符合规格的单位所占的比例。也就是说，

如果生产了 25 个单位，其中 20 个是合格的，那么观测合格率就是 0.80（20/25）。

⑨ 流通合格率（RTY）：RTY 是指某个产品经过生产过程的每个步骤的观测合格率。指某个单位经过一个过程的所有步骤不出现一个缺陷的概率。RTY=1.0−DPO。例如，如果一个过程包含 3 个步骤，第一步的收益是 99.7%，第二部的收益是 99.5%，第三部的收益是 89.7%，这样流通合格率就是 0.997×0.995×0.897 或者说是 88.98%。

⑩ 过程六西格玛：过程六西格玛是指用 DPMO 和正态分布表来确定过程绩效的一种测量方法。过程六西格玛就是一种对于过程绩效的计量指标，通过过程六西格玛可以将不同过程、不同部门、不同分支、不同公司、不同国家的过程绩效进行互相的比较。在六西格玛术语中，一个过程的 σ 值是用来说明每百万机会缺陷数量的一种计量指标，或者说从顾客需求角度看过程绩效好坏的程度。

第二节

六西格玛管理水平度量

一、六西格玛的统计学原理

（1）问题的提出

对于每一个产品或过程，都有相应的规格要求，特别地，对于双向公差要求的质量特性，顾客希望质量指标值在一定范围内最好，即分别有一个规格上限（USL）和规格下限（LSL），要求质量特性值在 LSL 和 USL 之间波动。例如快餐公司为顾客提供送餐服务，顾客希望在中午 12：00 送到，但是考虑到交通、寻找地址等因素，总会出现一些误差。这时，可以由双方约定一个时间范围，如在 11：45～12：15 之间送达快餐，顾客也能接受。但是，如果送达时间早于 11：45 或迟到于 12：15，可以说快餐公司发生了一次服务失误。那么如何检测快餐公司的服务水平？为了说明这个问题，先要了解正态分布的一些统计学结论。

（2）正态分布的累计概率

为了解答上述问题，让我们先看一下标准正态分布累计概率的计算。对于正态分布，有

$$P（-1<x<+1）=\Phi（+1）-\Phi（-1）=2\Phi（+1）-1=0.6827$$
$$P（-2<x<+2）=\Phi（+2）-\Phi（-2）=2\Phi（+2）-1=0.9545$$
$$P（-3<x<+3）=\Phi（+3）-\Phi（-3）=2\Phi（+3）-1=0.9973$$
$$P（-4<x<+4）=\Phi（+4）-\Phi（-4）=2\Phi（+4）-1=0.99994$$
$$P（-5<x<+5）=\Phi（+5）-\Phi（-5）=2\Phi（+5）-1=0.9999994$$
$$P（-6<x<+6）=\Phi（+6）-\Phi（-6）=2\Phi（+6）-1=0.999999998$$

上述结果中，0.9973 表示特征数据落在界限 −3～+3 之间的概率，即在 [−3，+3] 范围内，标准正态分布曲线下面的面积，其余类推。

对于一般的正态分布 $N（\mu，\sigma2）$，令 $Z=\dfrac{x-\mu}{\sigma}$，并将 Z 代入正态分布概率密度函数中，就可转化为标准正态分布。

实际生产过程中，由于各种随机因素的影响，特征数据的平均值都会产生偏离目标值的情况，通常把这一现象称为漂移。美国两个学者本德和吉尔森花了近 30 年的时间，独立研究了生产过程中产生的漂移，获得的结果是 1.49σ 的漂移量，为了方便计算，取为 1.5σ。

考虑 1.5σ 正方向（反方向也得到同样的结论）的漂移量，对于 $\sigma=1$ 的正态分布曲线，容易计算特征数据落在界限 $-3 \sim +3$ 之间的概率为

$$P(-3<x<+3)=\varPhi(+1.5)-\varPhi(-4.5)=0.9332-0=0.9332$$

特征数据落在界限 $-6 \sim +6$ 之间的概率为

$$P(-6<x<+6)=\varPhi(+4.5)-\varPhi(-7.5)=0.9999966-0=0.9999966$$

根据书上述结果，考虑 1.5（$\sigma=1$）的偏移量，特征数据落在界限 $[-3, +3]$ 之外的概率为 $1-0.9332=0.066807$（这里略去 -4.5 处的积累概率），即 66807ppm，特征数据落在 $[-6, +6]$ 之外的概率为 $1-0.9999966=0.0000034$，即 3.4ppm。在物理化学中，ppm 是一个表示微量元素浓度的方法，含义是百万分之几的溶质含量。这借用过来表示质量特性值落在一定的范围之外的概率。例如，考虑到 1.5（$\sigma=1$）的漂移量，特征数据落在界限 $[-6, +6]$ 之外的概率为 3.4ppm。

（3）六西格玛的真正含义

"借用"上面的计算结果，对于标准差为 σ 的生产过程，如果过程的缺陷率减少到 3.4ppm，因为这一指标是质量特性值落在 $[-6, +6]$ 之外的概率，就认为该生产过程的结果达到六西格玛质量水平。显而易见，在均值不变的情况下，生产过程的标准差越小，质量越高，对于给定的范围，当生产过程的标准差小到使质量特性值在规格范围之外的概率减少到 3.4ppm 时，就认为该生产过程的结果达到了六西格玛质量水平。考虑到现实中测评的对象不是产品，更多的是某种结果，或者是出错的次数，而不同的业务会有不同的出错机会，即不同业务的工作难度不同，为此，引入百万机会缺陷数，即 DPMO 的概念。因此，六西格玛的真正含义是，对于任何一项业务，假设在 100 万次出错的机会中，实际出错的次数少到 3、4 次，那么就认为这项业务的质量水平达到了六西格玛。

二、六西格玛水平测量

（1）关键质量特性与缺陷

关键质量特性是指满足顾客要求或过程要求的关键特性。例如，对某种自动调温炉灶，要求其温度设置在 350℃时必须产生（350+5）℃的温度，那么，炉灶自动调温准确无误便是关键质量特性。再如，顾客要求打电话到客户服务中心的等候时间不能过长，那么，可以把入局呼叫的等候时间不能超过 30 秒设为关键质量特性。

缺陷即"为满足与预期或规定用途有关的要求"。与缺陷有关的另一个概念是不合格，不合格即"未满足要求"。缺陷要比不合格严重，可以说缺陷产品一定是不合格品，不合格品未必是缺陷产品。而且，缺陷有法律内涵，往往涉及产品责任。

六西格玛管理中的缺陷是指未能满足对关键质量特性所提出的要求，即"未满足与预期或规定用途有关的要求"。

（2）单位缺陷数、机会缺陷数、百万机会缺陷数

单位缺陷数是指给定单位数中所有缺陷数的平均值，即过程输出的缺陷总数除以过程输出的单位数。例如，在全部 10 本 50 页的文件中，总共发现了 100 处拼写错误，如果单位是 1 本，那么 DPU 就是 100/10，即 10；如果单位是 1 页，那么 DPU 就是 100/500，即 0.5。

其中，单位是指观察其是否有缺陷的对象，如一件产品、一份报告、一本书、一次电话服务等。

DPU 的计算公式如下：

$$DPU＝缺陷数/单位数$$

机会缺陷数是指单位缺陷数除以缺陷机会。如果一次过程中存在 1 次缺陷机会，那么，DPO 与 DPU 相等。如果一次过程中存在不止 1 次机会，那么 DPO 就等于 DPU 除以缺陷机会。例如，在 100 次服务中出现 20 次缺陷，而每次服务过程中有 10 次缺陷机会，那么 DPU 就等于 20/1000，即 0.02。机会缺陷数提供了统一的指标，这一指标可以比较难度不同的工作的质量水平。其中，缺陷机会是指产生缺陷的可能性，如一块线路板上有 100 个焊点，就有 100 个缺陷机会；一份表格上有 10 个需要填写的栏目，就有 10 个缺陷机会；输入单词 defect，就有 6 个缺陷机会。

DPO 的计算公式如下：

$$DPO＝DPU/缺陷机会＝缺陷数/单位数×缺陷机会$$

把机会缺陷数扩大 100 万倍，就是百万机会缺陷数，即 100 万次出错机会中实际出现的缺陷数。这一概念的提出是为了确定某项业务的质量水平。如果某项工作每 100 万次出错的机会实际出现错误只有 3、4 次，就认为这项工作达到六西格玛水平。

DPMO 的计算公式如下：

$$DPMO＝DPO×1000000＝缺陷数/单位数×缺陷机会$$

考虑 1.5σ 漂移，通过查标准正态分布积累概率表可以得到不同 σ 水平对应的 DPMO 值。在给定 σ 水平的前提下，还可以利用 MS-Excel 中的 normsdist 函数来计算相应的 DP-MO 值。例如，给定 4σ 水平，DPMO＝1000000×［normsdist（$-4-1.5$）＋1－normsdist（$4-1.5$）］≈ 6210，余者类推。

（3）首次产出率与流通产出率

首次产出是指过程输出一次达到顾客要求或规定要求的比例，也就是一次提交合格率。

流通产出率（Rolled Throughput Yield）是指构成过程的每个子过程的一次通过率的乘积。

在许多企业中，只要产品没有报废，在产出率上就不计损失。因此掩盖了由于过程输出没有一次达到要求而发生的返修费用和生产周期的延误。

第三节
六西格玛的组织和培训

一、六西格玛组织架构与团队成员

（1）六西格玛的组织架构

六西格玛管理作为组织的重要行动，必须依靠组织系统的可靠保证和各管理职能的大力推动。因此，导入六西格玛管理时应该建立健全组织机构，把经过系统培训的优秀人才安排在六西格玛管理的相应岗位上，规定和赋予明确的职责和权限，从而构建一个高效的组织系统，为实现六西格玛管理目标提供根本保证。实施六西格玛管理的组织系统一般分为三层，即领导层、指导层和执行层，如图 8-1 所示。

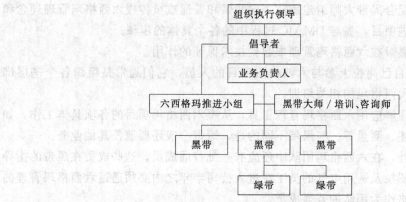

图 8-1 六西格玛管理组织体系结构图

领导层即六西格玛管理推行委员会通常由倡导者（一般为企业高层领导担任）、主管质量的经理和财务主管组成。领导层负责执行六西格玛管理的战略计划活动，包括制定六西格玛管理计划、提供资源、审核结果。

指导层由组织的黑带大师和从外部聘请的咨询师组成。指导层负责执行六西格玛管理的战术活动，内容包括组织培训、指导项目、检查进度。

执行层由执行改进项目的黑带、绿带组成。执行层负责执行六西格玛管理的作业活动，内容包括按照 DMAIC 模式所展开的各项改进活动。

（2）六西格玛管理体系中各岗位职责

① 倡导者。倡导者是六西格玛项目的领导者。企业开始启动六西格玛项目时，倡导者通常由最高领导者担任，如通用电气的 CEO 韦尔奇、联合信号的 CEO 博西迪都承担过倡导者的角色。当企业有了成功的经验之后，可以由分管质量工作的副总经理和质量总监担任倡导者的角色。多数情况下，倡导者为兼职。对于规模较大的六西格玛项目，还划分为公司级倡导者和事业部倡导者。

倡导者的主要职责是制定六西格玛管理的计划、方针和政策，打破各职能部门的界限，调动组织的各项资源，支持和确认六西格玛管理的全面的工作。此外，倡导者还负责选择黑带大师和黑带。

倡导者对六西格玛项目的支持和激励是组织按时、按质完成既定目标，最终实现六西格玛项目成功最重要的驱动因素。

② 黑带大师。黑带大师是实施六西格玛管理的技术总负责人、专家和咨询师。黑带大师必须具有 5 年以上六西格玛管理实践经验，并且有成功记录。黑带大师必须具有丰富的管理经验并掌握六西格玛管理工具和技术。在摩托罗拉公司，黑带大师必须得到两名副总裁的推荐和认可。

黑带大师的主要职责为协助倡导者选择合适的六西格玛项目、组建六西格玛团队，并为六西格玛团队制定工作目标及实施方案、负责培训黑带和绿带、为黑带提供六西格玛高级技术工具支援、参与六西格玛项目评审并提出要求和建议。

黑带大师对六西格玛项目强有力的技术支持是组织成功实施六西格玛管理的基本保证。

③ 黑带。黑带是专门从事六西格玛项目的技术骨干和六西格玛团队的核心力量。黑带

来自组织的各个部门，经过六西格玛革新过程和统计工具的全面培训。通常黑带是全职人员，他们脱离原来的岗位，把全部的精力放在六西格玛项目的实施上。

黑带的主要职责是配合黑带大师组建团队，向绿带和普通成员传授六西格玛管理理念和方法，负责实施质量改进项目，参与 DMAIC 过程中的各个具体的步骤。

和黑带大师一样，黑带在六西格玛管理中起到技术保证的作用。

④ 绿带。绿带是在自己岗位上参与六西格玛项目的人员，它们通常是组织各个基层部门的业务骨干，接受过六西格玛的相关培训。

绿带的主要职责是理解应用六西格玛管理工具，从事六西格玛项目的各项具体工作，如数据收集、工作流程描述、测量等。与黑带不同的是，绿带一般还要兼任其他业务。

除上述特有角色之外，在六西格玛团队中还应有一批普通成员，这些成员在黑带的指导下实现具体计划。摩托罗拉及通用电气的员工在进入公司半年之内必须通过六西格玛管理的认知培训，他们才有资格作为团队的普通成员。

（3）公司需要六西格玛关键角色的数量

公司的实际情况及业务流程不同，所需要的黑带数目可以有所不同。一般地，每一个业务部门或生产单位应有一个黑带大师，或每 1000 名员工需要一个黑带大师。生产制造业每 100 个员工需要一个黑带，而服务业每 50 个员工就需要一个黑带。对于绿带的数目，每 20 名员工就应至少有一个绿带。

二、六西格玛管理培训

（1）对黑带的培训

黑带必须掌握六西格玛的知识和技能，这是实施和领导一个具有明确业务目标的六西格玛项目所必需的。黑带应具备识别关键流程的能力，应具备判断六西格玛项目的生产流程或交易流程中是否存在缺陷的能力，具备集中主要精力从根本上解决质量问题的能力。

对于黑带的完整培训一般需要 4 个月的时间。其中，每个月的第一周进行课堂学习，其余 3 周把学到的理论知识和技能用于六西格玛实践，这一过程将一直持续到黑带所有课程完结并能成功实施具体的方案为止。黑带培训完毕后，必须经过几个项目的实践过程。黑带通过所有的课程认证及项目实践后，公司与培训机构给黑带颁发黑带资格证书。

通过黑带课程的培训，黑带候选人应达到：深入理解六西格玛的主要理念；具备领导六西格玛团队的能力；具备管理六西格玛项目能力；具备运用六西格玛管理方法观察、分析和处理问题的能力；掌握 DMAIC 模式；掌握流程改进的高级工具。

（2）对绿带的培训

绿带的培训课程一般在 6 天左右完成。课程内容围绕 DMAIC 的 5 个阶段展开。通过绿带课程的培训，绿带候选人应达到：透彻理解六西格玛的主要理念；熟悉 DMAIC 模式的全过程；掌握基本的流程改进工具；熟悉六西格玛团队的工作技巧。绿带的培训内容主要包括：①质量管理的发展历程；②六西格玛的基本理念；③六西格玛的统计学原理；④DMA-IC 模式。

绿带的培训与黑带的课程类似，但在统计工具方面主要学习一些初等的技术与方法。只讲授家和检验、方差分析、回归分析、试验设计的基本概念和简单应用。

为顺利实施六西格玛项目，还要对普通成员进行六西格玛管理的认知培训。

|第四节|
方法和模式

作为一种管理哲学，六西格玛管理旨在让组织建立这样一种文化，即："零缺陷"是可能的，这里"零缺陷"不仅仅与制造过程相联系，而且与服务过程乃至组织内部所有过程相联系。六西格玛管理理念源于戴明、朱兰、菲根堡姆、克劳斯比等质量管理大师的理论以及几十年全面质量管理的实践经验。它强调以顾客为关注焦点，并将持续改进与顾客满意以及企业经营目标紧密地联系起来；它强调依据数据进行管理，并充分运用定量分析和统计思想；它强调面向过程，并通过减少过程的变异或缺陷实现降低成本与缩短周期；它强调变革组织文化以适应持续改进的需要等。

作为一种管理方法，六西格玛管理包括"六西格玛设计"和"六西格玛改进"两个方面。六西格玛管理是通过一系列六西格玛设计和六西格玛改进项目完成的。

一、六西格玛策划

实施六西格玛策划，以保障六西格玛项目顺利进行。

（1）项目选择原则

在策划六西格玛项目时，选择的原则十分重要。此时，评价一系列潜在六西格玛项目并从中挑选出最有希望被团队解决的项目是非常重要的。

挑选项目要基于两个"M"。

Meaningful——有意义的，项目要真正有利于顾客和经营，项目才是有意义的。

Manageable——可管理的，项目的规模应该使团队有能力完成，便于管理。换句话说，团队以后五个活动步骤 DMAIC（界定、测量、分析、改进和控制）都能够在这个范围内得以实施。

（2）衡量六西格玛的标准

基于这样的考虑，衡量六西格玛项目的标准就是可以运用平衡计分卡策略，即充分关注顾客满意和企业经营两个方面，从顾客、财务、企业内部过程和学习与增长四个层面来综合考虑问题。

顾客——为了让顾客满意，对顾客应有如何表现？关注顾客是六西格玛管理的主题之一。六西格玛质量的定义是有两个基本点：一是产品特性要让顾客满意；二是在此前提下避免缺陷（差错）。因此，过去企业常用的评价事项，如劳动工时、成本和销售额等都与顾客真正关心的无关。让顾客满意，其基础是要掌握什么是顾客的期望和需求，用六西格玛语言阐述，顾客的期望和需求称为关键质量特性，我们可以用顾客的期望和需求水平的测量方法来检验在满足顾客需求方面的业绩。

财务——为了财务成功，对股东应如何表现？六西格玛管理的一大特点就是用财务的语言来阐述现状水平和改进的绩效，用财务指标，将业绩转换成财务效益，劣质成本分析是一个非常有效的方法。劣质成本是六西格玛管理的重要切入点，劣质成本的观念是帮助选择六西格玛改进项目。因为理想的改进项目必须是：在成本节省方面有很大的潜力；涉及关键过程输出变量的有关问题；顾客和经营者都比较关心的问题。同样根据劣质成本与销售比例，我们也可以推算其质量水平处于什么样的六西格玛水平。

企业内部过程——为了满足顾客和股东，哪些过程必须优化？六西格玛管理的另外一个主题之一是采取的措施应针对过程，通过对过程分析，可以确定过程能力和过程的关键输入或输出变量，以及过程详细 SIPOC（供方、输入、过程、输出和顾客）分析。由于产品、服务各异，过程相应不同，用六西格玛水平度量，可以提供一定的方法来测量和比较不同的过程，从而实现过程优化。

学习与增长——为了达到愿景，如何提高改进和变革的能力？无论是制造业还是服务业，其生产和服务过程经常会出现一个"隐蔽工厂"。过程的最终合格率（指通过检验的最终合格变数占过程全部生产单位数的比例）的计算方法不能反映出该过程在通过最终检验之前所发生的返工等情况，流通合格率是一种能够找出"隐蔽工厂"地点和数目的有效方法，为过程是否增值做出判断。增值和减值，到消灭"隐蔽工厂"是六西格玛管理的一项重要指标。经过核算，知道流通合格率也就知道六西格玛水平。这是提高改进和变革能力的重要途径。

（3）项目特许任务书

项目被确定的标志是一份项目特许任务书。在六西格玛管理中，特许任务书是提供关于项目或问题书面指南的重要文件。任务书包括进行项目的理由、目标、基本项目计划、范围和其他的考虑，以及角色职责的评价。一般任务书的内容是由倡导者和团队在界定阶段将更加精确地确定。但事实上，特许任务书通常随着 DMAIC 项目的进展而不断地完善。

二、六西格玛改进

六西格玛项目选定之后，团队全体成员要通力合作，共同完成他们所做的工作。用六西格玛语言来描述就是 DMAIC 过程。

依照这个过程的五个步骤，可以有效地实现六西格玛突破性改进。团队的工作从一个问题的陈述到执行解决方案，这中间包括了许多的活动，通过 DMAIC 过程的活动方式，团队成员可发挥最有效的作用，完成项目使命。

这里，着重介绍 DMAIC 改进流程。

① 界定阶段 D：确定顾客的关键需求并识别需要改进的产品或过程，将改进项目界定在合理的范围内；

② 测量阶段 M：通过对现有阶段的测量，确定过程的基线以及期望达到的目标，识别影响过程输出 Y 的输入 Xs，对测量系统的有效性作出评价；

③ 分析阶段 A：通过数据分析确定影响输出 Y 的关键 Xs，即确定过程的关键因素；

④ 改进阶段 I：寻找优化过程输出 Y 并且消除或减少关键 Xs 的影响的方案，使过程的缺陷或变异降低；

⑤ 控制阶段 C：使修改后的过程程序化并通过有效的监测方法保持过程的改进的成果。各阶段的使用工具可以参考表 8-1。

表 8-1　DMAIC 过程活动重点及其工具

阶段	活动要点	常用工具和技术	
界定阶段 D	项目启动 寻找 $Y=f(x)$	·头脑风暴法 ·亲和图 ·树图 ·流程图 ·SIPOC	·顾客之声 ·因果图 ·劣质成本分析 ·项目管理

续表

阶段	活动要点	常用工具和技术	
测量阶段 M	确定基准 测量 $Y=f(x)$ 或 Xs	·排列图 ·因果图 ·散布图 ·过程流程图 ·测量系统分析 ·失效模式分析	·过程能力指数 ·抽样计划 ·水平对比法 ·直方图 ·趋势图 ·调查表
分析阶段 A	确定要因 确定 $Y=f(x)$	·头脑风暴法 ·因果图 ·箱线图 ·多变量图 ·水平对比法	·抽样计划 ·假设检验 ·回归分析 ·方差分析 ·试验设计
改进阶段 I	消除要因 优化 $Y=f(x)$	·试验设计 ·田口方法 ·响应曲面法	·测量系统分析 ·过程改进
控制阶段 C	控制原因 更新 $Y=f(x)$	·过程能力指数 ·控制图 ·标准操作程序 ·过程文件控制	·防差错方法

三、六西格玛设计

通常，六西格玛改进 DMAIC 是对现有流程的改进，即针对产品/流程的缺陷产生的原因采取纠正措施，进行改进，使之不断地完善。但是这些改进项目并不能满足企业变革的所有要求。有些过程就像老破车一样：你能把这个或那个烦人的问题修好，让它重新上路，但是要花费更多的费用。最后才意识到，最好还是换辆新车，既好用又合理。对于企业进行改进来说，并不是换辆新车，而是建立或者"设计"一个新的过程。

六西格玛设计就是按照合理的流程、运用科学的方法准确理解和把握顾客需求，对产品/流程进行稳健的设计，使产品/流程在低成本下实现六西格玛质量水平。同时使产品/流程本身具有抵抗各种干扰的能力，即使环境恶劣或操作不当，仍能满足顾客的需求。

六西格玛改进的 DMAIC 流程已经成为许多企业开展六西格玛管理企业的标准流程。与DMAIC 相似，六西格玛也有自己的流程，但是目前没有统一的模式。

六西格玛设计的功能是强化新产品开发和服务开发的过程。实际上，新产品和服务的成功开发提供了提高顾客满意度的途径，而六西格玛设计则提供了能迅速准确达到目的的方法论和程序、工具以及团队合作精神。六西格玛设计能够将产品与过程设计过程中的方法、工具和程序进行系统化的整合，用来设计或重新设计产品与服务，以满足顾客的需求和期望。

从六西格玛改进到六西格玛设计，六西格玛管理过程正在趋于完善，六西格玛管理从六西格玛改进向六西格玛设计演变，从改进质量、降低产品或过程差错，到设计质量、避免产品和过程问题，六西格玛设计更加体现质量经济性。

| 第五节 |

精益六西格玛管理

一、精益生产与六西格玛管理

1. 精益生产概要

（1）精益生产的起源

20世纪80年代初，从日本汽车开始打入美国市场时，美国汽车制造商认为日本汽车占有率的上升仅靠廉价劳动力和政府。20世纪90年代初，美国麻省理学院国际汽车项目组在对日本汽车工业进行深入调查时，发现以丰田汽车公司为代表的汽车公司，与美国汽车公司相比，只需一半的人员、一半的生产场地、一半的投资、一半的工程设计时间、一半的新产品开发时间和少得多的库存，就能够生产出质量更高、品种更多的轿车。詹姆斯·沃麦科博士对日本企业取得的这些成功经验进行总结，提出精益生产的概念，并于1990年出版了《改变世界的机器》一书。精益生产是以没有任何库存、时间、空间及劳动力浪费为目标，持续推行价值链整体改善的一种生产方式。

（2）精益生产的目标

精益生产致力于消除生产过程中的一切浪费。浪费不仅包括生产活动本身的支出，如制造费、管理费等，还包括只增加成本、不创造价值的一切要素和活动，如等待、过量生产、无为的搬运、多余的库存、多余的操作或动作、次品等。精益生产所追求的目标是废品量最低（零废品）、库存量最低（零库存）、更换作业时间最短、搬运量最低、生产提前期最短和批量最小。精益生产的最终目标是提升企业的竞争力，达到或超越顾客的满意度，获得显著的经济效益。

（3）精益生产的实质

精益生产的核心是在生产的各个层面上，采用能完成多种作业的工人和通用性强、自动化程度高的机器，以质量的持续改进为基础，通过实施准时制生产（Just in Time，JIT）和多品种混流生产，不断减少库存、消除浪费、降低成本。对于精益生产的本质，沃麦克提出，精益生产就是树立与浪费针锋相对的思想，精确地定义价值，识别价值流并制定价值流图，让没有浪费环节的价值流真正流动起来，让顾客拉动价值流，追求尽善尽美。

（4）精益生产的体系

并行工程的产品开发、JIT和稳定快捷的供应链是精益生产的三大支柱，多功能团队活动与持续改进是精益生产的基础，顾客满意是精益生产最终要实现的目标。精益生产体系结构见图8-2。

图 8-2　精益生产体系的结构

2. 精益生产与六西格玛管理的比较

精益生产直接关注提高流程速度和减少资本投入，其实质是树立与浪费针锋相对的思想，精确的定义价值，识别价值流并制定价值流图，让没有浪费环节的价值流真正流动起来，让顾客拉动价值流，追求尽善尽美。

六西格玛管理是一种直接使用统计方法来最大幅度地降低核心流程的缺陷，以实现组织的持续改进，从而达到甚至超过顾客满意的管理思想和方法体系。

精益生产与六西格玛管理的比较如表 8-2。

表 8-2 精益生产与六西格玛管理的比较

比较项目	不同点		相同点
	精益生产	六西格玛管理	
管理思想	实现周期、资料利用率等方面的完美	追求质量方面的完美	最终目标都是实现完美的管理
管理模式	从宏观角度出发，以系统为基点，充分考虑价值增加流程对企业整体价值链的影响	从微观角度出发，以项目管理为基点，通过有效实施DMAIC程序，循序渐进地实现企业预期目标	均以流程的管理为研究对象
流程改进方法	注重策略方面的不断完善，以目前所拥有的技术为起点，实现产品质量的提高，服务水平的升级，减少了成本的投入	注重突破性创新，无论任何项目都必须进行突破性创新，这就需要大量的前期财政投入	都以持续完善流程为主要方式，两者都认为一次调整是不能实现生产流程的全面完善的，必须采取不间断的评估、分析和完善
问题解决方式	对问题采取迅速、直接的解决方式，有效地实施经验管理	对问题采取层次分析、定量分析等量化分析方法，将问题标准化、模块化，避免了经验主义，将所有的问题的解决都建立在数据的基础上	都强调对问题的有效解决

企业在时间上的改进与质量上的改进同样重要。缩短周期，减少时间差异与改进质量的最终目的都是致力于提高组织的业务绩效，并增加顾客满意度。

精益生产与六西格玛管理有各自鲜明的特点，也有着许多共通之处，主要表现在以下几个方面。

① 两者追求的目标是一致的，即顾客满意，持续改进，并提高组织经营业绩。

② 两者都需要高层管理者的支持和授权才能确保成功。

③ 两者都采取团队的方式实施改善。

④ 两者都强调减少浪费，降低成本，缩短生产周期，准确快速地理解和响应顾客的需求，提高工序能力和过程或产品的稳健性，实现资源的有效利用，提高效率。

⑤ 两者都不仅用于制造流程，还可以用于非制造流程。

正因为如此，两者完全可以互为补充、互相结合。企业实施精益六西格玛管理，通过发挥精益生产和六西格玛管理各自的优势，实现强强结合，必将带来更显著的效益。

二、精益六西格玛管理的成功要素

（1）重视领导责任

精益生产和六西格玛管理需要处理的是整个系统的问题，要分析和解决问题设计的方方面面，需要与不同的部门进行沟通，需要配置各种资源。所以，领导者要承担组织、指挥、协调职责，有能力地推动精益生产的成功。

（2）重视文化建设

无论是精益生产还是六西格玛管理，文化对其成功都起着重要的作用。同样，实施精益生产和六西格玛管理也离不开企业文化建设。精益生产的文化是持续改进、追求完美、全员参与的文化。只有追求完美，持续地对过程进行改进，才能不断地超越现状，取得更大的绩效。

（3）以流程管理为切入点

只有以流程为中心才能真正发现在整个流程中何处的变异较突出，业务流程中哪些是不创造价值的。因此精益生产必须以流程为切入点，摒弃以组织功能为出发点的思考方式。

（4）正确使用方法和工具

方法和工具是必要的，但不是万能的。如果不能正确使用工具，往往会适得其反。在实施精益生产和六西格玛管理时，可先采用简单的工具作出显著性改进，然后再采用系统的工具或方法减少波动，使之稳定。

思考与练习

1. 简述六西格玛的起源和背景，并简述六西格玛的真正含义。
2. 试描绘六西格玛管理的组织体系构架。
3. 简述单位缺陷数、机会缺陷数、百万机会缺陷数的含义。
4. DMAIC 模式的 5 个阶段是什么？简述这 5 个阶段的内容。
5. 六西格玛水平测算的内容有哪些？

附录

1. 控制图系数表

样本大小	均值控制图系数			标准差控制图系数						极差控制图系数					
	控制界限系数			控制界限系数				中心限系数		控制限系数				中心限系数	
n	A	A2	A3	B3	B4	B5	B6	c4	1/c4	D1	D2	D3	D4	d2	1/d2
2	2.121	1.880	2.659	0	3.267	0	2.605	0.7979	1.2533	0	3.686	0	3.267	1.128	0.8865
3	1.732	1.023	1.954	0	2.568	0	2.276	0.8862	1.1284	0	4.358	0	2.574	1.693	0.5907
4	1.5	0.729	1.628	0	2.266	0	2.088	0.9213	1.0854	0	4.698	0	2.282	2.059	0.4857
5	1.342	0.577	1.427	0	2.089	0	1.954	0.9400	1.0638	0	4.918	0	2.114	2.326	0.4299
6	1.225	0.483	1.287	0.030	1.970	0.029	1.874	0.9515	1.0510	0	5.078	0	2.004	2.543	0.3932
7	1.134	0.419	1.182	0.118	1.882	0.113	1.806	0.9594	1.0423	0.204	5.204	0.076	1.924	2.704	0.3698
8	1.061	0.373	1.099	0.185	1.815	0.179	1.751	0.9650	1.0363	0.388	5.306	0.136	1.864	2.847	0.3512
9	1	0.337	0.132	0.239	1.761	0.232	1.707	0.9693	1.0317	0.547	5.393	0.184	1.816	2.970	0.3367
10	0.949	0.308	0.975	0.284	1.716	0.276	1.699	0.9727	1.0281	0.687	5.469	0.223	1.777	3.078	0.3249
11	0.905	0.285	0.927	0.321	1.679	0.313	1.637	0.9754	1.0252	0.811	5.535	0.256	1.744	3.173	0.3152
12	0.866	0.266	0.886	0.354	1.646	0.346	1.61	0.9776	1.0229	0.922	5.594	0.283	1.717	3.258	0.3069
13	0.832	0.249	0.850	0.382	1.618	0.374	1.585	0.9794	1.0210	1.025	5.647	0.307	1.693	3.336	0.2998
14	0.802	0.235	0.817	0.406	1.594	0.399	1.563	0.9810	1.0194	1.118	5.696	0.328	1.672	3.407	0.2935
15	0.775	0.223	0.789	0.428	1.572	0.421	1.544	0.9823	1.0180	1.203	5.741	0.347	1.653	3.472	0.2880
16	0.75	0.212	0.763	0.448	1.552	0.44	1.526	0.9835	1.0168	1.282	5.782	0.363	1.637	3.532	0.2831
17	0.728	0.203	0.739	0.466	1.534	0.458	1.511	0.9845	1.0157	1.356	5.82	0.378	1.622	3.588	0.2787
18	0.707	0.194	0.718	0.482	1.518	0.475	1.496	0.9854	1.0148	1.424	5.856	0.391	1.608	3.640	0.2747
19	0.688	0.187	0.698	0.497	1.503	0.49	1.483	0.9862	1.0140	1.487	5.891	0.403	1.597	3.689	0.2711
20	0.671	0.180	0.680	0.510	1.490	0.504	1.47	0.9869	1.0133	1.549	5.921	0.415	1.585	3.735	0.2677
21	0.655	0.173	0.663	0.523	1.477	0.516	1.449	0.9876	1.0126	1.605	5.951	0.425	1.575	3.778	0.2647
22	0.64	0.167	0.647	0.534	1.466	0.528	1.448	0.9882	1.0119	1.65	5.979	0.434	1.566	3.819	0.2618
23	0.626	0.162	0.638	0.545	1.455	0.539	1.438	0.9887	1.0114	1.71	6.006	0.443	1.557	3.858	0.2592
24	0.612	0.157	0.619	0.555	1.445	0.549	1.429	0.9892	1.0109	1.759	6.031	0.451	1.548	3.895	0.2567
25	0.6	0.153	0.606	0.565	1.435	0.559	1.42	0.9896	1.0105	1.806	6.056	0.459	1.541	3.931	0.2544

2. 样本量字码

批量	特殊检验水平				一般检验水平		
	S-1	S-2	S-3	S-4	Ⅰ	Ⅱ	Ⅲ
2～8	A	A	A	A	A	A	B
9～15	A	A	A	A	A	B	C
16～25	A	A	B	B	B	C	D
26～50	A	B	B	C	C	D	E
51～90	B	B	C	C	C	E	F
91～150	B	B	C	D	D	F	G
151～280	B	C	D	E	E	G	H
281～500	B	C	D	E	F	H	J
501～1200	C	C	E	F	G	J	K
1201～3200	C	D	E	G	H	K	L
3201～10000	C	D	F	G	J	L	M
10001～35000	C	D	F	H	K	M	N
35001～150000	D	E	G	J	L	N	P
150001～500000	D	E	G	J	M	P	Q
500001 及以上	D	E	H	K	N	Q	R

表 3-A　正常检验一次抽样方案（主表）

接收质量限（AQL）

下表中每个 AQL 列含 Ac（接收数）、Re（拒收数）两栏，单元格内数值按"Ac Re"列出。↓ 表示使用箭头下面的第一个抽样方案，↑ 表示使用箭头上面的第一个抽样方案。

样本量字码	样本量	0.010	0.015	0.025	0.040	0.065	0.10	0.15	0.25	0.40	0.65	1.0	1.5	2.5	4.0	6.5	10	15	25	40	65	100	150	250	400	650	1000
A	2	↓	↓	↓	↓	↓	↓	↓	↓	↓	↓	↓	↓	↓	↓	↓	0 1	1 2	2 3	3 4	5 6	7 8	10 11	14 15	21 22	30 31	44 45
B	3	↓	↓	↓	↓	↓	↓	↓	↓	↓	↓	↓	↓	↓	↓	0 1	1 2	2 3	3 4	5 6	7 8	10 11	14 15	21 22	30 31	44 45	↑
C	5	↓	↓	↓	↓	↓	↓	↓	↓	↓	↓	↓	↓	↓	0 1	1 2	2 3	3 4	5 6	7 8	10 11	14 15	21 22	30 31	44 45	↑	↑
D	8	↓	↓	↓	↓	↓	↓	↓	↓	↓	↓	↓	↓	0 1	1 2	2 3	3 4	5 6	7 8	10 11	14 15	21 22	30 31	44 45	↑	↑	↑
E	13	↓	↓	↓	↓	↓	↓	↓	↓	↓	↓	↓	0 1	1 2	2 3	3 4	5 6	7 8	10 11	14 15	21 22	30 31	44 45	↑	↑	↑	↑
F	20	↓	↓	↓	↓	↓	↓	↓	↓	↓	↓	0 1	1 2	2 3	3 4	5 6	7 8	10 11	14 15	21 22	30 31	44 45	↑	↑	↑	↑	↑
G	32	↓	↓	↓	↓	↓	↓	↓	↓	↓	0 1	1 2	2 3	3 4	5 6	7 8	10 11	14 15	21 22	30 31	44 45	↑	↑	↑	↑	↑	↑
H	50	↓	↓	↓	↓	↓	↓	↓	↓	0 1	1 2	2 3	3 4	5 6	7 8	10 11	14 15	21 22	30 31	44 45	↑	↑	↑	↑	↑	↑	↑
J	80	↓	↓	↓	↓	↓	↓	↓	0 1	1 2	2 3	3 4	5 6	7 8	10 11	14 15	21 22	30 31	44 45	↑	↑	↑	↑	↑	↑	↑	↑
K	125	↓	↓	↓	↓	↓	↓	0 1	1 2	2 3	3 4	5 6	7 8	10 11	14 15	21 22	30 31	44 45	↑	↑	↑	↑	↑	↑	↑	↑	↑
L	200	↓	↓	↓	↓	↓	0 1	1 2	2 3	3 4	5 6	7 8	10 11	14 15	21 22	30 31	44 45	↑	↑	↑	↑	↑	↑	↑	↑	↑	↑
M	315	↓	↓	↓	↓	0 1	1 2	2 3	3 4	5 6	7 8	10 11	14 15	21 22	30 31	44 45	↑	↑	↑	↑	↑	↑	↑	↑	↑	↑	↑
N	500	↓	↓	↓	0 1	1 2	2 3	3 4	5 6	7 8	10 11	14 15	21 22	30 31	44 45	↑	↑	↑	↑	↑	↑	↑	↑	↑	↑	↑	↑
P	800	↓	↓	0 1	1 2	2 3	3 4	5 6	7 8	10 11	14 15	21 22	30 31	44 45	↑	↑	↑	↑	↑	↑	↑	↑	↑	↑	↑	↑	↑
Q	1250	↓	0 1	1 2	2 3	3 4	5 6	7 8	10 11	14 15	21 22	30 31	44 45	↑	↑	↑	↑	↑	↑	↑	↑	↑	↑	↑	↑	↑	↑
R	2000	0 1	1 2	2 3	3 4	5 6	7 8	10 11	14 15	21 22	30 31	44 45	↑	↑	↑	↑	↑	↑	↑	↑	↑	↑	↑	↑	↑	↑	↑

注：↓——使用箭头下面的第一个抽样方案。如果样本量等于或超过批量，则执行 100% 检验。

　　↑——使用箭头上面的第一个抽样方案。

　　Ac——接收数。

　　Re——拒收数。

表 3-B　加严检验一次抽样方案（主表）

接收质量限（AQL）

每个接收质量限栏中数值表示为 "Ac Re"；↓ 表示使用箭头下面的第一个抽样方案；↑ 表示使用箭头上面的第一个抽样方案。

样本量字码	样本量	0.010	0.015	0.025	0.040	0.065	0.10	0.15	0.25	0.40	0.65	1.0	1.5	2.5	4.0	6.5	10	15	25	40	65	100	150	250	400	650	1000
A	2	↓	↓	↓	↓	↓	↓	↓	↓	↓	↓	↓	↓	↓	↓	↓	↓	0 1	1 2	2 3	3 4	5 6	8 9	12 13	18 19	27 28	41 42
B	3	↓	↓	↓	↓	↓	↓	↓	↓	↓	↓	↓	↓	↓	↓	↓	0 1	1 2	2 3	3 4	5 6	8 9	12 13	18 19	27 28	41 42	↑
C	5	↓	↓	↓	↓	↓	↓	↓	↓	↓	↓	↓	↓	↓	↓	0 1	1 2	2 3	3 4	5 6	8 9	12 13	18 19	27 28	41 42	↑	↑
D	8	↓	↓	↓	↓	↓	↓	↓	↓	↓	↓	↓	↓	↓	0 1	1 2	2 3	3 4	5 6	8 9	12 13	18 19	27 28	41 42	↑	↑	↑
E	13	↓	↓	↓	↓	↓	↓	↓	↓	↓	↓	↓	↓	0 1	1 2	2 3	3 4	5 6	8 9	12 13	18 19	27 28	41 42	↑	↑	↑	↑
F	20	↓	↓	↓	↓	↓	↓	↓	↓	↓	↓	↓	0 1	1 2	2 3	3 4	5 6	8 9	12 13	18 19	27 28	41 42	↑	↑	↑	↑	↑
G	32	↓	↓	↓	↓	↓	↓	↓	↓	↓	↓	0 1	1 2	2 3	3 4	5 6	8 9	12 13	18 19	27 28	41 42	↑	↑	↑	↑	↑	↑
H	50	↓	↓	↓	↓	↓	↓	↓	↓	↓	0 1	1 2	2 3	3 4	5 6	8 9	12 13	18 19	27 28	41 42	↑	↑	↑	↑	↑	↑	↑
J	80	↓	↓	↓	↓	↓	↓	↓	↓	0 1	1 2	2 3	3 4	5 6	8 9	12 13	18 19	27 28	41 42	↑	↑	↑	↑	↑	↑	↑	↑
K	125	↓	↓	↓	↓	↓	↓	↓	0 1	1 2	2 3	3 4	5 6	8 9	12 13	18 19	27 28	41 42	↑	↑	↑	↑	↑	↑	↑	↑	↑
L	200	↓	↓	↓	↓	↓	↓	0 1	1 2	2 3	3 4	5 6	8 9	12 13	18 19	27 28	41 42	↑	↑	↑	↑	↑	↑	↑	↑	↑	↑
M	315	↓	↓	↓	↓	↓	0 1	1 2	2 3	3 4	5 6	8 9	12 13	18 19	27 28	41 42	↑	↑	↑	↑	↑	↑	↑	↑	↑	↑	↑
N	500	↓	↓	↓	↓	0 1	1 2	2 3	3 4	5 6	8 9	12 13	18 19	27 28	41 42	↑	↑	↑	↑	↑	↑	↑	↑	↑	↑	↑	↑
P	800	↓	↓	↓	0 1	1 2	2 3	3 4	5 6	8 9	12 13	18 19	27 28	41 42	↑	↑	↑	↑	↑	↑	↑	↑	↑	↑	↑	↑	↑
Q	1250	↓	↓	0 1	1 2	2 3	3 4	5 6	8 9	12 13	18 19	27 28	41 42	↑	↑	↑	↑	↑	↑	↑	↑	↑	↑	↑	↑	↑	↑
R	2000	↓	0 1	1 2	2 3	3 4	5 6	8 9	12 13	18 19	27 28	41 42	↑	↑	↑	↑	↑	↑	↑	↑	↑	↑	↑	↑	↑	↑	↑
S	3150	0 1	1 2	2 3	3 4	5 6	8 9	12 13	18 19	27 28	41 42	↑	↑	↑	↑	↑	↑	↑	↑	↑	↑	↑	↑	↑	↑	↑	↑

注：
⇩ ——使用箭头下面的第一个抽样方案。如果样本量等于或超过批量，则执行 100% 检验。
⇧ ——使用箭头上面的第一个抽样方案。
Ac——接收数。
Re——拒收数。

表 3-C　放宽检验一次抽样方案（主表）

接收质量限（AQL）

样本量字码	样本量	0.010 Ac	Re	0.015 Ac	Re	0.025 Ac	Re	0.040 Ac	Re	0.065 Ac	Re	0.10 Ac	Re	0.15 Ac	Re	0.25 Ac	Re	0.40 Ac	Re	0.65 Ac	Re	1.0 Ac	Re	1.5 Ac	Re	2.5 Ac	Re	4.0 Ac	Re	6.5 Ac	Re	10 Ac	Re	15 Ac	Re	25 Ac	Re	40 Ac	Re	65 Ac	Re	100 Ac	Re	150 Ac	Re	250 Ac	Re	400 Ac	Re	650 Ac	Re	1000 Ac	Re
A	2	↓		↓		↓		↓		↓		↓		↓		↓		↓		↓		↓		↓		↓		↓		0	1	1	2	2	3	3	4	5	6	6	7	8	9	10	11	14	15	21	22	30	31	↑	
B	2	↓		↓		↓		↓		↓		↓		↓		↓		↓		↓		↓		↓		↓		0	1	1	2	2	3	3	4	5	6	6	7	8	9	10	11	14	15	21	22	30	31	↑		↑	
C	2	↓		↓		↓		↓		↓		↓		↓		↓		↓		↓		↓		↓		0	1	1	2	2	3	3	4	5	6	6	7	8	9	10	11	14	15	21	22	30	31	↑		↑		↑	
D	3	↓		↓		↓		↓		↓		↓		↓		↓		↓		↓		↓		0	1	1	2	2	3	3	4	5	6	6	7	8	9	10	11	14	15	21	22	30	31	↑		↑		↑		↑	
E	5	↓		↓		↓		↓		↓		↓		↓		↓		↓		↓		0	1	1	2	2	3	3	4	5	6	6	7	8	9	10	11	14	15	21	22	30	31	↑		↑		↑		↑		↑	
F	8	↓		↓		↓		↓		↓		↓		↓		↓		↓		0	1	1	2	2	3	3	4	5	6	6	7	8	9	10	11	14	15	21	22	30	31	↑		↑		↑		↑		↑		↑	
G	13	↓		↓		↓		↓		↓		↓		↓		↓		0	1	1	2	2	3	3	4	5	6	6	7	8	9	10	11	14	15	21	22	30	31	↑		↑		↑		↑		↑		↑		↑	
H	20	↓		↓		↓		↓		↓		↓		↓		0	1	1	2	2	3	3	4	5	6	6	7	8	9	10	11	14	15	21	22	30	31	↑		↑		↑		↑		↑		↑		↑		↑	
J	32	↓		↓		↓		↓		↓		↓		0	1	1	2	2	3	3	4	5	6	6	7	8	9	10	11	14	15	21	22	30	31	↑		↑		↑		↑		↑		↑		↑		↑		↑	
K	50	↓		↓		↓		↓		↓		0	1	1	2	2	3	3	4	5	6	6	7	8	9	10	11	14	15	21	22	30	31	↑		↑		↑		↑		↑		↑		↑		↑		↑		↑	
L	80	↓		↓		↓		↓		0	1	1	2	2	3	3	4	5	6	6	7	8	9	10	11	14	15	21	22	30	31	↑		↑		↑		↑		↑		↑		↑		↑		↑		↑		↑	
M	125	↓		↓		↓		0	1	1	2	2	3	3	4	5	6	6	7	8	9	10	11	14	15	21	22	30	31	↑		↑		↑		↑		↑		↑		↑		↑		↑		↑		↑		↑	
N	200	↓		↓		0	1	1	2	2	3	3	4	5	6	6	7	8	9	10	11	14	15	21	22	30	31	↑		↑		↑		↑		↑		↑		↑		↑		↑		↑		↑		↑		↑	
P	315	↓		0	1	1	2	2	3	3	4	5	6	6	7	8	9	10	11	14	15	21	22	30	31	↑		↑		↑		↑		↑		↑		↑		↑		↑		↑		↑		↑		↑		↑	
Q	500	0	1	1	2	2	3	3	4	5	6	6	7	8	9	10	11	14	15	21	22	30	31	↑		↑		↑		↑		↑		↑		↑		↑		↑		↑		↑		↑		↑		↑		↑	
R	800	↑		1	2	2	3	3	4	5	6	6	7	8	9	10	11	14	15	21	22	30	31	↑		↑		↑		↑		↑		↑		↑		↑		↑		↑		↑		↑		↑		↑		↑	

注：
↓ —使用箭头下面的第一个抽样方案。如果样本量等于或超过批量，则执行 100%检验。
↑ —使用箭头上面的第一个抽样方案。
Ac—接收数。
Re—拒收数。

参考文献

[1]　詹姆斯·埃文斯，威廉·林赛. 质量管理与卓越绩效. 第9版. 岳盼想等译. 北京：中国人民大学出版社，2016.

[2]　石川馨. 质量管理入门. 第3版. 刘灯宝译. 北京：机械工业出版社，2016.

[3]　约瑟夫·M.朱兰，约瑟夫·A.德费欧. 朱兰质量手册. 第6版. 焦叔斌等译. 北京：中国人民大学出版社，2014.

[4]　龚益鸣 等. 质量管理学. 上海：复旦大学出版社，2012.

[5]　马义中，汪建均. 质量管理学. 北京：机械工业出版社，2012.

[6]　全国质量专业技术人员职业资格考试办公室组织编写. 质量专业基础知识与实务：初级. 北京：中国人事出版社，2010.

[7]　张健. 对抽样检验标准GB/T 2828.1—2012的理解. 品牌与标准化，2015，318（7）：51-52.

[8]　姜庆新. 食品检验检测的质量控制及细节问题分析. 科技风，2020，（9）：205.

[9]　张宝芬，陈旭. 质量管理体系换版实践研究. 科技风，2020，（8）：259.

[10]　郭一彬. 关于政府质量治理与企业质量发展的若干思考. 中国发展观察，2020，（Z1）：76-80.

[11]　姚方珏. 新收入准则对生物医药企业的影响. 全国流通经济，2019，（26）：186-187.